Berliner Platz 1 NEU

Deutsch im Alltag

Lehrerhandreichungen

Susan Kaufmann

in Zusammenarbeit mit
Anne Köker und Christiane Lemcke (Aussprache)

Klett-Langenscheidt

München

Von Susan Kaufmann in Zusammenarbeit mit Anne Köker und Christiane Lemcke (Aussprache)

Gestaltungskonzept und Layout: Andrea Pfeifer
Umschlaggestaltung: Svea Stoss, 4S_art direction
Coverfoto: Corbis GmbH, Düsseldorf; Abbildung Straßenschild: Sodapix AG

Materialien zu *Berliner Platz 1 NEU*:

Gesamtausgaben:	
Lehr- und Arbeitsbuch mit Audio-CD zum Arbeitsbuchteil	606025
Lehr- und Arbeitsbuch mit Audio-CD zum Arbeitsbuchteil und Zusatzteil „Im Alltag EXTRA"	606026
Lehr- und Arbeitsbuch mit Audio-CD zum Arbeitsbuchteil und Treffpunkt D-A-CH	606028
2 Audio-CDs zum Lehrbuchteil	606027
Ausgabe in Teilbänden:	
Lehr- und Arbeitsbuch, Teil 1	606065
1 Audio-CD zum Lehrbuchteil 1	606067
Lehr- und Arbeitsbuch, Teil 2	606066
1 Audio-CD zum Lehrbuchteil 2	606068
Zusatzkomponenten:	
Intensivtrainer 1	606029
Lehrerhandreichungen 1	606032
Testheft 1	606031
DVD 1	606030
Treffpunkt D-A-CH 1	606037
Digital mit Interaktiven Tafelbildern	606083

1. Auflage   1 ⁶ | 2017 16

© Klett-Langenscheidt GmbH, München, 2013
Erstausgabe erschienen 2010 bei der Langenscheidt KG, München
Das Werk und seine Teile sind urheberrechtlich geschützt. Jede Verwertung in anderen als den gesetzlich zugelassenen Fällen bedarf deshalb der vorherigen schriftlichen Einwilligung des Verlags.

Satz: Franzis print & media GmbH, München
Gesamtherstellung: Print Consult GmbH, München

ISBN 978-3-12-606032-5

Inhalt

A Berliner Platz 1 NEU – Wissenswertes ... 5

Ziele und Eigenschaften von *Berliner Platz NEU* ... 5
Der Aufbau von *Berliner Platz 1 NEU* ... 6
Komponenten *Berliner Platz 1 NEU* ... 7
Das Lehr- und Arbeitsbuch ... 7
Zusätzliche Komponenten ... 8
Methodische Schwerpunkte ... 8
Abkürzungen ... 11

B Der rote Faden – Unterrichtsvorschläge ... 12

Hinweise zum Aufbau der Unterrichtsvorschläge ... 12
Kapitel 1 – Hallo! ... 13
Kapitel 2 – Wie geht's? ... 19
Kapitel 3 – Was kostet das? ... 25
Raststätte 1 ... 30
Testtraining 1 ... 32
Kapitel 4 – Wie spät ist es? ... 33
Kapitel 5 – Was darf's sein? ... 38
Kapitel 6 – Familienleben ... 43
Raststätte 2 ... 48
Testtraining 2 ... 50
Kapitel 7 – Willkommen in Berlin ... 51
Kapitel 8 – Zimmer, Küche, Bad ... 56
Kapitel 9 – Was ist passiert? ... 61
Raststätte 3 ... 66
Testtraining 3 ... 68
Kapitel 10 – Ich arbeite bei … ... 70
Kapitel 11 – Gesund und fit ... 75
Kapitel 12 – Schönes Wochenende! ... 80
Raststätte 4 ... 85
Testtraining 4 ... 87

C Von A–Z – didaktisches Glossar ... 89

Literaturhinweise ... 109

Wissenswertes

Berliner Platz 1 NEU – Wissenswertes

Ziele und Eigenschaften von Berliner Platz NEU

Zielgruppe

Berliner Platz NEU ist ein Lehrwerk für Erwachsene (ab 16 Jahren) ohne Deutschkenntnisse oder mit nur geringen Kenntnissen aus ungesteuertem Erwerb, die in einem deutschsprachigen Land oder im Ausland Deutsch lernen, um u. a. in Deutschland (in Österreich oder der Schweiz) längere Zeit zu leben.

Zielsetzung des Lehrwerks

Berliner Platz NEU orientiert sich am „Gemeinsamen Europäischen Referenzrahmen für Sprachen" (GER): Band 1 führt zum Niveau A1, Band 2 zum Niveau A2 und Band 3 zum Niveau B1. Sie bereiten auf die Prüfungen „Start Deutsch 1" und „Start Deutsch 2", den „Deutsch-Test für Zuwanderer" und das „Zertifikat Deutsch" vor. Band 1 bietet Material für ca. 160–200 Unterrichtsstunden (12–16 Unterrichtsstunden pro Kapitel plus ca. 4 Unterrichtsstunden pro Raststätte), je nachdem, welche Voraussetzungen die Lernenden mitbringen und ob der Kurs mit hoher oder geringer wöchentlicher Stundenzahl angeboten wird.

Einsatzbereich

Berliner Platz NEU wurde speziell für den Unterricht mit heterogenen Lerngruppen entwickelt. Die Herausforderung, Lernende aus vielen Kulturen mit unterschiedlichen Herkunftssprachen, Lernerfahrungen, Erwartungen und Zielen in einem Kurs zu unterrichten, stand im Mittelpunkt bei der Konzeption dieses Lehrwerks.

Eigenschaften

Berliner Platz NEU ist deshalb ein Lehrwerk, das

- lernungewohnten Lernenden durch Übersichtlichkeit, Transparenz und einen klaren Lernweg den Einstieg in die deutsche Sprache erleichtert,
- auch schneller Lernenden die Herausforderungen bietet, die sie sich wünschen,
- Alltagsthemen in den Vordergrund stellt und durch eine pragmatische Landeskunde und kommunikativ wichtige Phrasen und Sätze den Lernenden hilft, sich schnell im Alltag zurechtzufinden,
- in kurzen Kapiteln viele Themen anspricht, die die Lernenden zur Alltagsbewältigung brauchen,
- eine sanfte Grammatikprogression bietet,
- von Anfang an eine systematische Ausspracheschulung enthält,
- mit seinen vier „Raststätten", jeweils nach drei Kapiteln, ein spielerisches Wiederholungsangebot macht,
- modular aufgebaut ist und viele zusätzliche Materialien zum Vertiefen, Wiederholen und Differenzieren anbietet, die entsprechend der Leistungsfähigkeit und den Interessen der Lernenden ausgewählt werden können,
- mit seinen Video-, Audio- und Online-Materialien multimedial angelegt ist.

Wissenswertes

Der Aufbau von *Berliner Platz 1 NEU*

Die Komponenten des Lehrwerks

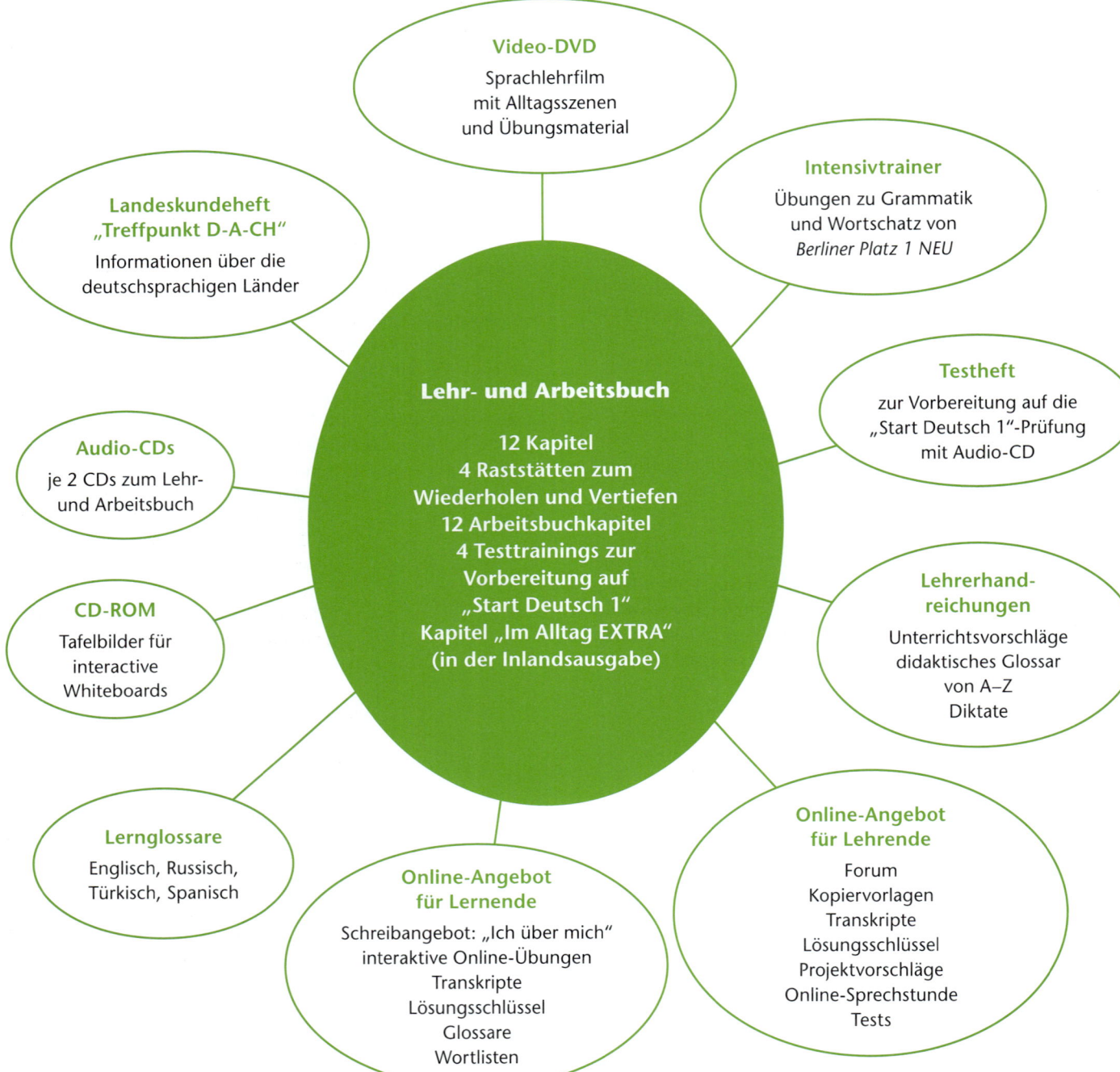

Komponenten *Berliner Platz 1 NEU*

Das Lehr- und Arbeitsbuch

Lehrbuchteil

Der **Lehrbuchteil** besteht aus zwölf Kapiteln von je zehn Seiten, die nach dem Doppelseitenprinzip aufgebaut sind. Nach jeweils drei Kapiteln gibt es eine **Raststätte** zum Durchatmen und Wiederholen.

- **1. Doppelseite**
  Die 1. Doppelseite führt jeweils in das Thema des Kapitels ein und präsentiert einen wesentlichen Teil des Kapitelwortschatzes sowie wichtige Redemittel. Die Lernenden werden durch Fotos, Zeichnungen und grafische Elemente mit dem Thema bekannt gemacht und finden hier eine Fülle von Anknüpfungspunkten für Vorwissen und persönliche Erfahrungen. Sie sind so motiviert für die mit dem Einstiegsbild verbundenen Aufgaben zum Hörverstehen und zum aktiven Umgang mit dem hier präsentierten Wortschatz und den neuen Redemitteln.

- **2. und 3. Doppelseite**
  Auf diesen Doppelseiten werden die lexikalischen und grammatischen Schwerpunkte des Kapitels erarbeitet und gefestigt. Dabei werden alle vier Fertigkeiten (Hören, Sprechen, Lesen und Schreiben) geübt. Hier gibt es:
  – kurze Hör- und Lesetexte mit Aufgaben zum globalen, selektiven und detaillierten Verstehen,
  – Übungen zur Dialogarbeit,
  – Anregungen zur kommunikativen Umsetzung des Gelernten im Unterricht,
  – Aufgaben zum Entdecken und Systematisieren der Grammatikphänomene,
  – reproduktive und in den späteren Kapiteln auch kreative Schreibaufgaben sowie
  – Übungen für eine systematische Ausspracheschulung.

- **4. Doppelseite**
  Längere, komplexere und teilweise authentische Hör- und Lesetexte finden sich in **Deutsch verstehen** auf der 4. Doppelseite. In diesem Abschnitt sollen die Lernenden schrittweise an die Rezeption authentischer Texte herangeführt werden. So lernen sie, den Alltagstexten, denen sie außerhalb des Unterrichtsraums begegnen, für sie relevante Informationen zu entnehmen.

- **5. Doppelseite**
  In **Auf einen Blick** werden die jeweiligen Kapitelinhalte noch einmal in komprimierter und übersichtlicher Form dargestellt: In der Rubrik *Im Alltag* finden die Lernenden eine zum Teil noch weiter ergänzte Aufstellung der im Kapitel eingeführten Redemittel. Darüber hinaus gibt es hier Tipps zum Leben in Deutschland. In den Rubriken *Grammatik* sowie *Aussprache* werden die im Kapitel gelernten Regeln übersichtlich zusammengefasst und durch Lerntipps ergänzt. So erfüllt diese Doppelseite mehrere Funktionen: Sie ist eine Fundgrube für die Dialogarbeit und kann sowohl von Lehrenden als auch Lernenden zur Unterstützung bei der Grammatik- und Ausspracheaarbeit hinzugezogen und als Kontrollmedium genutzt werden.

Raststätten

In den **Raststätten** nach jeweils drei Kapiteln wird das bereits Gelernte in bekannten und neuen Kontexten spielerisch wiederholt und gefestigt. Die Lernenden können in der Rubrik *Was kann ich schon?* in entspannter Form ihren Lernstand einschätzen und Fortschritte, aber auch Wiederholungsbedarf feststellen. Hier finden sie auch Anknüpfungen zur **DVD** in der Rubrik *Video* sowie Lerntipps in der Rubrik *Effektiv lernen*.
Alle Raststättenaufgaben und -spiele eignen sich gut für die Wiederholung am Anfang einer Unterrichtsstunde oder zum Auflockern zwischendurch.

Arbeitsbuchteil

Der **Arbeitsbuchteil** zu *Berliner Platz 1 NEU* umfasst pro Kapitel sechs Seiten mit Übungen, die sich auf die ersten drei Doppelseiten des jeweiligen Lehrbuchkapitels beziehen. Hier wird kein neuer Wortschatz eingeführt. Die Übungen sind abwechslungsreich und umfassen die Vertiefung und Festigung von Wortschatz und Grammatik sowie das Training der Kommunikationsfähigkeit, der Aussprache und des Hörverstehens.

- **Schreiben**
  Das Schreiben im Arbeitsbuchteil dient in erster Linie der schriftlichen Fixierung des Lernstoffs und hat so zunächst weitgehend eine lernunterstützende Funktion. Erst in den späteren Kapiteln werden die Lernenden auch an kreatives, freies Schreiben herangeführt, das in Band 2 und 3 von *Berliner Platz NEU* dann sukzessive eine immer wesentlichere Rolle einnimmt.

- **Aussprache üben, Schwierige Wörter, Effektiv lernen**
  In den Rubriken *Aussprache üben* (Kap. 1, 2 und 3) und *Schwierige Wörter* werden weitere Schwerpunkte aufgegriffen, die es ermöglichen, auf individuelle Aussprachesschwierigkeiten der Lernenden einzugehen. Ab dem fünften Kapitel erscheint *Schwierige Wörter* im Wechsel mit der Rubrik *Effektiv lernen*, in der Lerntechniken vermittelt werden.

- **Navigation zwischen Lehr- und Arbeitsbuchteil**
  Zu jeder Übung oder Aufgabe im Lehrbuchteil gibt es eine entsprechende Übung im Arbeitsbuchteil. Z. B. finden Sie zur Höraufgabe 2b im Lehrbuchteil von Kapitel 5 eine passende Übung 2b im Arbeitsbuchteil zu Kapitel 5. Das bedeutet aber nicht, dass im Anschluss an jede Aufgabe im Lehrbuch die passende Übung im Arbeitsbuch durchgeführt werden soll. Das Übungsangebot im Arbeitsbuch ist vielmehr für selbstständige Nacharbeit und Vertiefung gedacht.

Testtraining

Nach jeweils drei Arbeitsbuchkapiteln finden die Lernenden ein **Testtraining**, das sie auf die Prüfungen nach dem „Gemeinsamen Europäischen Referenzrahmen für Sprachen" vorbereitet. In *Berliner Platz 1 NEU* ist dies die Prüfung auf dem A1-Niveau (▶ **Prüfungsvorbereitung**, S. 102).

Wissenswertes

Im Alltag EXTRA
Im Alltag EXTRA ist in die Inlandsausgabe von *Berliner Platz NEU* integriert und greift die Lernziele des „Rahmencurriculums für Integrationskurse Deutsch als Zweitsprache" auf. Zu jedem Lehrbuchkapitel gibt es zwei Seiten mit den Rubriken *Sprechen, sprechen ...* zum Einüben von Alltagsdialogen, *Papiere, Papiere ...* zum Kennenlernen und Ausfüllen der im deutschen Alltag wichtigsten Formulare sowie „*... – international*" zum interkulturellen Vergleich.

Der Anhang
Der Anhang von *Berliner Platz 1 NEU* enthält
- eine Liste der Buchstaben und Laute sowie eine Auflistung der Ausspracheregeln,
- eine Liste der unregelmäßigen Verben,
- eine Liste der Verben mit Akkusativ,
- eine alphabetische Wortliste und
- eine Seite, auf der die wichtigsten Redemittel der Unterrichtssprache dargestellt sind.

Zusätzliche Komponenten

Die Hörmaterialien
Die zwei **Lehrbuch-CDs** enthalten alle Hörtexte und das Hörmaterial zu den Ausspracheübungen des Lehrbuchteils. Sie sind in erster Linie zur Nutzung im Unterricht gedacht. Die **Arbeitsbuch-CDs** enthält zusätzliche Hörtexte, die sich sowohl für die Vertiefung im Unterricht als auch für das selbstständige Lernen zu Hause eignen.

Die Video-DVD
Die **DVD** zu *Berliner Platz NEU* ergänzt und erweitert die zentralen Themen des Lehrbuchs und bringt alltagsrelevante Situationen auf unterhaltsame Weise in das Unterrichtsgeschehen ein. Der Film zeigt die Produktion eines Sprachlehrfilms; die Lernenden erleben die Schauspieler am Set, vor und beim Dreh und in ihrem Alltag und erhalten so einen Einblick in deren Lebenswirklichkeit.

Der Intensivtrainer
Der **Intensivtrainer** bietet auf jeweils sechs Seiten pro Kapitel zusätzliche Übungen zu Lexik und Strukturen, die in Ergänzung zu den Arbeitsbuchübungen eingesetzt werden können. Mit einer *Hitliste* des wichtigsten Lektionswortschatzes und einer Grammatikübersicht im Anhang unterstützt der Intensivtrainer besonders Lernende, die mehr Training benötigen, um die Lernziele zu erreichen.

Das Testheft
Das **Testheft** bereitet auf die Prüfungen nach dem „Gemeinsamen Europäischen Referenzrahmen für Sprachen" vor: „Start Deutsch 1 und 2", „Deutsch-Test für Zuwanderer" und „Zertifikat Deutsch".

Treffpunkt D-A-CH
Das Landeskundeheft **Treffpunkt D-A-CH** zu jedem Band ergänzt *Berliner Platz NEU* mit einer Fülle an bunten Informationen über die deutschsprachigen Länder Deutschland, Österreich und die Schweiz.

Das Online-Begleitangebot
Lernende finden online unter www.klett-sprachen.de die folgenden Zusatzmaterialien:
- Transkripte der Hörtexte zum Lehrbuch- und Arbeitsbuchteil,
- die Lösungen zum Lehrbuch- und Arbeitsbuchteil,
- den kompletten Kapitelwortschatz (in chronologischer Abfolge),
- Glossare Deutsch-Englisch, Deutsch-Russisch, Deutsch-Türkisch,
- *Ich über mich*-Geschichten von Teilnehmern und Teilnehmerinnen an Deutschkursen zum Lesen und Selbstschreiben. Die schönsten und interessantesten Texte bekommen einen Preis.

Lehrende finden online
- Transkripte der Hörtexte zum Lehrbuch- und Arbeitsbuchteil,
- die Lösungen zum Lehrbuch- und Arbeitsbuchteil,
- den kompletten Kapitelwortschatz (in chronologischer Abfolge),
- Glossare,
- 32 Tafelbilder, 39 Vorlagen und alle Abbildungen der Einstiegsseiten vom Lehrbuch für interactive Whiteboards,
- Arbeitsblätter und Kopiervorlagen,
- Projektvorschläge,
- Linklisten,
- Informationen zum „Deutsch-Test für Zuwanderer" und Hilfen für die Prüfungsvorbereitung sowie
- ein Forum.

Die Lehrerhandreichungen
Die **Lehrerhandreichungen** geben in drei Abschnitten Informationen zur Arbeit mit dem Lehrwerk:
A Wissenswertes
B Unterrichtsvorschläge
C Didaktisches Glossar

Methodische Schwerpunkte

Flache Grammatik- und Wortschatzprogression
Die Fülle an Regeln und Wörtern, die im direkten, außerunterrichtlichen Sprachkontakt auf den Lernenden einstürmen, sind im Fremd- bzw. Zweitsprachenunterricht und entsprechend im Lehrwerk aufgeteilt, geordnet und in eine sinnvolle Reihenfolge, eine Progression gebracht. Welche Kriterien hier ausschlaggebend sind, wird durch die jeweils vorherrschende Unterrichtsmethode bestimmt. *Berliner Platz NEU* folgt dem **kommunikativen, handlungsorientierten Ansatz**, der das sprachliche Handeln in Alltagssituationen als wichtigstes Ziel sieht. Dieser Ansatz wird noch ergänzt um Aspekte des interkulturellen Lernens und der Förderung der Lerner-Autonomie. Eckpunkte, globale und detaillierte Lernziele sind im „Gemeinsamen Europäischen Referenzrahmen für Sprachen" und im „Rahmencurriculum für Integrationskurse Deutsch als Zweitsprache", an denen sich *Berliner Platz NEU* orientiert, erläutert und aufgelistet. Beide Texte definieren auch die für Zwischen- und Abschlusstests relevanten Prüfungsziele.

Berliner Platz NEU eignet sich speziell für den Unterricht mit sehr verschiedenen und heterogenen Lerngruppen. Entsprechend war eine flache Progression erforderlich, die den unterschiedlichen Lernbedürfnissen entgegenkommt. Das Lehrwerk setzt dabei auf:

- **Eingrenzung und Teilnehmerorientierung**
  Durch die thematische Eingrenzung auf die unmittelbaren Bedürfnisse einer definierten Lernergruppe wird erreicht, dass möglichst wenig Ballast mitgeschleppt wird. Die zwölf Themen des ersten Bandes sind alle für das Agieren in den wichtigsten Alltagssituationen notwendig. Die dabei präsentierten Redemittel und Strukturen sowie der Wortschatz können alle direkt außerhalb des Klassenzimmers – im jeweiligen Lebenszusammenhang des Teilnehmers / der Teilnehmerin – genutzt werden.

- **Verteilung**
  Große Grammatikthemen, die erfahrungsgemäß Lernschwierigkeiten bereiten, sind auf mehrere Kapitel verteilt. So beginnt z. B. die Auseinandersetzung mit den Formen der Vergangenheit auf rezeptiver Ebene in Kapitel 4. Hier geht es lediglich um die Wahrnehmung des Phänomens und noch nicht um die Aktivierung, was allerdings nicht ausschließt, dass sich lernstarke Teilnehmer/innen intensiver mit den Strukturen befassen. In Kapitel 6 wird dann das Präteritum von *sein* und *haben* und in Kapitel 8 das Perfekt eingeführt. Zu Beginn von Band 2 wird schließlich mit der Einführung des Präteritums der Modalverben die Präsentation der für aktiven Sprachgebrauch relevanten Formen abgeschlossen.

- **Wiederholung**
  Durch die hohe Frequenz von Wiederholungskapiteln (Raststätten) wird die Progression verlangsamt. Der Lernstoff kann so besser verarbeitet und verknüpft werden.

- **Binnendifferenzierung**
  Durch die differenzierenden Lernangebote auf den 4. Doppelseiten, in den Projekten und im Intensivtrainer können die Bedürfnisse unterschiedlicher Lerntypen berücksichtigt werden (▶ **Binnendifferenzierung**, s. rechts unten und S. 91).

Schulung rezeptiver Fähigkeiten

Die Schulung der rezeptiven Fertigkeiten trägt der Erkenntnis Rechnung, dass Menschen große Informationsmengen so speichern, dass sie diese Informationen jederzeit wiedererkennen können. Das Training von Lesen und Hören unterstützt daher die Lernenden dabei, sich relativ schnell in der deutschsprachigen Umgebung zu orientieren, auch dann, wenn sie die neue Sprache noch kaum aktiv verwenden können.

In der bisherigen Fertigkeitsdidaktik hat man sich auf die Vermittlung sogenannter „Verstehenstechniken" konzentriert. Die Lernenden sollen lernen, ihr Weltwissen zu aktivieren, außersprachliche Hilfen beim Textverstehen einzubeziehen, bereits vorhandene Kenntnisse in anderen Fremdsprachen zu nutzen, ihr Leseinteresse zu überprüfen etc. Alle diese Ansätze führt *Berliner Platz NEU* weiter.

- **Deutsch verstehen**
  Die 4. Doppelseite jedes Kapitels steht unter der Überschrift *Deutsch verstehen*. Hier finden die Lernenden viele unterschiedliche Textsorten zur Schulung des Lese- und Hörverstehens, von denen ihnen die meisten immer wieder im Alltag begegnen.

Systematische Ausspracheschulung

Berliner Platz 1 NEU bietet, auf zwölf Kapitel verteilt, eine systematische Ausspracheschulung an, in der die zentralen Themen von Intonation und Artikulation behandelt werden. Die Übungen dazu sind in den einzelnen Kapiteln in die Spracharbeit auf der 2. oder 3. Doppelseite integriert, Ausspracheregeln zum Kapitelthema finden Sie jeweils auf der 5. Doppelseite und in dem Ausspracheüberblick im Anhang. Zu den jeweiligen Übungen im Kursbuchteil gibt es im Arbeitsbuch vertiefende Übungen, die v. a. das Hören neuer Laut- und Intonationsmuster trainieren.

- **Intonationsmarkierungen**
  In den Dialogen auf der 2. und 3. Doppelseite sind Satzakzent und Satzmelodie markiert, um die Aussprache bewusst zu machen und den Lernenden die Intonation zu erleichtern. Gleichzeitig sollen die Markierungen auch immer eine „Erinnerungshilfe" für Lernende und Lehrende sein, um auf die korrekte Aussprache zu achten.

- **Zusätzliche Übungen**
  In den ersten drei Lektionen des Arbeitsbuchteils bietet *Aussprache üben* einfaches Übungsmaterial zu weiteren Schwerpunkten an. Dieses Angebot kann bei individuellen Ausspracheschwierigkeiten genutzt werden oder auch um möglichst früh die richtige Aussprache einzugewöhnen. Bewusstes Vorsprechen und aktives (Zu-)Hören und Nachsprechen sind nach wie vor eine wirksame und einfache Methode, die – kontinuierlich angewendet – Erfolge verspricht.
  In jedem zweiten Kapitel im Arbeitsbuchteil gibt es die Rubrik *Schwierige Wörter*. Hier werden noch einmal zentrale Redemittel des Kapitels aufgegriffen, deren Aussprache noch einmal bewusst gemacht und geübt werden soll. Ergänzend dazu werden die Lernenden aufgefordert, mithilfe des vorgegebenen Modells an ihren individuellen Ausspracheproblemen zu arbeiten.

In den **Unterrichtsvorschlägen** ab S. 13 finden Sie Hinweise zu den einzelnen Übungen und im **didaktischen Glossar** Korrekturhilfen für das jeweilige Laut- bzw. Intonationsthema (▶ **Aussprache**, S. 89).

Binnendifferenzierung

Berliner Platz NEU bietet diverse Möglichkeiten, innerhalb einer Lerngruppe den unterschiedlichen Lernvoraussetzungen und -interessen Rechnung zu tragen und den Lernprozess für verschiedene Lernende unterschiedlich zu gestalten. Viele Möglichkeiten werden in den **Unterrichtsvorschlägen** vorgestellt; diese sollten allerdings nicht die eigene Findigkeit der Lehrenden im Umgang mit der Heterogenität in ihrem Kurs bremsen (▶ **Binnendifferenzierung**, S. 91).

- **Quantitative Differenzierung**
  Ein Mehr für leistungsstärkere Lernende und entsprechend eine Reduzierung für leistungsschwächere Lernende (sowie der goldene Mittelweg) sind an vielen Stellen in *Berliner Platz 1 NEU* möglich und zu empfehlen:
  – Die Menge an Sprache, die Lernende sprechend/schreibend produzieren sollen, kann sich unterscheiden. Auf der 1. Doppelseite zu jedem Kapitel z. B. erlauben die offenen Sprech-

Wissenswertes

anlässe jedem/jeder Lernenden, sich nach eigenem Vermögen und Vorwissen einzubringen und sich unterschiedlich ausführlich zu äußern.

- Die Anzahl der Redemittel, die Lernende bereits nutzen können und wollen, kann variieren: Die Rubrik *Im Alltag* auf der 5. Doppelseite z. B. bietet eine Auswahl thematisch relevanter Redemittel für die Dialogarbeit und die Anwendung im Alltag, die von Lernenden, die hier einen erweiterten Bedarf haben, genutzt werden kann.
- Die Länge der Texte, die Lernende lesen, kann sich unterscheiden. So wählen unsichere Lernende auf der 4. Doppelseite evtl. nur einen kurzen Textabschnitt, während fortgeschrittenere längere Texte oder mehrere lesen.
- Die Anzahl an Aufgaben, die Lernende erledigen müssen, kann unterschiedlich sein. Lernende, die mit einer Übung oder Aufgabe schon fertig sind, während andere noch daran arbeiten, erhalten zusätzliche Aufgaben.

- **Qualitative Differenzierung**
  Ebenso wichtig wie die quantitative Differenzierung ist ein im Hinblick auf die sprachliche Herausforderung lernerorientiertes Angebot:
  - Der Grad an Komplexität bei der Produktion sprachlicher Äußerungen ist von Lerner zu Lerner unterschiedlich, was nicht nur dem individuellen Lernvermögen, sondern auch dem Interesse an Thema, Text oder Aufgabe sowie der Tagesform geschuldet sein kann. Hier bieten u. a. die Dialogübungen den nötigen Freiraum, um sich auf unterschiedliche Weise einzubringen.
  - Die Auseinandersetzung mit Sprache kann mehr oder weniger intensiv geschehen: Bei den Texten auf der 4. Doppelseite zu jedem Kapitel können sich manche Teilnehmer/innen weitgehend auf das globale Textverstehen beschränken, während andere sich intensiver mit den Texten beschäftigen.
  - Der Grad an Korrektheit, der von den Lernenden erwartet wird, kann variieren. Von guten Lernenden kann erheblich mehr erwartet werden als von solchen, die sich mit einfachen Strukturen – vielleicht aufgrund von Übertragungen aus der Muttersprache – noch schwertun.
  - Hier spielt auch eine Rolle, ob Lernende mehr oder weniger Hilfestellung brauchen. Sog. lernungewohnte Teilnehmer/-innen erhalten Hilfestellungen durch weitere Vorgaben und mehr Lösungsbeispiele. Lernende, die Schwierigkeiten mit dem Hörverstehen haben, können z. B. die **Transkripte** der Hörtexte zu Hilfe nehmen (unter: www.klett-sprachen.de).

- **Differenzierung im Hinblick auf Fertigkeiten**
  Bei Großaufgaben wie den **Projekten** sind immer mehrere Fertigkeiten gefragt: Sprechen und Zuhören bei der Planung, Schreiben beim Notizenmachen oder beim Erstellen einer Präsentation, Lesen bei der Überprüfung der Ergebnisse und Selbstkorrektur. Hier können die Lernenden ihren Stärken entsprechend wählen und sich einbringen.

- **Differenzierung im Hinblick auf Interessen und Fähigkeiten**
  Die Projekte in *Berliner Platz NEU* sind wie geschaffen für eine innere Differenzierung: Bei fast jedem Projekt werden mehrere Fertigkeiten trainiert und es fallen sprachlich unterschiedlich schwierige Aufgaben an, die dementsprechend verteilt werden können. Hier bringen die Lernenden jedoch auch Interessen und Stärken ein, die nicht unbedingt sprachlicher Art sind, wie Kreativität, Engagement, Kombinationsvermögen, landeskundliches Vorwissen etc. So können auch Lernende, die sonst zu den Leistungsschwächeren zählen, Erfolge erzielen.

- **Differenzierung der Lernwege**
  Unterschiedliche Wege führen zum Lernerfolg. Menschen lernen Deutsch im Gespräch mit anderen, indem sie im Unterricht mitschreiben, Vokabeln auswendig lernen, Strukturen farbig markieren, Sätze mit bekannten Melodien versehen, in Gruppenarbeit, über deutsche Fernsehsendungen, über das Radio, indem sie Gedichte schreiben, indem sie viel nachfragen oder weil sie sich selbstständig an die Arbeit machen usw. *Berliner Platz NEU* unterstützt hier mit einer Palette von Materialien für vielfältige Lernvorlieben und unterschiedlichen Lernbedarf. Das Angebot an Arbeitsblättern im Internet dient z. B. als Fundus, wenn an Stationen gearbeitet werden soll.

Handlungsorientierung

Ein Deutschkurs ist mehr als die reine Vermittlung von Strukturen und Wortschatz; er legt vielmehr die Basis für die Handlungsfähigkeit der Lernenden in der neuen Sprache und schafft so die Voraussetzung für ein selbstständiges, selbstbestimmtes Leben und Handeln im Zielsprachenland. Das „Rahmencurriculum Deutsch für Integrationskurse", das u. a. *Berliner Platz NEU* zugrunde liegt, definiert daher den Sprachbedarf in spezifischen Handlungsfeldern (Arbeit, Gesundheit, Unterricht etc.).

Für die tägliche Arbeit im Unterricht ergibt sich daraus die Öffnung des Unterrichts in beide Richtungen: Einerseits soll der Unterricht nach außen weisend den Kontakt mit der Zielsprache fördern und Chancen für eine Kommunikation auf Deutsch eröffnen, andererseits müssen vorhandene außerunterrichtliche (Sprach-)Erfahrungen in den Unterricht hineingeholt und genutzt werden.

- **Echte Themen**
  Die Themen in *Berliner Platz NEU* sind ganz auf die Bedürfnisse der Lernenden und auf die Vorbereitung der sprachlichen Bewältigung des Alltagslebens ausgerichtet. Mit dem eingeführten Wortschatz, den präsentierten Redemitteln und grammatischen Strukturen können die Lernenden das Gelernte in realen Sprachhandlungen anwenden. Authentische Themen werden auch Lernende im Ausland, die die Sprache möglicherweise nicht unmittelbar anwenden können, interessieren.

- **Projektvorschläge**
  Die **Projekte** geben Anregungen, die zuvor erworbenen Redemittel und Strukturen in kommunikativen Zusammenhängen und mit einer ganz praktischen, handlungsorientierten Zielsetzung in der Alltagswirklichkeit anzuwenden. Vor Ort können die Lernenden sich in ihrer Umgebung orientieren oder sich z. B. wertvolle Informationen beschaffen (▶ **Projekte**, S. 101).

Nicht alle Projekte bieten sich jedoch in einem nicht deutschsprachigen Umfeld an. Speziell für den Deutschunterricht im Ausland gibt es daher unter www.klett-sprachen.de/berliner-platz weitere Projektvorschläge.

- **Alltagsszenen auf Video**
  Die Filmszenen auf der **DVD** zu *Berliner Platz NEU* bringen den Alltag auf unterhaltsame Weise in den Unterricht. Sie bieten anregendes Anschauungsmaterial für das eigene Sprachhandeln. Dabei werden Themen aus dem Lehrbuch aufgegriffen und variiert. Die Lernenden erhalten einen unmittelbaren Einblick in die Lebenswirklichkeit: Die Sprache wird lebendig.

- **Im Alltag EXTRA**
  In den Ausgaben mit dem Zusatzteil **Im Alltag EXTRA** gibt es eine Fülle von handlungsorientierten Aufgaben, Redemitteln und Tipps für den Alltag, z. B. zum Umgang mit Behörden oder zur Vorbereitung auf die Aufnahme einer beruflichen Tätigkeit. **Im Alltag EXTRA** ist so ein praktischer Wegweiser für die sprachliche Bewältigung des Alltags in Deutschland und für eine erfolgreiche Integration.

- **Hilfen zum selbstständigen Lernen**
  Die Selbstständigkeit der Lernenden wird durch eine Reihe von Elementen unterstützt:
  - die handlungsorientierten Lernzielangaben auf der 1. Doppelseite jedes Kapitels,
  - die Zusammenfassung *Im Alltag* am Ende jedes Kapitels,
  - die Abschnitte *Effektiv lernen* (in den Raststätten und im Arbeitsbuchteil) zur Entwicklung von Lernstrategien,
  - die Rubrik *Ich über mich* in den Raststätten, die zum Schreiben über persönliche Erfahrungen anregt,
  - die Abschnitte *Was kann ich schon?* (in den Raststätten) zur Einschätzung des eigenen Lernfortschritts (▶ **effektiv lernen**, S. 93).

Interkulturelles Lernen
Der Begriff „interkulturelles Lernen" kann sich beziehen auf
- Handlungskompetenz (z. B. die Fähigkeit, das eigene Verhalten im Umgang mit Menschen anderer Kulturen zu modifizieren),
- die Ebene der eigenkulturellen Bewusstheit und inneren Auseinandersetzung mit dem Fremden (z. B. die Bereitschaft, sich eigene Vorurteile bewusst zu machen und sie so abzubauen) oder auf
- Konfliktvermeidung und -abwehr (z. B. Empathie und das Interesse, sich auf ungewohnte Deutungsmuster einzulassen).

Alle diese Faktoren spielen im interkulturell orientierten Fremdsprachenunterricht sicherlich eine Rolle, der Schwerpunkt liegt hier allerdings auf der interkulturellen Kompetenz als Verständigungskompetenz. Ziel ist es, bereits im Unterricht einen interkulturellen Dialog zu ermöglichen und so den Lernenden Instrumente zur Verfügung zu stellen, die Begegnungen mit Menschen in der Zielkultur und aus anderen Kulturen gelingen lassen helfen (▶ **interkulturelle Perspektive**, S. 97).

- **Personen**
  Berliner Platz NEU ist schon vom „Personal" her sehr stark multikulturell ausgerichtet. Es werden immer wieder Personen in Lebensverhältnissen und beruflichen Situationen gezeigt, mit denen sich die Lernenden identifizieren können.

- **Über Herkunftsländer sprechen**
  Fragen nach der Situation im Herkunftsland vermitteln den Lernenden ein Interesse an ihrer Herkunftskultur als einem Teil ihrer Identität. Im Projekt „Geburtstag bei Ihnen" in Kapitel 6 z. B. stellen die Lernenden dar, wie in ihrem Herkunftsland Geburtstage gefeiert werden.

- **Vergleiche anstellen**
  Lernende einer Fremd- oder Zweitsprache stellen meist von sich aus Vergleiche zwischen dem Herkunftsland und dem Land der Zielsprache an. Im interkulturell orientierten Unterricht werden solche Vergleiche zum Gegenstand des Gesprächs – und stoßen erfahrungsgemäß bei den Lernenden auf sehr großes Interesse: In Kapitel 12 z. B. können die Lernenden das Wetter in Deutschland mit dem in ihrem Herkunftsland vergleichen.

- **Thematisierung kulturell bedingter Vorlieben**
  Angebote, kulturell bedingte Vorlieben zu thematisieren, finden sich – in dem Maße, wie es die Ausdrucks- und Verstehensmöglichkeiten der Lernenden erlauben – bereits im 1. Band von *Berliner Platz NEU*. Ein Beispiel ist das Thema Essen. In Kapitel 5 geht es um das Einkaufen von Lebensmitteln. Bei diesem im Alltagsleben so wichtigen Bereich lernen die Teilnehmer/innen nicht nur die deutschen Bezeichnungen für Lebensmittel, sie können in der Aufgabe „Lebensmittel weltweit" auch ihre eigenen Essgewohnheiten und Vorlieben einbringen.

- **„… – international"**
  Im Zusatzteil **Im Alltag EXTRA** wird in vielen Kapiteln abschließend ein Vergleich mit der jeweiligen Situation in den Herkunftsländern der Kursteilnehmer angeregt. Diese Abschnitte bieten eine Fundgrube für eine intensive Reflexion und Diskussion der kulturellen Normen in den jeweiligen Herkunftsländern im Vergleich zu den Gegebenheiten in Deutschland.

Abkürzungen

EA	Einzelarbeit	PL	Arbeit im Plenum
GA	Gruppenarbeit	S	schriftlicher Ausdruck
GR	Grammatik	TN	(Kurs-)Teilnehmer/in bzw.
HV	Hörverstehen		Teilnehmer/innen
KL	Kursleiter/in	WS	Wortschatz
LB	Lehrbuch		zu dieser Aufgabe
LV	Leseverstehen		gibt es ein Tafelbild für
M	mündlicher Ausdruck		interaktive Whiteboards
PA	Partnerarbeit		

Unterrichtsvorschläge

B Der rote Faden – Unterrichtsvorschläge

Hinweise zum Aufbau der Unterrichtsvorschläge

In den **Unterrichtsvorschlägen** erfahren Sie, wie Sie den Unterricht mit *Berliner Platz 1 NEU* durchführen können. Hier wird u. a. erläutert, wie die einzelnen Schritte aufeinanderfolgen, welche Funktion sie im Unterrichtsgeschehen haben und auch wie Sie sie variieren können.

Am Anfang jedes Kapitels stehen
- die **thematischen Schwerpunkte** des Kapitels,
- die **Lernziele** des Kapitels, die als Sprachhandlungsziele entsprechend den Vorgaben des „Gemeinsamen Europäischen Referenzrahmens für Sprachen" bzw. des „Rahmencurriculums für Integrationskurse Deutsch als Zweitsprache" verstanden werden und entsprechend als Kann-Beschreibungen („can-do-statements") formuliert sind,
- die **Lerninhalte**, d. h. all das, was die TN lernen müssen, um die Lernziele zu erreichen (Wortschatz und Redemittel, grammatische Strukturen, Aussprache, landeskundliches Wissen, Sensibilität für kulturelle Besonderheiten etc.).

Die Unterrichtsvorschläge orientieren sich am Kapitelaufbau des Lehrwerks. Zu jeder Doppelseite finden Sie eine Tabelle mit vier Spalten:
- Die 1. Spalte gibt die **Nummer der Aufgabe** im Lehrbuch an.
- Die 2. Spalte nennt die **TN-/KL-Aktivitäten**, d. h. das, was die Lernenden und der/die Lehrende in der jeweiligen **Unterrichtsphase** bzw. im jeweiligen Schritt tun. Hier finden Sie nur eine kurze Beschreibung, den „roten Faden" quasi, der Sie durch das Lehrbuch führt.
- In der 3. Spalte – **Hinweise** – erhalten Sie zum jeweiligen Schritt weitere Erläuterungen, Vorschläge zur Sozialform, Differenzierungsvorschläge, Hinweise auf das Vorgehen in unterschiedlichen Lerngruppen (z. B. Inland/Ausland) sowie Lösungsvorschläge.
Hier finden Sie auch **Verweise** auf die didaktischen Hinweise, Sie alphabetisch in Kapitel C aufgelistet finden, und auf weitere Bestandteile des Lehrwerks, z. B. ▶ Im Alltag EXTRA, ▶ Landeskundeheft „Treffpunkt D-A-CH", ▶ Video u. a., die an der jeweiligen Stelle hinzugezogen werden können.
- In der 4. Spalte sind zusätzliche **Materialien** aufgeführt, die Sie evtl. für die Durchführung der Aktivität zum jeweiligen Schritt brauchen.

Hallo! 1

Thematische Schwerpunkte: Ein Kurs beginnt. Sich begrüßen, vorstellen, verabschieden.

Lernziele: Die TN können
- einander begrüßen, sich verabschieden und sich vorstellen,
- sich über Namen, Herkunft und Sprachen austauschen,
- Namen buchstabieren.

Lerninhalte:
Wortschatz/Redemittel:
- Alphabet
- Begrüßungsformen, Anredeformen
- Länder, Städte, Sprachen
- Fragewörter: *wer?*, *wie?*, *woher?*, *was?*, *wo?*

Grammatik:
- W-Frage und Aussagesatz
- Personalpronomen und Verbformen 1., 2., 3. Person Singular, 3. Person Plural

Aussprache:
- Melodie und Akzent

Landeskunde:
- *du* und *Sie* als Konventionen informeller/formeller Kommunikation

Lernziele: TN können einfache Begrüßungen verstehen und selbst jemanden begrüßen. Sie können einfache Vorstellungsdialoge verstehen und sich in einfachen Worten vorstellen.
Lerninhalte: WS: Länder und Städte; Redemittel zur ersten Begrüßung und Vorstellung

	TN-/KL-Aktivitäten	**Hinweise**	**Materialien**
	Einstieg, erste Präsentation: KL stellt sich vor, fragt einen TN nach seinem Namen und präsentiert Redemittel an der Tafel: *Wie heißen Sie? Ich heiße … / Ich bin …* KL schreibt seinen/ihren Namen auf eine Namenskarte und teilt Karten aus, auf die die TN ihre Namen schreiben.	▶ **Kursbeginn: Begrüßungsspiel:** KL sollte eine Einstimmungsphase vorausschicken, in der eine freundliche Atmosphäre hergestellt, die ersten Redemittel eingeführt werden und TN erste Kontakte knüpfen und die Namen lernen können.	buntes Papier (DIN A5) für Namenskarten
1a	**Üben:** TN fragen einander nach ihren Namen.	▶ **Kursbeginn: Namensspiele**	
1b	**Präsentation:** KL zeigt Herkunftsländer und -orte auf einer Weltkarte. KL sagt: *Ich komme aus Deutschland. Woher kommen Sie?* KL schreibt die Redemittel an die Tafel.	KL kann die Karte der Kopiervorlage auf Folie kopieren und sie per OHP auf ein großformatiges Blatt Papier (z. B. Packpapier) an der Wand projizieren. In lerngewohnten Gruppen können die TN die Grenzen ihres Heimatlands nachzeichnen und die Ländernamen ergänzen.	Kopiervorlage 1a: „Weltkarte" auf Folie, OHP
	Verständnissicherung: Die TN zeigen selbst ihre Herkunftsländer und Städte auf der Weltkarte. KL schreibt das jeweilige Land an die Tafel.	KL hilft bei der Aussprache des Landes. Wird das Herkunftsland eines TN im Deutschen mit Artikel geführt, z. B. *aus der Türkei*, kann an dieser Stelle einfach der Artikel ergänzt werden (ohne grammatische Erklärung).	
	Üben: TN fragen einander nach ihren Herkunftsländern.	Alle stehen auf, kommen in die Mitte und begrüßen sich gegenseitig ▶ **Kursbeginn: Begrüßungsspiel**.	
	Erst jetzt betrachten die TN das Einstiegsbild auf der linken Seite, das den ersten Tag in einem Deutschkurs zeigt.	An dieser Stelle schafft das Einstiegsbild nur eine Identifikationsmöglichkeit. Erst später werden die TN selbst ihren Steckbrief erstellen.	

Hallo!

Präsentation: KL hat eine Tabelle wie im Beispiel an die Tafel gezeichnet, allerdings ohne Einträge; die Tabelle enthält nur die Überschriften. KL spielt die Dialoge mit kurzer Pause einmal vor.	▶ **selektives Hören:** An den Spaltenüberschriften erkennen die TN, auf welche Informationen sie sich konzentrieren sollen. Während der erste Dialog vorgespielt wird, zeigt KL auf die Spalte, in die die jeweilige Angabe gehört. Beim zweiten Dialog entscheiden die TN selbst.
Verständnissicherung: KL spielt den ersten Dialog ein zweites Mal vor und ergänzt auf Zuruf der TN die Angaben zu Olga Minakova. KL verfährt mit dem zweiten Dialog auf dieselbe Weise.	**Lösung 1b** Dialog 1: | Frau | Olga | Minakova | Russland | Moskau | Dialog 2: | Herr | Mehmet | Korkmaz | Türkei | Izmir | | Herr | Carlos | Sánchez | Spanien | Valencia |
Bewusstmachung: KL erklärt die Bedeutung von *Vorname* und *Nachname* (*Familienname*).	▶ **Im Alltag EXTRA 1:** KL kann hier die Aufgabe „Namen – international" hinzuziehen, anhand deren die Position von Vorname und Familienname thematisiert wird (▶ **Mehrsprachigkeit:** In einigen Sprachen, z. B. im Ungarischen, wird der Familienname vor dem Vornamen genannt und geschrieben, ohne dass beide durch ein Komma getrennt werden).
Freie Anwendung: TN interviewen einander in PA. Schließlich werden die Informationen an der Tafel gesammelt.	KL wischt die Informationen aus, lässt aber die Tabelle an der Tafel stehen, sodass TN selbst die Angaben des Partners anschreiben können.

(CD: Track 1.2 für Lösung 1b)

Lernziele: TN können sich formell und informell vorstellen und andere nach Namen und Herkunftsland fragen.
Lerninhalte: Landeskunde: Verwendung von *du* und *Sie* als Konventionen informeller/formeller Kommunikation; Aussprache: W-Fragen und Satzmelodie; GR: W-Fragen und Aussagesätze, Position des Verbs

	TN-/KL-Aktivitäten	Hinweise	Materialien
	Einstieg: TN betrachten die Fotos zu 2a. KL geht auf TN zu und begrüßt sie einmal formell, einmal informell: *Guten Tag, Herr/Frau* (Nachname), *wie geht es Ihnen? – Hallo,* (Vorname), *wie geht's / geht es dir?*		Kartonpapier (DIN A5) für Namenskarten
2a	**Präsentation:** TN hören Dialog 1 einmal mit geschlossenem Buch, lesen beim zweiten Mal mit. KL verfährt mit Dialog 2 und 3 ebenso.		CD: Track 1.3
2b	**Bewusstmachung:** TN erkennen selbstständig die Regel und ergänzen *du* und *Sie*. KL lässt noch einmal zurückschlagen zu 1b. TN können jetzt einschätzen, welcher der beiden Dialoge formell, welcher informell ist.	▶ **selbst entdeckendes Lernen** Dies kann zum Anlass genommen werden, über Anredeformen im Kurs zu sprechen: *Was sagen wir im Kurs: du oder Sie?* KL kann Begrüßung hier oder zu Beginn der nächsten Stunde spielerisch wiederholen (▶ **Spiele: Begrüßungsspiel**). **Lösung 2b** Paul/Wiktor: Wie heißt du? Woher kommst du? Herr Kraus / Frau Weiß: Wie heißen Sie? Woher kommen Sie?	

14

3a	**Üben (Aussprache):** TN hören die Mini-Dialoge. KL spricht mit, begleitet das Sprechen gestisch und verdeutlicht die jeweilige Sprechweise mit passender Mimik. KL spricht jeweils eine Sequenz vor und lässt sie von einzelnen TN nachsprechen. KL spricht die Fragen im Dialog und lässt einzelne TN antworten.	▶ **Aussprache: W-Fragen und Satzmelodie** KL gibt Hilfen, indem er/sie bei steigender Melodie den Akzent etwas tiefer, bei fallender den Akzent etwas höher spricht. KL summt den Melodieverlauf und spricht in „Nonsenssilben". Beispiel: *Woher kommen Sie? na-na-<u>na</u>-na-^{na}?*	CD: Track 1.4–1.5
3b	TN üben in PA die Dialoge aus 2a. KL geht von Paar zu Paar, korrigiert und ermuntert zu Mimik und Blickkontakt. KL lässt einzelne Dialoge im Plenum vorstellen.	▶ **Aussprache: Dialoge sprechen üben**	
4a	**Verständnissicherung:** TN hören die Dialoge mit kurzen Pausen, in denen sie ankreuzen können, und vergleichen ihre Ergebnisse im Plenum.	▶ **globales Hören:** Die TN müssen nur entscheiden, ob es sich um einen informellen oder einen formellen Dialog handelt. **Lösung 4a** Dialog 1: informell, Dialog 2: formell, Dialog 3: formell	CD: Track 1.6–1.8
4b	**Üben:** TN hören die Dialoge mit Pausen, in denen sie die Dialogabfolge bestimmen.	▶ **selektives Hören:** Ggf. wird Dialog 1 exemplarisch im Plenum sortiert. KL kann bei Schwierigkeiten noch einmal die beiden Fragemöglichkeiten *Wie heißen Sie? / Wie ist Ihr Name?* gegenüberstellen. **Lösung 4b** Dialog 1: Hallo. Tag, ich bin Olga. Und ich heiße Yong-Min. Entschuldigung, wie heißt du? Yong-Min. Ich bin aus Korea. Und du? Ich bin aus Russland. Dialog 2: Guten Tag. Mein Name ist Sánchez. Guten Tag, Herr Sánchez. Ich bin Adam Svoboda. Woher kommen Sie? Aus Pilsen. Und Sie? Aus Valencia. Dialog 3: Guten Abend. Guten Abend, ich bin Markus Schmeling. Entschuldigung, wie ist Ihr Name? Schmeling, Markus Schmeling. Und ich bin Frau Jacob, Irene Jacob.	CD: Track 1.6–1.8
4c	**Freie Anwendung:** TN schreiben die Dialoge aus 4b auf und üben in PA einen der Dialoge ein und spielen ihn im Plenum vor (KL achtet dabei auf Melodie und Akzent).	KL weist auf unterschiedliche Begrüßungen morgens und abends hin (siehe Übersicht am Ende des Kapitels, „Im Alltag" 1). ▶ **Schreiben: Dialoge** ▶ **Binnendifferenzierung:** Für diese Aufgabe brauchen langsamer Lernende evtl. viel Zeit. Schneller Lernende schreiben und üben zwei Dialoge – einen formellen, einen informellen. ▶ **Im Alltag EXTRA 1:** KL kann das Thema „Duzen/Siezen" in Inlandskursen vertiefen. TN betrachten in PA die Fotos und entscheiden, wer duzt/siezt. Im Plenum werden die Dialoge mit verteilten Rollen vorgelesen und den Situationen zugeordnet. ▶ **Landeskundeheft „Treffpunkt D-A-CH", S. 4:** KL zieht möglicherweise noch den Abschnitt zu regionalen Begrüßungen in D-A-CH hinzu.	

Hallo!

5a	**Bewusstmachung:** KL lässt zwei Gruppen bilden: Die 1. Gruppe sucht in den bisher bearbeiteten Aufgaben Aussagesätze, die 2. Gruppe W-Fragen.	KL weist auf die Position des Verbs hin und markiert es jeweils mit einer ovalen Umrandung (▶ **Visualisierung**).	
	Systematisierung: Beide Gruppen schreiben ihre Ergebnisse – wie im Buch demonstriert – an die Tafel, KL achtet dabei auf deutliche Trennung der Positionen.		
5b	**Üben:** TN bearbeiten die Sätze in PA. Die Sätze werden dann im Plenum vorgelesen, ein/e TN schreibt sie am OHP auf, die anderen TN vergleichen und schreiben ggf. ab.	▶ **Binnendifferenzierung:** TN, die bereits fertig sind, erhalten die Aufgabe, ihre Sätze (gut leserlich) auf OHP-Folie zu schreiben. KL schneidet die Folie in Satzschnipsel. Auf dem OHP werden Fragen und Aussagesätze einander zugeordnet. Fehlende Fragen oder Aussagesätze werden ergänzt. **Lösung 5b** 1. Woher kommen Sie? 2. Guten Tag, ich heiße Mehmet. 3. Mein Name ist Sánchez. 4. Hallo, ich bin Olga. 5. Wie heißen Sie? 6. Wie heißt du? 7. Wie bitte? 8. Ich bin aus Korea, und du?	

Lernziele: TN können sagen, welche Sprache(n) sie sprechen. Sie können eine andere Person vorstellen.
Lerninhalte: WS: Sprachen; GR: Personalpronomen und Verbformen im Präsens, 1., 2., 3. Pers. Sg., 3. Pers. Pl.

	TN-/KL-Aktivitäten	**Hinweise**	**Materialien**
6a	**Präsentation:** KL klärt am Beispiel des Steckbriefs von Yong-Min Kim noch einmal die Begriffe *Familienname, Vorname, Land, Stadt* und *Sprachen* (neu). TN lesen die Steckbriefe und ordnen die Sprachen zu.	KL kann vorbereitend die TN noch einmal auf die Steckbriefe auf der Einstiegsseite des Kapitels hinweisen, da diese hier nun wieder aufgegriffen werden. **Lösung 6a** 1. Koreanisch und Chinesisch 2. Russisch und Englisch 3. Türkisch und Persisch 4. Spanisch und Französisch 5. Ukrainisch und Russisch	
6b	KL spielt die Hörtexte jeweils zweimal (mit Pausen, in denen die TN die Sprachen aufschreiben können). TN vergleichen mit dem Nachbarn / der Nachbarin.	▶ **selektives Hören**	CD: Track 1.9
7	**Präsentation:** KL spielt den Hörtext zweimal vor. TN lesen mit.	Zur Verständnissicherung kann KL hier Papierstreifen austeilen, auf denen jeweils eine Zeile des Hörtexts steht. Jede/r TN liest „ihre"/„seine" Zeile vor. Dieses Verfahren erfordert, dass alle gut zuhören, um ihren „Einsatz" nicht zu verpassen.	CD: Track 1.10 vorbereitete Papierstreifen
	Bewusstmachung: KL weist anhand des Grammatikhinweises auf Personalpronomen und die Verbform der 3. Person Sg. hin.		
8a	**Systematisierung:** TN sammeln Verben auf einem Lernplakat.	▶ **Binnendifferenzierung:** KL hat (auf Packpapier, Flipchartpapier o. Ä.) drei Lernplakate vorbereitet, die dem Beispiel im Buch entsprechen. TN erstellen in GA ihre Lernplakate; so können die schnelleren TN die unsicheren unterstützen. TN präsentieren ihre Plakate anschließend im Kurs (▶ **Visualisierung: Lernplakat**).	vorbereitete Lernplakate

8b	**Transfer:** Die TN schreiben einen eigenen Steckbrief. KL hilft bei Fragen nach Länderbezeichnungen und Sprachen oder gibt vorher eine Liste mit dem notwendigen Wortschatz aus.	**Alternative:** Die TN interviewen einander und schreiben in PA füreinander die Steckbriefe. KL kann diese Alternative wählen, um ein kooperatives Klima in der Gruppe zu fördern. KL gibt dafür DIN-A4-Vorlagen aus, siehe Kopiervorlage 1b. TN können, wenn sie mögen, ein Selbstporträt in den vorgegebenen Rahmen zeichnen (**Projekte: Das bin ich**).	Kopiervorlage 1b: „Steckbrief"
8c	**Freie Anwendung:** Die Steckbriefe werden eingesammelt. Jede/r TN zieht einen, sucht die zum Steckbrief gehörende Person und stellt den jeweiligen / die jeweilige TN wie im Beispiel vor.	Zu Beginn der nächsten Unterrichtseinheit kann KL das Gelernte wiederholen (▶ **Spiele: Ballspiel**).	

Lernziele: TN können Namen buchstabieren. Sie können einfache Vorstellungen, in denen auch Wohnort und Beruf genannt werden, verstehen.
Lerninhalte: WS: Namen, Städte, einzelne Berufe; Redemittel: *Buchstabieren Sie bitte*; Aussprache: Alphabet; GR: Alphabet

	TN-/KL-Aktivitäten	**Hinweise**	**Materialien**
9a	**Präsentation:** KL buchstabiert seinen/ihren eigenen Namen und schreibt ihn an die Tafel. TN sehen sich das Bild der Anmeldesituation an und hören den Dialog zweimal. Sie kreuzen beim ersten Hören den richtigen Namen an und kontrollieren beim zweiten Hören.	▶ **selektives Hören** **Lösung 9a** Familienname: Kowalska; Vorname: Magdalena	CD: Track 1.11
9b	**Üben (Aussprache):** KL spricht das Alphabet langsam, zeigt dabei auf die einzelnen Buchstaben und fordert TN gestisch auf, laut mitzusprechen. KL und TN sprechen das Alphabet gemeinsam im Chor.	KL kann schon Varianten in der Lautstärke oder in der Geschwindigkeit vorgeben. KL nutzt das zusätzliche Übungsangebot in der Rubrik „Aussprache üben" im Arbeitsbuchteil.	Kopiervorlagen 1c: „Alphabet-Poster" und 1d: „Alphabet-Rhythmus" CD: Track 1.12
	TN hören das Alphabet. Beim 1. Hören klopfen die TN nur den Rhythmus mit, beim 2. Hören klopfen sie und sprechen mit. KL und TN sprechen das Alphabet rhythmisch.	Um den Rhythmus zu unterstützen, können alle mit den Füßen stampfen, rhythmisch laufen, klatschen, trommeln etc.	
9c	**Üben:** TN lesen die Dialogteile und hören dann den 1. Dialog einmal. Sie füllen die Lücken. Sie kontrollieren das Geschriebene beim zweiten Hören. Ebenso wird mit dem 2. Dialog verfahren. TN vergleichen in PA.	▶ **detailliertes Hören** **Lösung 9c** Dialog 1: Raimondo Pereira; Dialog 2: Natalia Mishalov	CD: Track 1.13
10	**Freie Anwendung:** TN schreiben ihre Namen auf kleine Zettel, die eingesammelt und verteilt/gezogen werden. Jede/r TN buchstabiert den Namen auf dem gezogenen Zettel, die anderen TN raten.	Zur Vereinfachung für die Ratenden kann die Kursliste per OHP projiziert werden. Übungen wie diese oder Spiele wie Galgenmännchen oder Buchstabenbingo können auch später zur ▶ **Wiederholung** eingesetzt werden. Das Buchstabieren sollte gut geübt werden, um die TN auf die entsprechende Aufgabe im „Start Deutsch 1"-Test vorzubereiten (▶ **Spiele: Arbeitsspiele**).	kleine Zettel Kursliste auf Folie

Hallo!

11a	**Präsentation:** TN sehen sich die Fotos an. KL sammelt Fragen zu den Fotos an der Tafel: *Wie heißt er/sie? Woher kommt er/sie? / Wo wohnt er/sie? Was macht er/sie? / Was ist sein/ihr Beruf?*	▶ **Handlungsorientierung:** Die Hörtexte sind bewusst realitätsnah und somit im Wortschatz relativ komplex. Die TN erfahren, dass sie schon in dieser Phase des Deutschlernens Informationen aus authentischer Rede filtern können. **Lösung 11a** Reihe oben: Sandra Petri; Reihe Mitte: Christoph Ulreich; Reihe unten: Martina Keller	CD: Track 1.14
	KL klärt den Unterschied zwischen *wohnen* und *kommen aus*.	Auf die Possessivartikel soll hier noch nicht eingegangen werden. TN sollen die Fragen zunächst nur verstehen.	
	TN hören die Hörtexte ein erstes Mal mit Pausen.	▶ **globales Hören:** Personen stellen sich vor.	
11b	TN hören ein zweites Mal ohne Pausen. KL ergänzt/korrigiert den Tafelanschrieb.	▶ **selektives Hören:** Erst beim zweiten Hören erhalten die TN die Aufgabe, sich auf bestimmte Informationen zu konzentrieren. **Lösung 11b** <table><tr><td>Familienname</td><td>Petri</td><td>Ulreich</td><td>Keller</td></tr><tr><td>Vorname</td><td>Sandra</td><td>Christoph</td><td>Martina</td></tr><tr><td>Wohnort</td><td>Dresden</td><td>München</td><td>Berlin</td></tr><tr><td>Beruf</td><td>Automechanikerin</td><td>Deutschlehrer</td><td>Sekretärin</td></tr></table>	CD: Track 1.14
	Üben: TN schreiben ein Diktat: *Guten Tag. / Ich heiße … Ich komme aus … / … liegt in … / Und das ist … Sie kommt aus … in … / Und Sie? / Woher kommen Sie?*	Das ▶ **Diktat** am Ende jeder Lektion bietet eine Kontrolle des Hörverständnisses und der Schreibfertigkeit nicht nur für die/den KL, sondern vor allem für die TN selbst: Im Inland kann KL für weitere Anwendung ▶ **Im Alltag EXTRA 1** („Papiere, Papiere …") hinzuziehen. KL klärt anhand eines Antrags auf Aufenthaltserlaubnis o. Ä. die Begriffe *Geburtsname, Geburtsdatum, Geburtsort, Staatsangehörigkeit, Geschlecht, weiblich/männlich*, die hier neu vorkommen. TN füllen erst für sich selbst das Formular aus und vergleichen dann in PA.	Antrag auf Aufenthaltserlaubnis o. Ä. Zettel mit Namen der TN

Wie geht's? 2

Thematische Schwerpunkte: Gespräch in der Cafeteria, Adressen und Telefonnummern, Arbeitsanweisungen

Lernziele: Die TN können
- fragen, wie es jemandem geht,
- sagen, was sie trinken möchten,
- Adressen und Telefonnummern austauschen,
- Zahlen in öffentlichen Ansagen (Uhrzeiten, Telefonnummern, Gleis- und Preisangaben) verstehen,
- Durchsagen (Angebote) im Supermarkt verstehen,
- Arbeitsanweisungen verstehen,
- nachfragen, wenn sie etwas nicht verstehen.

Lerninhalte:
Wortschatz/Redemittel:
- Fragewörter, Anredeformen, Begrüßungsformen, Namen auf Deutsch (Länder, Städte, Sprachen)
- Redemittel *Wie geht's?* und Erwiderungen: *Super!*, *Nicht so gut.* etc.
- Redemittel *Trinkst du / Möchtest du …?* und Antworten: *Ja, gerne!*, *Nein danke!* etc.
- Zahlen von 0 bis 200, Uhrzeiten, Preisangaben
- Persönliche Angaben: Adressen, Telefonnummern, E-Mail-Adressen
- Angebote im Supermarkt: *Supermarkt, Anzeige, Kaffee, Mineralwasser, Salami, Tomaten, Milch, Joghurt*
- Verben in Arbeitsanweisungen

Grammatik:
- W-Frage und Aussagesatz, Personalpronomen und Verbformen 1., 2., 3. Person Singular und 3. Person Plural Präsens, Verbstellung in der Ja/Nein-Frage, Kongruenz bei Personalpronomen und Verbformen

Aussprache:
- Satzmelodie der Ja/Nein-Fragen; Aussprache und Akzent von Zahlen

Lernziele: TN können einen Dialog in der Cafeteria führen, sich dabei über das Befinden austauschen und sagen, was sie trinken möchten.
Lerninhalte: Redemittel *Wie geht's?* und Erwiderungen (*Super!*, *Nicht so gut.* etc.); Redemittel *Trinkst du/Möchtest du …?* und Antworten (*Ja, gerne!*, *Nein danke!* etc.)

	TN-/KL-Aktivitäten	Hinweise	Materialien
	Einstieg: TN betrachten das Einstiegsbild und äußern Assoziationen.	▶ Einstiegsaktivitäten: Einstiegsbild	Einstiegsbild, auf Folie kopiert
	Präsentation: TN lesen den Dialog zwischen Magdalena und Carlos. KL begrüßt einzelne TN: *Wie geht's? / Wie geht es Ihnen?*	Einzelne TN werden *Wie geht's?* schon kennen und an dieser Stelle nennen können. KL greift es hier auf.	
1a	KL greift TN-Äußerungen auf, schreibt sie mit entsprechenden Smileys an die Tafel und ergänzt die Smileys, die nicht genannt wurden.	Sollten hier sehr detaillierte oder auch negative Antworten wie *Schlecht!* u. Ä. gegeben werden, so bietet sich die Thematisierung sprachlicher Varianten bzw. Register an. KL weist darauf hin, dass man im formelleren Kontext lediglich *Es geht.* sagt und sich nur im Gespräch mit Freunden und Familienangehörigen direkter äußert.	
	Verständnissicherung: TN zeichnen die Smileys und vergleichen in PA.	**Lösung 1a** ☺☺ Super! ☺ Danke, gut. ☺☺ Sehr gut, danke. ☺ Es geht, und dir? ☹ Nicht so gut. ☺ Gut.	
1b	KL klärt den Unterschied zwischen den beiden Fragen *Wie geht's?* und *Wie geht es Ihnen?*.	KL greift ggf. noch einmal die Begrüßungen *Guten Tag, Guten Morgen, Guten Abend* oder regionale Varianten wie z. B. *Moin, Moin!* auf.	

Wie geht's?

	TN-/KL-Aktivitäten	Hinweise	Materialien
	Üben: TN fragen sich gegenseitig.	In kleinen Gruppen bietet sich hier ein Ballspiel an (▶ **Spiele: Ballspiel**), in größeren Gruppen laufen die TN im Kursraum herum und begrüßen/fragen verschiedene Partner/innen. Hilfreich ist es, wenn TN ihre Namenskarten vor sich aufstellen oder Namensschilder tragen. KL kann hier bei Bedarf die Rückfrage *Und dir? / Und Ihnen?* einführen und eine Festigungsphase ergänzen: TN ziehen einen vorbereiteten Smiley, begrüßen einander, erkundigen sich nach dem Befinden und antworten entsprechend dem gezogenen Smiley. TN tauschen auf ein Signal hin (▶ **Hilfsmittel: Glöckchen**) ihre Smileys.	weicher Ball o. Ä. Namenskarten vorbereitete Smileys
2a	**Einstieg:** TN schauen die Abbildungen A (auf der linken) und B–D auf der rechten Seite an. KL fragt: *Was trinken die Leute?*, und notiert die von den TN genannten Getränke an der Tafel.	Begriffe, die in den folgenden Dialogen vorkommen, sollten schon genannt werden: *Tee, Kaffee, Wasser, Mineralwasser, Milch.*	
	Präsentation: TN hören die Dialoge mit kurzen Pausen und ordnen anschließend die Szenen zu. Sie hören ein zweites Mal und vergleichen in PA.	▶ **globales Hören** **Lösung 2a** 1B, 2C, 3A, 4D	CD: Track 1.15
	KL demonstriert die Bedeutung der Redemittel.	KL verwendet zur Semantisierung mitgebrachte ▶ **Hilfsmittel: Realien** oder aus Karton geschnittene Gegenstände.	Realien / ausgeschnittene Gegenstände
2b	**Üben:** TN tauschen sich in PA oder GA über ihre Vorlieben aus.	Beim Austausch in PA oder GA haben die TN mehr individuelle Redezeit zur Verfügung, als wenn sie nacheinander im Plenum ihre Vorlieben äußern (▶ **Sozialformen**).	
3a	**Präsentation:** TN hören die Dialoge einmal. KL lässt die Dialoge von jeweils zwei TN vorlesen.	KL weist auf *Ja, gerne!* und *Nein, lieber …* hin und schreibt die Redemittel an die Tafel.	CD: Track 1.16
	Üben: TN lesen die Dialoge in PA laut.		
3b	**Transfer:** KL verteilt die Dialogkarten (Kopiervorlage 2a). Die TN üben die Dialoge in PA und spielen sie im Kurs vor.	Zur Semantisierung der Redemittel kann KL Getränke, z. B. Saft, Wasser und Becher (▶ **Hilfsmittel: Realien**) mitbringen und die TN nach ihren Wünschen fragen; KL variiert mit *Möchten Sie …?* und *Trinken Sie …?*.	Kopiervorlage 2a: „Dialogkarten" Realien

Lernziele: TN können einfache Fragen stellen, z. B. danach fragen, was jemand trinken möchte. Sie können Dialoge verstehen, in denen Informationen zur Person ausgetauscht werden.
Lerninhalte: Aussprache: Satzmelodie der Ja/Nein-Fragen; GR: Ja/Nein-Fragen, Verbstellung in der Ja/Nein-Frage, Kongruenz bei Personalpronomen und Verbformen

	TN-/KL-Aktivitäten	Hinweise	Materialien
4a	**Bewusstmachung/Systematisierung:** KL schreibt eine Ja/Nein-Frage mit Antwort an die Tafel. TN ergänzen weitere Fragen mit den ihnen bekannten Verben.	▶ **Wiederholung:** Ggf. werden die W-Fragen wiederholt. Jede/r TN schreibt ein Fragewort von den vorangegangenen Kapitelseiten auf einen Zettel (z. B. *Wie*), der Nachbar ergänzt die Frage (z. B. *Wie heißt du?*), der Nächste kontrolliert, ob die Frage richtig geschrieben wurde (▶ **Fehlerkorrektur**). KL schreibt die Satzteile deutlich – wie in der Tabelle vorgegeben – neben- und untereinander und markiert das Verb mit einer ovalen Umrandung (▶ **Visualisierung**).	Zettel

4b	**Üben (Aussprache):** TN hören den Text ein erstes Mal mit geschlossenen Büchern. TN lesen beim zweiten Hören halblaut mit. KL spricht Sequenzen vor. TN sprechen einer nach dem anderen nach.	▶ **Aussprache:** KL variiert mit bekanntem Wortschatz.	CD: Track 1.17–1.18
4c	TN lesen die Sätze an der Tafel laut vor.	▶ **Binnendifferenzierung:** TN, die schon fertig sind, überlegen sich weitere Beispiele.	
4d	In PA schreiben die TN Fragen auf und üben gemeinsam die Aussprache.	**Lösung 4d** 1. Möchten Sie Orangensaft? 2. Sind Sie die Lehrerin von Kurs A? 3. Nimmst du Milch und Zucker? 4. Kommen Sie auch aus Indien? 5. Trinkst du Tee mit Milch?	
5a	**Präsentation:** TN schauen sich die Zeichnung an. KL fragt: *Was sagen die Personen?*, und sammelt Vermutungen an der Tafel. Zwei TN lesen die Sätze im Buch laut vor, die anderen TN lesen leise mit.		
5b	TN hören Dialog 1 zweimal und kreuzen die richtige Antwort an. Sie hören dann Dialog 2 zweimal und kreuzen auch hier die richtige Antwort an.	▶ **selektives Hören:** Das ist das erste Mal im Buch, dass TN unter mehreren Möglichkeiten die richtige Antwort ankreuzen müssen. Gerade in Gruppen mit sogenannten lernungewohnten TN kann es wichtig sein, dass KL zuvor das Prinzip klärt. **Lösung 5b** Dialog 1: richtig: 2, 3; Dialog 2: richtig: 1, 3	CD: Track 1.19
5c	TN hören beide Dialoge ein drittes Mal, lesen die Texte nun mit. Sie können sich selbst kontrollieren und vergleichen anschließend ihre Ergebnisse zu 5b im Kurs.	▶ **detailliertes Hören und Lesen**	
5d	**Üben:** KL klärt neues Vokabular und weist auf die Markierungen der Satzmelodie hin. TN üben in GA. Jede/r TN übernimmt eine Person (*Kasimir, Carlos, Maria, Beata*).	▶ **Binnendifferenzierung:** Lernstärkere TN/Gruppen erhalten Dialogkarten mit dem Text nur für ihre jeweilige Rolle. Die anderen TN erhalten den gesamten Text, die jeweilige Rolle ist markiert.	Dialogkarten „In der Cafeteria" (Kopiervorlagen 2b und 2c)
6a	**Bewusstmachung:** TN markieren in den Dialogen 1 und 2 die Verbformen. KL erläutert die Bedeutung von *wir* und *ihr*. TN suchen aus den Aufgaben 1–5 Verben mit Personalpronomen heraus. KL erklärt an einem Beispiel die Termini *Verb* und *Personalpronomen*.	**Lösung 6a** Dialog 1: ist – sind – heiße – Seid – sind – macht – lernen – sind – sprecht Dialog 2: kommt – kommen – komme – kommt – möchtet – Trinkt – nehme – trinkst	
6b	**Systematisierung:** TN ergänzen das Lernplakat.	Falls Nachfragen bei „möchte" kommen, weist KL darauf hin, dass „möchte" anders funktioniert als die übrigen Verben (*e* in der 3. Pers. Sg.).	Lernplakate
6c	**Üben:** TN ergänzen in EA die Lücken. Ergebniskontrolle im Plenum.	Hierfür kann KL die TN die Ergebnisse am OHP auf eine Folie schreiben lassen. **Lösung 6c** 1. Trinkst 2. Trinkt 3. ihr 4. sprechen 5. Wohnst 6. du 7. Sie 8. arbeiten 9. Kommen 10. Sprechen ▶ **Spiele:** Zur Festigung der Verbendungen und Personalpronomen bietet sich ein Satz-Domino an (siehe Kopiervorlag 2d). ▶ **Im Alltag EXTRA 2:** Hier bietet sich mit „Meine und deine Sprache" ein Sprachvergleich an. Die TN erkennen die Regel in der Wortstellung, können aber auch die Unterschiede zur eigenen Sprache (und zu anderen Sprachen) besser einschätzen (▶ **Mehrsprachigkeit: Sprachvergleich**).	OHP-Folien Kopiervorlage 2d: „Satz-Domino"

Wie geht's?

Lernziele: TN können Adressen und Telefonnummern austauschen.
Lerninhalte: WS: Zahlen von 0 bis 200, persönliche Angaben: Adressen, Telefonnummern, E-Mail-Adressen; WS: *Kasse, bezahlen*; Aussprache und Akzent von Zahlen

	TN-/KL-Aktivitäten	Hinweise	Materialien
7	**Üben:** TN schreiben/malen Länderkennzeichen, Namen etc. in GA auf Kärtchen. Diese werden gemischt. Reihum ziehen die TN Kärtchen und sagen die Sätze, die ihnen dazu einfallen.	Bei diesem Verfahren zur ▶ **Wiederholung** und zum Üben bringen sich die TN mit ihrem individuellen Lernstand ein und ergänzen sich gegenseitig.	Kärtchen
8a	**Präsentation:** TN hören die Zahlen einmal. KL lässt nach jeder Zahl eine Pause, in der die TN die Ziffern in die entsprechenden Kästchen eintragen. Die TN vergleichen in PA.	▶ **detailliertes Hören:** Detailverstehen ist nötig, um die Zahlen richtig zu erfassen.	CD: Track 1.20
8b	**Verständnissicherung:** TN hören noch einmal und sprechen mit.		CD: Track 1.20
8c	KL klärt die Begriffe *Handy*, *Vorwahl* und *Telefonnummer*. KL spielt die Hörtexte einmal vor. Beim zweiten Abspielen macht KL eine kurze Pause nach der ersten Handynummer, sodass TN die Nummern notieren können, und verfährt ebenso mit der zweiten Handynummer. TN vergleichen anschließend mit der Nachbarin / dem Nachbarn.	▶ **detailliertes Hören** Achtung: *Handy* ist eine deutsche Bezeichnung, kein Internationalismus (▶ **Wortschatz: Internationalismen**). **Lösung 8c** Handy 1: Vorwahl 01 75, Telefonnummer 2 56 91 38; Handy 2: Vorwahl 01 73, Telefonnummer 9 76 85 41. ▶ **interkulturelle Perspektive:** In national gemischten Gruppen im Inland spricht KL die Ländervorwahlen an. TN erstellen an der Tafel eine Liste ihrer Herkunftsländer und Ländervorwahlen (Deutschland 00 49, weitere Nummern unter http://auslandsvorwahl.info/).	CD: Track 1.21
9a	**Präsentation:** Zwei TN lesen den Dialog.		
9b	**Üben:** TN schreiben in GA die Fragen in der *Sie*-Form.		
	Transfer: Jeweils zwei TN interviewen einander in der Kleingruppe, während die beiden anderen zuhören und ggf. helfen.	▶ **Binnendifferenzierung:** KL kann schnellere Gruppen animieren, die Interviews sowohl in der *Sie*-Form als auch in der *du*-Form zu führen. ▶ **Handlungsorientierung:** In Inlandskursen kann KL mithilfe des örtlichen Telefonbuchs die Telefonauskunft simulieren lassen und so die Telefonnummern trainieren. ▶ **Im Alltag EXTRA 2:** KL lässt Adressangaben in einem Formular üben. Ist das Prinzip verstanden, kann KL unterschiedlich komplexe Formulare ausfüllen lassen, z. B. Formulare der Post, der GEZ etc. (▶ **Binnendifferenzierung**). (Siehe auch „Post und Schule" im Internet.)	Telefonbücher (Kopien) Formulare, in denen KL „Persönliche Daten"-Felder markiert hat
10	**Bewusstmachung:** KL schreibt die 13 und die 21 in Ziffern und in Worten an die Tafel (siehe LB).	Wenn anschließend noch Bedarf besteht, die Zahlen zu festigen, kann KL ein Bingo-Spiel einschieben (▶ **Spiele: Bingo**).	ggf. Kopiervorlage 2e: „Bingo"
	Präsentation: Die TN hören die Zahlen einmal, mit Pausen nach *zwanzig* und *dreißig*, und füllen die Lücken. Sie hören den Text ein zweites Mal und überprüfen ihre Eintragungen.		CD: Track 1.22

11a	TN sehen sich die Fotos an: *Wo ist das?* KL klärt den Wortschatz und bespricht, was sich auf jedem Tablett befindet.	▶ **Alltagsorientierung:** Bei dieser und den folgenden Aufgaben geht es um Zahlen im Alltag. Die TN erfahren, dass sie das Gelernte in Alltagssituationen anwenden können.	
	Präsentation: Die TN lesen die Arbeitsanweisung und den ersten Dialog und ordnen ihn dem passenden Tablett zu (Tablett C). Sie hören alle drei Dialoge und ordnen sie den passenden Tabletts zu. Sie hören alle drei Dialoge ein zweites Mal und vergleichen in PA ihre Eintragungen.	▶ **globales Hören** **Lösung 11a** Dialog 1: Tablett C, Dialog 2: Tablett A, Dialog 3: Tablett B. Bei Bedarf schiebt KL eine Übungsphase ein: TN setzen die zerschnittenen Transkripte der Dialoge wieder zusammen (▶ **Methoden: Schnipseltext**).	CD: Track 1.23 Kopien der Transkripte (Schnipseltexte)
11b	**Freie Anwendung:** KL lenkt die Aufmerksamkeit der TN auf die Getränkekarte und klärt den Wortschatz. TN schreiben Dialoge in PA oder GA und üben sie im Rollenspiel.	▶ **Spiele: Rollenspiel**	

Lernziele: TN können Zahlen in öffentlichen Ansagen (Uhrzeiten, Telefonnummern etc.), eine Durchsage im Supermarkt und Arbeitsanweisungen verstehen. Sie können nachfragen, wenn sie etwas nicht verstanden haben.
Lerninhalte: WS: Uhrzeiten, Preisangaben, Angebote im Supermarkt: *Supermarkt, Anzeige* etc., Verben in Arbeitsanweisungen

	TN-/KL-Aktivitäten	Hinweise	Materialien
12	**Präsentation:** Die TN betrachten die Fotos. Sie lesen erst den Lückentext zu Ansage A und hören dann die Zugansage. Sie ergänzen die Lücken beim zweiten Hören. KL verfährt weiter so mit allen Ansagen.	▶ **detailliertes Hören:** Bei dieser Übung geht es darum, die „offizielle" Form der Zeitangabe (Telefonauskunft/Radio) zu verstehen. Die „inoffizielle" Form (z. B. *Viertel vor sieben*) folgt erst in Kapitel 4. **Lösung 12** A: um 7 Uhr 29 / von Gleis 5 B: um 22 Uhr 15 C: Meine Telefonnummer ist 9 86 24 45 D: um 19 Uhr 35. E: 63 58 94 / 01 76 – 38 95 64 21. F: 9 Uhr 30	CD: Track 1.24
	Verständnissicherung: Die TN vergleichen mit dem Nachbarn / der Nachbarin.		
13	**Üben:** TN betrachten die Anzeigen und klären die Begriffe. TN hören die Ansagen einmal. Beim zweiten Mal macht KL Pausen nach jedem Angebot, sodass die TN schon ankreuzen können. KL verfährt ebenso beim dritten Hören. TN vergleichen in PA.	TN benutzen ihre Wörterbücher. ▶ **selektives Hörverstehen:** Lebensmittel und Preise. Stärkere TN decken die Preise im Buch ab, kreuzen die gesuchten Lebensmittel an und schreiben auch die Preise dazu (▶ **Binnendifferenzierung**). **Lösung 13** Mineralwasser € 0,89; Milch € 1,69; Kaffee € 4,10; Salami € 1,69 KL ergänzt hier ggf. eine Aufgabe zur freien Anwendung: TN gestalten in GA den Werbeprospekt eines Supermarkts mit einer individuellen Preisgestaltung. ▶ **Binnendifferenzierung:** Stärkere TN formulieren zusätzlich einen Ansagetext, den sie bei der Vorstellung des Prospekts im Plenum vorlesen. Hierfür hilft KL mit Redemitteln (*Heute im Sonderangebot …, besonders günstig, Kaufen Sie …*). ▶ **Landeskundeheft „Treffpunkt D-A-CH", S. 11:** In Kursen im Ausland zieht KL die Informationen zu Geld in Deutschland, Österreich und der Schweiz und die Multiple-Choice-Übung hinzu.	Wörterbücher der TN CD: Track 1.25 Werbeprospekte (Zeitungsbeilagen) von Supermärkten, Scheren, Klebstoff, Papier

Wie geht's?

14	**Präsentation:** Gemeinsam werden die Arbeitsanweisungen gelesen und geklärt. In PA ordnen die TN die Arbeitsanweisungen zu. Im Plenum werden die Ergebnisse zusammengetragen.	Hier geht es noch nicht um die aktive Umsetzung des Imperativs oder der trennbaren Verben. Bis sich die Arbeitsanweisungen eingeschliffen haben, werden gestische Verstehenshilfen weiterhin nützlich sein. **Lösung 14** 2. Sehen Sie sich die Fotos an. 3. Kreuzen Sie an. 4. Hören Sie. 5. Schreiben Sie. 6. Markieren Sie. 7. Sammeln Sie an der Tafel. 8. Hören Sie und sprechen Sie nach.	
15	**Präsentation:** TN betrachten das Foto, das eine typische Kurssituation zeigt. Sie lesen die Fragen und Anweisungen und halten sie auf Sprechblasen fest.	TN schneiden Sprechblasen aus und schreiben in GA Fragen/Anweisungen hinein. Weitere Sätze können genannt werden. Die Sprechblasen werden im Unterrichtsraum an die Wand gehängt und bleiben dort, wenn möglich, hängen. KL weist auch auf die letzte Buchseite hin.	Kartonpapier oder Packpapier, Scheren, dicke Stifte
	Üben: TN schreiben ein Diktat: *Mehmet Korkmaz ist aus der Türkei. / Er lebt in Deutschland, / in Bremen. / Er wohnt in der Martinistraße 12. / Seine Telefonnummer ist 54 98 37. / Mehmet spricht viel deutsch. / Er ist im Deutschkurs / bei Frau Wohlfahrt.*	▶ Diktat	

Was kostet das? 3

Thematische Schwerpunkte: Preise, Zahlen, Kaufen und Verkaufen

Lernziele: Die TN können
- über Preise sprechen,
- Verkaufsgespräche führen,
- Gegenstände beschreiben,
- Kleinanzeigen verstehen.
- Sie kennen die Zahlen bis 1 Million.

Lerninhalte:
Wortschatz/Redemittel:
- Zahlen von 200 bis 1 Million
- Preise
- Gegenstände des persönlichen Gebrauchs
- Adjektive zur Beschreibung der Qualität
- Redemittel Einkauf/Verkauf

Grammatik:
- bestimmter und unbestimmter Artikel im Nominativ
- Negativartikel (*kein/kein/keine*) und Possessivartikel (*mein/mein/meine, dein/dein/deine*) im Nominativ
- Personalpronomen *er/es/sie*

Aussprache:
- lange und kurze Vokale

Lernziele: TN können Gegenstände benennen, einfache Gespräche auf dem Flohmarkt verstehen, nach dem Preis fragen und sagen, was etwas kostet.

Lerninhalte: WS: Gegenstände des täglichen Lebens, Preise; Redemittel: *Was kostet das? … Euro. Das ist teuer/billig. Er/es/sie ist kaputt / fast neu / sehr klein. Das ist sehr viel/wenig*; GR: bestimmter Artikel im Nominativ

	TN-/KL-Aktivitäten	Hinweise	Materialien
	Einstieg: Aktivität zum Einstiegsbild. KL klärt die Situation „Flohmarkt".	▶ **Einstiegsaktivitäten: Einstiegsbild** TN äußern sich entsprechend ihren unterschiedlichen Vorkenntnissen, kennen evtl. schon einzelne Wörter wie *Stuhl, Lampe* oder kommentieren, dass es vor Ort einen Flohmarkt gibt.	Kopiervorlage 3a: „Flohmarkt" auf Folie
1a	**Präsentation:** TN lesen die Wörter und markieren die ihnen bekannten. Sie ordnen sie den Bildern 1–19 zu.	**Lösung 1a** 1. die Schere 2. das Wörterbuch 3. der Bleistift 4. der Kuli 5. das Heft 6. die Waschmaschine 7. die Kaffeemaschine 8. der Wasserkocher 9. das Bügeleisen 10. der Herd 11. der Stuhl 12. die Lampe 13. der Tisch 14. die DVD 15. der Fernseher 16. der Computer 17. der Drucker 18. der MP3-Player 19. das Handy	
1b	TN hören die Bezeichnungen der Gegenstände und sprechen mit.	▶ **detailliertes Hören:** Je nach TN-Gruppe werden beim Vorspielen der Dialoge Pausen zwischen den Wörtern bzw. Wortgruppen gemacht.	CD: Track 1.26
1c	**Verständnissicherung:** KL klärt die Redemittel *Was ist das? – Das ist der/die/das …* TN sprechen in PA über ihre Zuordnungen in 1a. Die Ergebnisse werden anschließend im Plenum besprochen.	KL kann hier auch 1b und 1c austauschen. TN nennen hier evtl. andere Wörter, die sie aus dem Alltag kennen (Nummer 14: *Videos*) und möglicherweise auch Pluralformen, die jedoch erst in Kap. 5 behandelt werden. KL achtet hier darauf, dass keine Verwirrung entsteht, und lenkt die Aufmerksamkeit auf die Singularform bzw. auf die vorgegebenen Wörter.	

Was kostet das?

	TN-/KL-Aktivitäten	Hinweise	Materialien
2a	**Präsentation:** TN hören jeden der drei Dialoge zweimal.	▶ **selektives Hören:** KL macht jeweils nach dem ersten Hören eine Pause, in der die TN die Preise ergänzen können. **Lösung 2b** Dialog 1: 20 Euro; Dialog 2: 5 Euro; Dialog 3: 140 Euro	CD: Track 1.27
2b	**Üben:** TN fragen sich gegenseitig nach den Preisen von Gegenständen.	Um die Situation realer zu machen, kann KL zwei Gruppen bilden lassen (▶ **Sozialformen**): „Käufer" und „Verkäufer". Die Käufer wandern im Unterrichtsraum herum und fragen die Verkäufer nach Preisen: *Was kostet der Stuhl?*	
2c	**Freie Anwendung:** TN schreiben in PA selbst einen Einkaufsdialog, üben ihn miteinander ein und spielen ihn vor.	▶ **Schreiben: Dialog:** Bevor TN im Rollenspiel Dialoge einüben, ist es sinnvoll, sie diese erst einmal aufschreiben zu lassen. Der Schreibprozess verlangsamt die Sprachproduktion und erlaubt so, die Aufmerksamkeit auf die sprachliche Form und die Wortwahl zu legen.	

Lernziele: TN können Preise verstehen und nach Preisen fragen. Sie kennen die Zahlen bis 1 Million. Sie können nach Gegenständen fragen und Aussagen zu Gegenständen machen.
Lerninhalte: WS: Zahlen von 200 bis 1 Million; GR: Nomen und bestimmter Artikel *der/das/die*, unbestimmter Artikel *ein/ein/eine*, Negativartikel *kein/kein/keine* und Possessivartikel *mein/mein/meine, dein/dein/deine*

	TN-/KL-Aktivitäten	Hinweise	Materialien
3a	**Bewusstmachung und Systematisierung:** KL lässt TN Nomen mit den bestimmten Artikeln sammeln und systematisiert sie nach diesen in einer Tabelle (an der Tafel / auf Packpapier).	KL kann hier in Anlehnung an die Metaplan-Methode (**Methoden: Pinnwand-Moderation**) den Gebrauch von Kärtchen demonstrieren und die TN Wörter (mit Artikel) den Spalten in der Tabelle zuordnen lassen. Hier ergibt sich ▶ **Binnendifferenzierung:** KL sagt, dass die TN mindestens zwei Kärtchen schreiben sollen. Weniger aktive TN schreiben nur zwei Kärtchen, aktivere TN so viele, wie sie können/wollen.	Kärtchen
	KL weist auf den Lerntipp hin.	▶ **effektiv lernen: Nutzung des Wörterbuchs** KL kann hier Kopiervorlage 3b hinzuziehen (sonst auch bei 7a sinnvoll). TN vergleichen die abgebildeten Wörterbuchauszüge mit ihren eigenen Wörterbüchern. Nutzung der ▶ **Mehrsprachigkeit: Sprachvergleich:** TN vergleichen die Verwendung von Artikeln zur Kennzeichnung des Genus mit anderen bekannten Sprachen. (Das Russische z. B. kennt weder bestimmte noch unbestimmte Artikel.)	Wörterbücher der TN Kopiervorlage 3b: „Das Wörterbuch benutzen"
3b	**Üben:** TN üben zuerst Nomen und Artikel, dann Fragen und Antworten: *Was kostet der/das/die …? – Der/Das/Die … kostet …*	Hier bietet sich ein Ballspiel wie in der Abbildung an (▶ **Spiele**).	weicher Ball o. Ä.
4a	**Üben:** TN hören zunächst die Preisangaben und ordnen anschließend in EA die Ziffern den Wörtern zu.	▶ **detailliertes Hören** Wenn möglich, präsentiert KL die Abbildungen auf Folie. **Lösung 4a** f – h – b – a – g – d – c – e	CD: Track 1.28 Kopiervorlage 3c: „Gegenstände und Preise"

3

4b	In PA vergleichen die TN ihre Ergebnisse zu 4a und raten dann, welcher Preis zu welchem Gegenstand passt.	KL achtet auf einen Wechsel der ▶ **Sozialformen**.	
4c	**Verständnissicherung:** TN hören jeden Dialog zweimal. Anschließend Vergleich der Ergebnisse im Plenum.	▶ **selektives Hören** **Lösung 4c** Dialog 1: 139,– Euro; Dialog 2: 2.312,– Euro; Dialog 3: 3.800,– Euro; Dialog 4: 289,– Euro; Dialog 5: 65,–; Dialog 6: 745.600 Euro ▶ **Im Alltag EXTRA 3:** Ist in Inlandskursen eine weitere Übungsphase erforderlich, so kann KL die TN zusätzlich Beträge in Formularfelder schreiben lassen. ▶ **globales Hören** ▶ **Binnendifferenzierung:** Schneller Lernende decken die Aufgabe 4a ab und lösen 4c ohne Textunterstützung.	CD: Track 1.29
5a	**Präsentation:** TN hören die drei Dialoge mit Pausen zweimal.		CD: Track 1.30
	Verständnissicherung: TN ordnen in PA die Dialoge zu. Vergleich im Plenum.	**Lösung 5a** A: Dialog 2; B: Dialog 3; Dialog C1	
	Bewusstmachung: KL verdeutlicht den Unterschied zwischen bestimmtem, unbestimmtem Artikel und Negativartikel.	KL muss hier evtl. kleinschrittig vorgehen, um die Unterschiede zu verdeutlichen. 1. Hier bietet sich die Nutzung von realen Gegenständen (▶ **Hilfsmittel: Realien**) an (z. B. Bleistift, Handy, Schere). KL versteckt einzelne Gegenstände in Beuteln (Socken) oder unter einem Tuch und lässt die TN fühlen und raten: *Was ist das?* 2. KL zeigt einen Gegenstand (z. B. die Schere) und stellt eine Nonsensfrage: *Ist das ein Handy?* Bei Bedarf verdecken die TN selbst Gegenstände und befragen sich gegenseitig. ▶ **Arbeitsbuch,** Kap. 3: Bei Bedarf zieht KL Übung 5 zur Festigung hinzu.	Realien, kleine Beutel (Socken oder Tuch)
	Systematisierung: KL erstellt Tafelbild: Was ist das? – Das ist <u>ein</u> Handy. Ist das ein/ein/eine …? – Nein, das ist <u>kein</u>/<u>keine</u> …	(▶ **Visualisierung: Tafelbild**)	
5b	**Üben:** TN zeichnen Gegenstände, raten in PA.		
	Bewusstmachung: KL verdeutlicht den Unterschied zwischen unbestimmtem Artikel und Possessivartikel und ergänzt das Tafelbild. Ist das mein/mein/meine …? – Nein, das ist <u>dein</u> Handy.	KL nimmt das Handy eines/einer TN, fragt und unterstützt gestisch: *Ist das <u>mein</u> Handy?* Hinweis auf die Grammatikhinweise (▶ **Grammatik: Grammatikhinweise**)	
6a	**Üben:** TN üben in PA oder GA.		
6b	**Verständnissicherung:** TN ergänzen die Lücken.	KL kann hier überprüfen, ob auch unsichere TN den Sachverhalt verstanden haben. **Lösung 6b** mein Bleistift; ein Handy – mein Handy; eine Schere – meine Schere	
6c	**Transfer:** TN schreiben Sätze wie im Beispiel und tauschen sich mit Partner/Partnerin aus.	Hier bietet sich die gegenseitige ▶ **Fehlerkorrektur** an: TN besprechen in Kleingruppen ihre Sätze und korrigieren einander.	

Was kostet das?

Lernziele: TN können einfache Kauf-/Verkaufsgespräche führen.
Lerninhalte: WS: Gegenstände des persönlichen Gebrauchs (*Brille, Lippenstift, USB-Stick* etc.), Adjektive zur Beschreibung der Qualität; Redemittel: Einkauf/Verkauf (*Ich zahle …, Für Sie nur …* etc.); Aussprache: Vokale; GR: Personalpronomen *er/es/sie*

	TN-/KL-Aktivitäten	Hinweise	Materialien
7a	**Einstieg:** TN sammeln in PA die Wörter, die ihnen bereits bekannt sind, und klären mithilfe ihrer Wörterbücher noch unbekanntes Vokabular zu den abgebildeten Gegenständen.	Mithilfe der Kopiervorlage „Das Wörterbuch benutzen" wird zunächst der Umgang mit dem Wörterbuch thematisiert (▶ **effektiv lernen**). ▶ **Im Alltag EXTRA 3:** KL kann hier zusätzlich die Redemittel *Wie heißt das auf Deutsch?, Wie sage ich das auf Deutsch?, Wie sagt man (dazu) auf Deutsch?* einführen und üben lassen.	Wörterbücher der TN Kopiervorlage 3b
7b	**Präsentation:** TN hören den Dialog zweimal und sprechen diesen in PA mit verteilten Rollen.	KL lenkt beim ersten Hören mit den Fragen *Wer ist der Verkäufer? – Wer ist der Käufer?* die Verstehensabsicht (▶ **globales Hörverstehen**).	CD: Track 1.31
8a	**Bewusstmachung:** KL lenkt die Aufmerksamkeit auf den Grammatikhinweis und erläutert, dass es sich bei *er/es/sie* um Personalpronomen handelt. TN suchen Personalpronomen in den Dialogen von 5a und 7b. KL schreibt Beispielsätze an die Tafel: *Was kostet er?* – *der Fernseher* *Was kostet es?* – *das Handy* *Ist sie gut?* – *die Digitalkamera* und erarbeitet mit den TN die Funktion der Personalpronomen als Bezugswörter ohne eigenen Inhalt.	Nutzung der Metasprache ▶ **Grammatik: Metasprache** ▶ **selbst entdeckendes Lernen** Dabei markiert KL jeweils die letzten Buchstaben, um zu demonstrieren, dass sie identisch sind (r – r, s – s, e – e). **Lösung 8a** 5a: er – es – sie; 7b: sie – sie	
8b	**Üben:** TN ergänzen die Personalpronomen. Vergleich im Plenum.	**Lösung 8b** 1. Er 2. Es 3. Sie 4. Sie 5. er 6. Es	
9	**Freie Anwendung:** KL schreibt folgende Arbeitsanweisung an die Tafel: 1. *Wählen Sie einen Partner / eine Partnerin.* 2. *Bauen Sie gemeinsam auf einem Tisch einen Flohmarktstand auf. Schreiben Sie Preisschilder für Ihre Waren.* 3. *Verkaufen Sie Ihre Waren.* 4. *Kaufen Sie an anderen Ständen ein (der Partner / die Partnerin bleibt beim Stand; anschließend wechseln).*	KL kann ▶ **Realien** (mitgebrachte Gegenstände, die die TN nicht mehr benötigen, Gegenstände der TN im Kursraum u. a.) oder Abbildungen (ggf. zusammen mit den TN aus Werbeprospekten ausgeschnittene) benutzen, um das Flohmarktspiel möglichst realistisch zu gestalten. TN erhalten Kopien der Redemittel; KL läuft herum und regt immer wieder zur Verwendung der Redemittel an.	Realien Post-its für Preisschilder Kopien der Redemittel
10a–c	**Üben (Aussprache):** TN hören und üben die Aussprache der langen und kurzen Vokale.	▶ **Aussprache: Vokale** KL spricht die Ausspracheübungen ggf. selbst vor (▶ **Ausspracheübungen selbst sprechen**). In 10c kann es hilfreich sein, die Unterrichtssituation etwas aufzulockern, aufzustehen, im Kursraum umherzugehen und die Partner häufig zu wechseln.	CD: Track 1.32–1.34
	Projekt (Recherche): TN recherchieren als Hausaufgabe zu Flohmärkten in ihrer Region.	▶ **Projekte:** KL klärt zuvor Fragen zum Vorgehen und hält auf OHP fest: *Wer zusammen?* *Wo?* *Was?* *Ergebnis im Kurs:* *Wie?* *Wann?*	OHP

Lernziele: TN können Kleinanzeigen lesen und das Wichtigste davon verstehen. Sie können einfache telefonische Kauf-/Verkaufsverhandlungen verstehen.
Lerninhalte: WS: Kleinanzeigen, Alltagsgegenstände, Preisangaben, Adressen; Redemittel: *ich suche, ich verkaufe*; GR: Komposita

	TN-/KL-Aktivitäten	Hinweise	Materialien
	Präsentation: TN sehen sich die Seiten an. KL fragt, ob sie solche Anzeigen schon gesehen haben, erklärt ggf., wo man solche Anzeigen findet (z. B. in Supermärkten) und klärt den Begriff „secondhand".		
11a	TN wählen in PA Suchaufträge und schreiben die entsprechenden Angebote auf.	▶ **selektives Lesen:** Jedes Paar erhält einen Notizzettel (Kopiervorlage vorher zerschneiden), mit dem Auftrag, nach dem gewünschten Gegenstand zu suchen und die Angebote aufzuschreiben. ▶ **Binnendifferenzierung:** Paare können selbst entscheiden, ob sie in Aufgabe 11 einen oder mehrere Suchaufträge wählen.	Kopiervorlage 3d: „Notizzettel"
11b	**Verständnissicherung:** TN ordnen die Angebote und präsentieren ihre Ergebnisse im Plenum.		
12a	**Präsentation:** TN hören die Dialoge je einmal mit einer kurzen Pause, in der sie die gefragten Informationen aufschreiben können.	▶ **selektives Hören:** Gegenstände und Preise **Lösung 12a** Dialog 1: Kinderwagen; Dialog 2: Waschmaschine	CD: Track 1.35
12b	KL verfährt auf dieselbe Weise wie in 12a.	**Lösung 12b** Dialog 1: 95,– Euro; Dialog 2: 120,– Euro	
13a	**Bewusstmachung:** KL erläutert die Bildung von Komposita erst anhand eines Beispiels mit zwei Nomen (z. B. *Kaffeemaschine*), dann anhand des vorgegebenen Beispiels an der Tafel. der Kaffee + <u>die</u> Maschine = <u>die</u> Kaffeemaschine kühl/kühlen + <u>der</u> Schrank = <u>der</u> Kühlschrank	▶ **Visualisierung: Strukturen**	
	Üben: TN lesen die vorgegebenen Wörter und schlüsseln sie, wie in den Beispielen vorgegeben, an der Tafel auf.	**Lösung 13a** der Wasserkocher: das Wasser + der Kocher; das Wörterbuch: die Wörter + das Buch; die Kaffeemaschine: der Kaffee + die Maschine; das Kinderbett: die Kinder + das Bett; die Teekanne: der Tee + die Kanne; der Papierkorb: das Papier + der Korb; die Satellitenantenne: die Satelliten + die Antenne; der Lieferwagen: liefern + der Wagen	
13b	**Üben:** TN sammeln weitere Komposita in den Anzeigen und ergänzen die Liste an der Tafel.	▶ **interkulturelle Perspektive:** KL schließt ggf. noch ein freies Gespräch an. *Flohmarkt – gibt es das auch in anderen Ländern?*	
	Üben: TN schreiben ein Diktat: *Auf dem Flohmarkt: / Kommen Sie, / kaufen Sie. / Hier ist alles billig. / Der Staubsauger / kostet nur 25 Euro. / Das Bügeleisen / kostet nur zwölf Euro. / Das Fahrrad ist fast neu. / Es kostet nur 135 Euro.*	▶ **Diktat** zum Abschluss des Kapitels	

Raststätte

Wiederholung: Wortschatz, Redemittel und Strukturen der ersten drei Kapitel

	TN-/KL-Aktivitäten	Hinweise	Materialien
1	**Spiel:** Im Plenum werden – anhand des vorgegebenen Beispiels – die Spielregeln von „Zehn Wörter und viele Sätze" geklärt. KL sagt ein Wort, jede/r TN schreibt einen Satz dazu auf. KL gibt 30 Sekunden Zeit. TN vergleichen ihre Sätze in PA und entscheiden gemeinsam, ob der Satzbau richtig ist und der/die TN dafür einen Punkt bekommen kann. Im Zweifelsfall hilft KL.	Mithilfe des Spiels soll der Satzbau wiederholt und gefestigt werden (▶ **Wiederholung**). Evtl. hält KL noch einmal die wichtigsten Regeln an der Tafel fest (Position des Verbs im Aussagesatz, in der W-Frage, in der Ja/Nein-Frage).	Glöckchen, um Zeit zu signalisieren
	Die TN spielen in PA 10 Minuten.	In Kursen, in denen sich die TN mit dem Schreiben schwertun, gibt KL mehr Zeit. Je nach TN-Gruppe gibt es Punkte für syntaktisch richtige Sätze (Rechtschreib- oder Grammatikfehler werden angemerkt, führen aber nicht zu Punktverlust) oder für Sätze, die sowohl syntaktisch als auch grammatisch richtig sind.	
	KL kontrolliert am Ende, wer die meisten Punkte hat.	Zur Fehlerkontrolle können sich auch jeweils zwei Paare zusammensetzen und miteinander die Sätze durchgehen. KL hilft nur im Zweifelsfall. ▶ **Binnendifferenzierung:** Paare, die schneller fertig sind, machen selbstständig mit anderen Wörtern aus dem Wortschatz der vorhergehenden Lektionen weiter.	
2	**Üben:** TN hören die Dialoge, bringen die Teile in die richtige Reihenfolge und schreiben sie auf.	KL kann die Dialogteile auf Kärtchen austeilen. So enthält die Übung ein haptisches Element, das für viele TN wichtig ist. Eine größere Herausforderung für schneller Lernende wird erreicht, wenn die einzelnen Dialoge aus den gemischten Teilen beider Dialoge zusammengesetzt werden müssen (▶ **Binnendifferenzierung**). **Lösung 2** Dialog 1: • Guten Tag, mein Name ist Nikos Koukidis. ○ Und ich bin Boris Bogdanow. • Woher kommen Sie? ○ Ich komme aus der Ukraine, und Sie? • Ich komme aus Griechenland, aus Athen. ○ Und ich bin aus Kiew. Dialog 2: • Wo wohnst du? ○ In der Kaiserstraße, und du? • In der Blumenstraße 34. ○ Hast du Telefon? • Nur Handy. Die Nummer ist 01 72/5 48 08 08.	CD: Track 1.36 Teile der Dialoge auf Kärtchen
3	**Freie Anwendung:** TN suchen sich ein Foto aus und schreiben dazu in PA/GA einen Dialog, der dann im Plenum vorgestellt wird.	Die auf den Fotos dargestellten Kommunikationssituationen sind unterschiedlich komplex, sodass die TN die Dialog-Situation wählen können, die sie sich zutrauen.	
4	**Spiel:** Nachdem zuerst im Plenum die Spielregeln geklärt wurden, spielen die TN das Würfelspiel in PA. Das Paar, das die meisten korrekten Sätze hat, bekommt die meisten Punkte.	In 3er-Gruppen macht das Spiel evtl. noch mehr Spaß. KL kann die Regeln dann erweitern: TN 1 nennt eines der vorgegebenen Verben, TN 2 würfelt und konjugiert das Verb (*du lernst*), TN 3 sagt einen ganzen Satz (*Du lernst Deutsch.*).	Würfel in ausreichender Zahl

5a	**Spiel:** Im Plenum raten die TN erst einmal, wie viele Gegenstände das Bild zeigt.	**Lösung 5a** Das Bild zeigt 36 Gegenstände.	
5b	TN übernehmen die Tabelle ins Heft und versuchen, so viele der dargestellten Gegenstände zu benennen wie möglich. Die TN schlagen in ihren Wörterbüchern nach, um den korrekten Artikel (das Genus) herauszufinden.	Als Wettbewerb wird diese Übung noch lebendiger. KL gibt drei Minuten, in denen jede/r TN Gegenstände für sich im Bild benennt. Die TN bilden zwei Gruppen. Für jede Gruppe zeichnet KL die Tabelle an die Tafel. Die Gruppen stellen sich vor der Tafel auf und schreiben so viele Wörter wie möglich auf. Dabei schreibt jeweils nur ein/e TN jeder Gruppe und gibt dann die Kreide an die nächste Person in der Schlange weiter. Die Auswertung wird mithilfe der auf dem Kopf stehenden Wörtersammlung von der jeweils anderen Gruppe vorgenommen.	Wörterbücher der TN

Video: Informationen zu drei Schauspielern geben; Jennys Anruf bei Frau Noll verstehen
Effektiv lernen: Lerntipp „Regelmäßig lernen"
Was kann ich schon: Selbsteinschätzung der Lernerfolge
Ich über mich: sich in einem kurzen Text vorstellen

	TN-/KL-Aktivitäten	**Hinweise**	**Materialien**
Video Teil 1	**Wiederholung:** TN betrachten die Fotos, lesen die Texte und ergänzen die Lücken.	▶ **Video:** Die TN kennen die Schauspieler aus Szene 2, in der sie nacheinander vor die Kamera kommen und sich vorstellen. Anhand des Lückentexts rekapitulieren die TN, was sie gerade im Video gesehen haben. Sie können sich jeweils eine der drei Personen aussuchen oder aber in GA gemeinsam die drei Texte ergänzen. **Lösung Video Teil 1** Er heißt Florian Stützel. Er ist 38 Jahre alt. Er kommt aus München. Er mag Sport und Musik. Sie heißt Jenny Stölken. Sie kommt aus Hamburg. Sie hat zwei Kinder. Er heißt Gasan. Seine Eltern kommen aus der Türkei. Er spricht Türkisch, Deutsch, Englisch und Französisch.	DVD: Szene 2
Video Teil 2	**Verständnissicherung:** TN beantworten die Fragen und vergleichen mit dem Nachbarn / der Nachbarin.	▶ **Video:** Diese Übung bezieht sich auf das Gespräch zwischen Dezsö und Jenny, die im „Wochenblatt" Anzeigen markiert, und Jennys Anruf bei Frau Noll. TN können hier zeigen, dass sie die zentralen Informationen im Gespräch verstanden haben. **Lösung Video Teil 2** 1. Die Frau sucht einen Kühlschrank. 2. Die Adresse von Frau Noll ist: Romanstraße 12. 3. Sie zahlt 130 Euro.	DVD: Szenen 6 und 7
Effektiv lernen	**Bewusstmachung (Lernen):** Im Plenum werden die beiden Abbildungen verglichen. Die TN stellen Vermutungen über die Bedeutung an.	▶ **effektiv lernen:** Hier soll den TN deutlich werden, dass es sinnvoller ist, regelmäßig – auch nur kurze Zeit – zu lernen, als selten mit großem zeitlichem Aufwand.	Wortschatzkarten
	TN sammeln an der Tafel 30 unbekannte Wörter aus Kapitel 4 und stellen Wortschatzkarten her. TN erhalten die Hausaufgabe, zu Hause den Lerntipp auszuprobieren.	Wenn die TN selbst die Wörter an die Tafel schreiben, kommt Bewegung in den Kurs. Gemeinsam können die Wörter noch einmal auf Orthografie hin angeschaut und bei Nomen können die Artikel ergänzt werden. KL verweist auf das Beispiel einer Wortschatzkarte neben „TIPP" in der Grammatikübersicht zu Kap. 3.	

Raststätte

Was kann ich schon?	**Reflexion:** Gemeinsam werden die Aufgaben besprochen: 1. Frage und Antwort formulieren, 2. den abgedruckten Namen leise buchstabieren, 3. drei verschiedene Antworten auf die Frage geben, 4. nach der Telefonnummer fragen, 5. nach dem Preis des Wörterbuchs fragen und die Frage beantworten und 6. die Arbeitsanweisungen ergänzen. TN bearbeiten die Aufgaben 1–6 in EA.	▶ **Selbsteinschätzung:** Die Rubrik „Was kann ich schon" am Ende jeder Raststätte soll den TN bewusst machen, was sie schon gelernt haben und beherrschen, und ein positives Gefühl zum eigenen Lernen erzeugen. Auf keinen Fall sollen die TN sich hier in negativem Sinne geprüft fühlen. Deshalb lenkt KL auch bei selbstkritischen TN die Aufmerksamkeit auf das bereits Erreichte. Das schließt nicht aus, dass KL den TN, die ihr Ergebnis noch nicht als zufriedenstellend betrachten, Tipps zum weiteren Lernweg gibt.	
Ich über mich	**Freie Anwendung:** TN lesen den Text und schreiben in EA einen Text nach dem vorgegebenen Muster.	▶ **Schreiben: Ich über mich:** Diese Aufgabe eignet sich gut als Hausaufgabe. Je nachdem, wie vertrauensvoll die TN miteinander arbeiten, kann KL anregen, dass die Texte zu Beginn der nächsten Stunde mit einem Partner / einer Partnerin eigener Wahl ausgetauscht und besprochen werden (▶ **Hausaufgaben**).	

Testtraining 1

	TN-/KL-Aktivitäten	Hinweise	Materialien
	Hören: Im Plenum wird zunächst die Aufgabenstellung gelesen und geklärt. KL spielt den Beispiel-Dialog zweimal. TN kreuzen in EA an. KL bittet, mit dem Nachbarn / der Nachbarin zu vergleichen, ob das Kreuz an der richtigen Stelle sitzt. Anschließend Vergleich im Plenum.	▶ **Prüfungsvorbereitung: A1-Prüfung:** Die Prüfung kann bei zwei verschiedenen Institutionen abgelegt werden: als Goethe-Zertifikat A1 / Start Deutsch 1 beim Goethe-Institut oder als telc Deutsch A1 bei der telc. Beide Prüfungen sind aber, bis auf Details bei den Antwortbögen (s. Hinweise zum Testtraining 3), identisch. Hier wird auf „Hören, Teil 1" (von insgesamt drei Teilen) vorbereitet. Im Testtraining 1 sollen die TN zunächst einmal die Prüfungsformate kennenlernen. KL gibt deshalb hier noch so viel Zeit, wie die TN benötigen, um die Aufgaben zu lösen. Sog. „lernungewohnten TN" bereitet es möglicherweise Schwierigkeiten, das Gemeinte anzukreuzen bzw. zu markieren. KL macht dies evtl. mit einem oder mehreren Beispielen an der Tafel vor.	CD: Track 3.34
HV	KL verfährt ebenso mit den Hörtexten 1 und 2.	**Lösung HV** 1c, 2b	CD: Track 3.35–3.36
LV	**Lesen:** TN lesen den Beispiel-Text zweimal und machen sich mit dem Verfahren vertraut. Sie lesen dann in EA Text 1 und kreuzen „Richtig" oder „Falsch" an. Die Ergebnisse werden im Plenum verglichen. TN verfahren ebenso mit Text 2.	Dieser Trainingsteil bereitet auf den Testteil „Lesen, Teil 1" (von insgesamt drei Teilen) vor. **Lösung LV** 1f, 2r	

Wie spät ist es? 4

Thematische Schwerpunkte: Uhrzeiten, Tageszeiten, Tagesablauf, Öffnungszeiten

Lernziele: Die TN können
- Uhrzeiten/Tageszeiten verstehen und angeben,
- nach der Uhrzeit fragen,
- nach Öffnungszeiten fragen und Öffnungszeiten angeben,
- einen Veranstaltungskalender lesen,
- über den Tagesablauf sprechen,
- sich verabreden.

Lerninhalte:
Wortschatz/Redemittel:
- Uhrzeiten (schriftlicher und mündlicher Gebrauch der Uhrzeiten)
- *Wie viel Uhr ist es? Es ist … Uhr.*
- Tageszeiten
- Öffnungszeiten: *Wann?, Von wann bis wann?, Um wie viel Uhr?* etc.
- Verabredungen: *Hast du Zeit?, Kommst du mit?* etc.

Grammatik:
- trennbare Verben
- temporale Angaben und Temporaladverbien
- rezeptiv: Präteritum von *sein* und *haben*; Perfekt

Aussprache:
- Wortakzent und Rhythmus

Lernziele: TN können Uhrzeiten und Tageszeiten verstehen und angeben.
Lerninhalte: WS: Uhrzeiten (Kardinalzahlen), Temporaladverbien *morgens* und *abends*; Redemittel: *Wie viel Uhr ist es?, Es ist … Uhr.*

	TN-/KL-Aktivitäten	Hinweise	Materialien
	Wiederholung: Zahlen 1 bis 60	▶ Wiederholung	
	Einstieg: Aktivität zu den Einstiegsbildern, z. B. TN betrachten und kommentieren die Bilder in PA. KL sammelt Kommentare im Plenum.	▶ **Binnendifferenzierung:** TN werden die dargestellten Szenen je nach individuellen Voraussetzungen unterschiedlich detailliert kommentieren; wichtig ist, dass auch die langsameren TN verstehen, dass links das Haus und seine Bewohner morgens, rechts dieselben Protagonisten abends dargestellt sind.	evtl. Einstiegsbild auf Folie kopiert
1	**Präsentation:** TN lesen die sechs Aussagen und ordnen sie den Bildern bzw. den Szenen im Haus zu.	▶ globales Lesen **Lösung 1** 1C, 2B, 3A, 4E, 5D, 6F	
	Verständnissicherung: TN vergleichen ihr Ergebnis mit dem Nachbarn / der Nachbarin.		
2a	**Präsentation:** TN hören jeden Dialog jeweils zweimal und kreuzen die richtige Antwort an.	▶ **selektives Hören:** KL lässt nach dem zweimaligen Abspielen des Dialogs eine längere Pause, in der die TN die Antworten ankreuzen können. **Lösung 2a** 1. fünf vor acht 2. Viertel nach sieben 3. zehn	CD: Track 1.37
	Bewusstmachung: KL bittet die TN, in Aufgabe 1 die Uhrzeiten zu markieren, und stellt sie anschließend mit einer Pappuhr (oder Folienuhr) nach.	KL erläutert, dass *halb sieben* sowohl *6.30 Uhr* als auch *18.30 Uhr* bedeuten kann und dass zur näheren Bestimmung *morgens* und *abends* hinzugefügt wird. Hier geht es zunächst nur um die alltagssprachlichen Bezeichnungen für die Viertelstundenabschnitte (*Viertel vor / Viertel nach / halb acht / acht Uhr*). (▶ **Landeskunde: Uhrzeit**)	Pappuhr und Folienuhr (siehe Kopiervorlage 4a und 4b)

Wie spät ist es?

	TN-/KL-Aktivitäten	Hinweise	Materialien
2b	KL führt in einem zweiten Schritt die 5-Minuten-Abschnitte ein (*20 vor / 10 nach*). **Üben:** TN fragen sich gegenseitig (in Kleingruppen oder PA) mithilfe von Pappuhren nach der Uhrzeit.	▶ **Binnendifferenzierung:** KL überlässt den TN die Gruppenbildung, ermuntert schnellere Gruppen dazu, beide sprachliche Varianten zu nutzen, achtet aber auch darauf, dass bei langsamer Lernenden keine Verwirrung bezüglich der verschiedenen Formen entsteht. **Lösung 2b** A: Viertel nach sieben B: halb neun C: Viertel vor zehn D: zehn nach zehn E: zwanzig vor eins F: fünf vor drei	

Lernziele: TN können über einen/ihren Tagesablauf sprechen.
Lerninhalte: WS: schriftlicher und mündlicher Gebrauch der Uhrzeiten; Aussprache: Wortakzent und Rhythmus; GR: trennbare Verben, temporale Angaben / Temporaladverbien

	TN-/KL-Aktivitäten	Hinweise	Materialien
3a	**Präsentation:** TN ordnen die Bilder den Sätzen zu.	Falls TN noch mehr Hilfestellung brauchen (z. B. weil ihnen der vorgegebene Tagesablauf eher fremd ist), bietet es sich an, die Sätze 1–6 erst einmal in der richtigen Reihenfolge an die Tafel zu schreiben. **Lösung 3a** 1A, 2C, 3B, 4E, 5F, 6D	
3b	**Transfer:** TN schreiben die Sätze 1–6 entsprechend ihrem persönlichen Tagesablauf um.	Dann lässt KL als Beispiel eine/n TN den eigenen Tagesablauf (in der 1. Pers. Sg.) an der Tafel ergänzen.	
4a	**Bewusstmachung:** TN sammeln die Verben in 3a.	TN erkennen, dass bei einigen Verben das Präfix vom Verbstamm getrennt ist (▶ **selbst entdeckendes Lernen**). KL nutzt ggf. die in der Grammatikübersicht zu Kap. 4 verwendete Darstellungsweise der Signalgrammatik, um das Phänomen „trennbare Verben" und die Satzklammer zu verdeutlichen (▶ **Visualisierung**), und lässt die TN die Verben in der dargestellten Weise markieren. **Lösung 4a** 1. steht … auf – aufstehen; duscht – duschen 2. isst – essen; sieht … fern – fernsehen 3. kauft … ein – einkaufen; ist – sein 4. fängt … an – anfangen; arbeitet – arbeiten 5. macht – machen 6. frühstückt – frühstücken; liest – lesen	
4b	**Üben:** TN bilden die Sätze mit trennbaren Verben und schreiben sie auf.	KL nutzt Kopiervorlage 4c, damit durch das Schriftbild die Satzklammer verdeutlicht wird. **Lösung 4b** 1. Ich stehe jeden Morgen um sechs Uhr auf. 2. Der Unterricht fängt jeden Tag um 9 Uhr an. 3. Nach der Arbeit kaufe ich immer ein. 4. Wann macht der Supermarkt auf?	Kopiervorlage 4c: „Satzklammer 1"

5	**Üben (Aussprache):** TN hören und markieren den Wortakzent.	▶ **Aussprache: Akzent und Rhythmus.** Ggf. suchen TN weitere Wörter/Wortgruppen zu den jeweiligen Rhythmen. KL unterstützt die Sprechspannung beim Akzent durch Körperbewegung: mit den Händen klatschen/klopfen, übertrieben laut und präzise sprechen usw. **Lösung 5** 1. <u>auf</u>wachen – <u>auf</u>stehen – <u>ein</u>kaufen 2. Sara wacht <u>auf</u>. – Sara steht <u>auf</u>. – Herr Weiß kauft <u>ein</u>. 3. <u>Mi</u>ttagspause – <u>Kaff</u>ee trinken – <u>Zei</u>tung lesen. 4. Sie isst <u>Bröt</u>chen. – Er trinkt <u>Kaff</u>ee. – Sie liest <u>Zei</u>tung.	CD: Track 1.38
6a	**Bewusstmachung:** KL klärt im Plenum anhand der Bilder temporale Angaben und Temporaladverbien. KL stellt Fragen zu den Bildern, z. B. zu A: *Wann kochen Sie? Am Morgen? Am Abend?*, und benutzt zunächst nur temporale Angaben, in einem zweiten Schritt dann auch die Temporaladverbien.	▶ **Lernerorientierung:** TN können hier eigene Gewohnheiten einbringen. (Ägypter essen z. B. die warme Hauptmahlzeit des Tages nachts, häufig erst gegen Mitternacht.)	
	Transfer: In EA schreiben die TN spezifische Tätigkeiten zu den Tageszeiten auf und vergleichen anschließend in PA oder GA.	▶ **Binnendifferenzierung** 1. (nach Leistung) TN können eine/mehrere Tätigkeit/en zu den Tageszeiten aufschreiben. 2. (nach persönlichem Interesse) TN können eigene Erfahrungen einbringen. KL ermuntert zur Nutzung der Wörterbücher.	Wörterbücher der TN
6b	**Bewusstmachung:** Zur Vorbereitung auf die kommende Aufgabe verdeutlicht KL den Unterschied zwischen schriftlicher/formeller und alltagssprachlicher Zeitangabe.	KL zieht zur Semantisierung des Unterschieds zwischen Alltagssprache und formeller Sprache die Abb. in „Auf einen Blick" („Im Alltag" 1) hinzu. KL kann im Anschluss ggf. eine weitere Übung zur Festigung der Uhrzeiten einschieben, z. B. mithilfe von Kopiervorlage 4d, auf die die TN jeweils eine Uhrzeit eintragen – ein Partner sagt die informelle, der andere die formelle Uhrzeit – oder mithilfe der Kopiervorlage 4e. **Lösung 6b** 20:10: zehn nach acht; 20:30: halb neun; 20:45: Viertel vor neun; 20:50: zehn vor neun	Kopiervorlage 4d: „Uhrzeiten" und 4d: „Uhrzeiten – informell und formell"

Lernziele: TN können nach Öffnungszeiten fragen und Öffnungszeiten angeben. Sie können einen Veranstaltungskalender lesen. Sie können Dialoge verstehen, in denen die Partner Verabredungen treffen, und sich selbst verabreden.
Lerninhalte: WS: Abkürzungen der Wochentage, Veranstaltungen; Redemittel: Öffnungszeiten (*Wann?*, *Von wann bis wann?*, *Um wie viel Uhr?* etc.), Verabredungen (*Hast du Zeit?*, *Kommst du mit?* etc.)

	TN-/KL-Aktivitäten	**Hinweise**	**Materialien**
	Präsentation: KL führt anhand des Grammatikhinweises die Wochentage ein.	KL kann anschließend eine kurze Übungsphase einschieben und dazu die Kopiervorlage 4f auf Folie nutzen. TN malen Gesichter, schreiben die Wochentage dazu und sprechen anschließend in PA.	Kopiervorlage 4f: „Meine Woche"
7	**Präsentation:** TN lesen die Schilder mit den Uhrzeiten bzw. Öffnungszeiten.		

Wie spät ist es?

	Verständnissicherung: TN und KL klären gemeinsam die Redemittel sowie Abkürzungen.	KL achtet darauf, dass die Unterschiede verstanden werden: *beginnen / zu Ende sein* (bei Veranstaltungen), *aufmachen/zumachen* bzw. die formellere Alternative *öffnen/schließen* (bei Veranstaltungsorten, Geschäften etc.), evtl. auch *geöffnet sein / geschlossen sein*.	Wörterbücher der TN
	Üben: TN fragen einander in GA nach den Öffnungszeiten.	▶ **Im Alltag EXTRA 4:** KL kann in Inlandskursen an dieser Stelle das erweiterte Übungsangebot zu den Öffnungszeiten nutzen und/oder die Aufgabe „Öffnungszeiten – international" hinzuziehen (▶ **interkulturelle Perspektive**).	
8a	**Präsentation:** TN hören das Interview (den 1. Teil des Hörtexts) zweimal und notieren Mehmets Antworten.	**Lösung 8a** Mehmet, wann stehst du auf? – Um kurz vor sieben. Wie lange frühstückst du? – Zehn Minuten. Liest du am Morgen die Zeitung? – Nein. Wann gehst du zum Kurs? – Um acht Uhr. Von wann bis wann ist der Kurs? – Von halb neun bis zwölf Uhr. Drei Stunden und dreißig Minuten.	CD: Track 1.39
	Verständnissicherung: Sie hören den 2. Teil des Hörtexts und vergleichen mit ihren Notizen.		
8b	KL klärt die Redemittel für die Interviewfragen. **Freie Anwendung:** TN interviewen einander in PA.	▶ **Binnendifferenzierung:** Schnellere TN sammeln noch weitere Redemittel an der Tafel.	
8c	TN berichten im Plenum über die Ergebnisse ihrer Interviews.	Motivierender ist es, wenn die TN einander (z. B. mit der Methode „Karussell") über ihre Ergebnisse berichten. Sie haben so mehr Redezeit zur Verfügung, als wenn sie reihum im Plenum berichten (▶ **Methoden: Karussell**).	
9a	**Transfer:** TN bilden vier etwa gleich große Gruppen (Donnerstag, Freitag, Samstag, Sonntag) und suchen für den jeweiligen Tag nach Freizeitangeboten. Die Ergebnisse werden im Plenum zusammengetragen.	GA hat hier den Vorteil, dass die TN einander beim Verständnis des Veranstaltungskalenders helfen können. Ggf. hilft KL. Zur Ergebnissicherung hat KL den Plan etwas größer auf Folie kopiert und diesen in Veranstaltungsschnipsel geschnitten. Gemeinsam setzen die TN eine neue Tabelle mit den Spalten DO, FR, SA, SO zusammen.	OHP, Folienschnipsel
9b	**Präsentation:** TN hören die Dialoge und notieren die Dialognummern zu den angegebenen Freizeitaktivitäten.	▶ **globales Hörverstehen:** Die TN hören die drei Dialoge jeweils einmal (mit kurzen Pausen dazwischen), dann ein zweites Mal zur Kontrolle ihrer Ergebnisse. **Lösung 9b** Dialog 3: Bowling/Fußball; Dialog 2: Jazz; Dialog 1: Konzert	CD: Track 1.40
9c	**Üben:** TN üben den Dialog in PA.	Wenn nötig, festigt KL erst noch einmal mit einem Ballspiel die Redemittel. Erste Runde: *Hast du … Zeit?* Zweite Runde: *Kommst du … mit?*	weicher Ball oder Wollknäuel

9d	**Freie Anwendung:** TN treffen miteinander Verabredungen.	TN erhalten Kopiervorlage 4g, tragen aus dem Veranstaltungskalender in Aufgabe 9 oder aus lokalem Veranstaltungskalender mindestens zwei Veranstaltungen ein und treffen mit anderen TN Verabredungen (▶ **Binnendifferenzierung:** Fortgeschrittenere TN schreiben entsprechend mehr Veranstaltungen auf). Wenn KL etwas Bewegung in die Gruppe bringen will, laufen alle TN im Kurs herum und suchen sich wechselnde Partner (▶ **Sozialformen**).	Kopiervorlage 4g: „Verabredungen"

Lernziele: TN können einen Tagesablauf in der Vergangenheit verstehen.
Lerninhalte: WS: Tagesablauf; GR: Präteritum von *sein* und *haben*, Perfekt

	TN-/KL-Aktivitäten	Hinweise	Materialien
10a	**Präsentation:** TN sehen sich die Bilder an und ordnen sie den Texten A und B zu.	▶ **selektives Lesen:** Um detailliertes Lesen zu vermeiden, setzt KL ein Zeitlimit und erläutert, dass es nur um das Zuordnen der Bilder geht. ▶ **Binnendifferenzierung:** TN erhalten unterschiedliche Aufgaben: Langsamere TN ordnen drei, schnellere TN ordnen alle sechs Bilder zu. **Lösung 10a** Text A: Bild 1, 4, 6; Text B: Bild 2, 3, 5	
10b	**Verständnissicherung:** TN ordnen in PA die Aussagen Text A bzw. Text B zu.	**Lösung 10b** 2B, 3A, 4B, 5B, 6A, 7B, 8B, 9A, 10B	
10c	Ideensammlung: TN stellen Vermutungen an, weshalb Samira nicht angerufen hat.		
11a	**Bewusstmachung:** KL lenkt die Aufmerksamkeit auf die Überschriften der Texte A und B und erläutert den Unterschied zwischen der normalen Arbeitswoche (Gegenwart/heute) und der Ausnahme (Vergangenheit/gestern).	An dieser Stelle soll noch keine intensive Beschäftigung mit den Vergangenheitsformen, sondern lediglich eine erste Sensibilisierung erfolgen. Ein aktiver Gebrauch des Perfekts und des Präteritums von *sein* und *haben* wird erst ab Kap. 6 geübt.	
11b	TN markieren in PA die Verbformen in Text B und vergleichen ihre Funde mit der Auflistung der Vergangenheitsformen in 12a. Sie nennen die Infinitive.	**Lösung 11b** 1. hat … geklingelt – klingeln; bin … aufgewacht – aufwachen; bin … gegangen – gehen; habe … angemacht – anmachen; habe geduscht … duschen; war – sein 2. bin … gegangen – gehen; war – sein 3. war – sein; habe … gewartet – warten; bin … gekommen – kommen 4. bin … gegangen – gehen; hatte – haben; habe … ausgemacht – ausmachen; hat … angerufen – anrufen; hatte – haben 5. hat … gedauert – dauern; bin … gekommen – kommen 6. habe … gewartet – warten; habe … angerufen – anrufen; war – sein; bin … gegangen – gehen; bin … eingeschlafen – einschlafen; habe … geträumt – träumen	
	Üben: TN schreiben ein Diktat: *Sabine Moll ist Deutschlehrerin. / Sie steht morgens / um 6 Uhr 30 auf. / Sie frühstückt / mit ihrer Tochter Lea. / Dann bringt sie Lea / in die Kinderkrippe. / Sabine arbeitet bis 4 Uhr. / Dann holt sie Lea / aus der Kinderkrippe ab. / Abends spielt Sabine mit Lea.*	▶ **Diktat**	

Was darf's sein?

Thematische Schwerpunkte: Einkauf, Lebensmittel, ein Kochrezept

Lernziele: Die TN können
- Einkaufsdialoge verstehen und führen,
- einen Einkaufszettel schreiben,
- sagen, welche Lebensmittel sie gerne mögen,
- ein Essen planen,
- Kochrezepte verstehen.

Lerninhalte:
Wortschatz/Redemittel:
- Lebensmittel
- Mengenangaben
- Bestandteile eines Menüs
- Redemittel Einkauf/Verkauf (*Sie wünschen bitte?*, *Ich möchte …* etc.)

Grammatik:
- Pluralformen
- Konjugation von *mögen* im Präsens
- bestimmter Artikel im Akkusativ

Aussprache:
- *ü* und *ö*

Lernziele: TN können Einkaufsdialoge verstehen, Einkaufszettel lesen und selbst einen Einkaufszettel schreiben.
Lerninhalte: WS: Lebensmittel, Mengenangaben, Farben; Landeskunde: Einkaufszettel; GR: Pluralformen

	TN-/KL-Aktivitäten	Hinweise	Materialien
	Einstieg: Aktivität zum Einstieg ins Thema.	▶ **Einstiegsaktivitäten:** TN, die in Deutschland lernen, können hier Vorwissen aufgrund von Einkaufserfahrungen einbringen. Aber auch TN im Ausland werden hier bekannte Wörter finden oder ableiten können: *Bier, Tomate, Banane* usw. KL hat ggf. selbst einige (verschiedenfarbige) Lebensmittel mitgebracht (▶ **Realien**).	ggf. Realien
1a	**Präsentation:** Zu jedem Wort wird gemeinsam die Entsprechung auf den Einstiegsbildern A–E gesucht.	Auf Folie kopierte Einstiegsbilder auf dem OHP bündeln die Aufmerksamkeit. KL achtet auf die korrekte Aussprache.	evtl. Einstiegsbilder, auf Folie kopiert
	Verständnissicherung: Auf einem Lernplakat (wie im Beispiel) ordnen die TN die Wörter noch einmal den Oberbegriffen zu.	Steht keine Pinnwand zur Verfügung, so eignet sich ein großes Stück Packpapier, das an die Wand geklebt wird. **Lösung 1a** das Obst: der Apfel, die Banane die Getränke: das Bier, die Milch, das Mineralwasser die Milchprodukte: die Butter, der Joghurt, der Käse, die Milch das Fleisch: das Fleisch, der Schinken, die Wurst das Gemüse: die Kartoffel, der Salat, die Tomate das Gebäck: das Brot, das Brötchen, der Kuchen andere Lebensmittel: der Zucker	Packpapier/ Flipchartpapier
1b	**Präsentation und Verständnissicherung:** TN sammeln Lebensmittel nach Farben.	Auch hier eignen sich mitgebrachte Lebensmittel (▶ **Hilfsmittel: Realien**) zur Demonstration der Farben. **Lösung 1b** weiß: Joghurt, Milch, Zucker; rot: Apfel, Fleisch, Schinken, Wurst; grün: Apfel, Salat; gelb: Banane, Bier, Butter, Käse; blau: –; braun: Brot, Brötchen, Kartoffel, Kuchen; schwarz: –	Realien

2a	**Präsentation:** TN lesen Einkaufszettel. KL ergänzt das Lernplakat um die Oberbegriffe *der Fisch* und *die Fertigprodukte*. TN ergänzen einzelne Produkte. KL erläutert die Mengenangaben unter Verweis auf den Grammatikhinweis.	▶ **interkulturelle Perspektive:** Nicht in jedem Land ist ein Einkaufszettel bekannt. KL sollte das ggf. thematisieren.	
2b	**Präsentation:** TN hören die Aussagen jeweils einmal mit einer Pause dazwischen und notieren die Angaben. TN hören ein zweites Mal und vergleichen die Ergebnisse mit dem Nachbarn / der Nachbarin.	▶ **selektives Hören** **Lösung 2b** Herr Podolski: Supermarkt: fast alles; Metzgerei: Fleisch Frau Schmidt: Markt: Obst und Gemüse; Bäcker: Brot und Brötchen; Bioladen: Nudeln, Reis, Müsli; Getränkemarkt: Saft und Wasser	CD: Track 1.41
2c	**Transfer:** TN schreiben in PA einen Einkaufszettel für unterschiedliche Haushalte.	▶ **Binnendifferenzierung:** Paare, die schneller fertig sind, schreiben noch einen zweiten (oder dritten) Einkaufszettel. Die Einkaufszettel werden zur gegenseitigen ▶ **Fehlerkorrektur** ausgetauscht.	

Lernziele: TN können einen Einkaufszettel für das Wochenende schreiben. Sie können sagen, welche Lebensmittel sie gerne mögen. TN können ihr Wörterbuch zur Bestimmung von Artikel (Genus) und Pluralformen nutzen.
Lerninhalte: WS: Lebensmittel und Mengenangaben; Aussprache: *ü* und *ö*; GR: Pluralformen, Konjugation von *mögen* im Präsens

	TN-/KL-Aktivitäten	**Hinweise**	**Materialien**
3	**Üben:** TN ergänzen die Listen.	**Lösung 3** Z. B.: <table><tr><td>3 Äpfel</td><td>2 Kästen Bier</td><td>1 Kilo Bananen</td></tr><tr><td>2 Brote</td><td>6 Flaschen Apfelsaft</td><td>1 Pfund Käse</td></tr><tr><td>10 Eier</td><td>4 Dosen Tomaten</td><td>150 Gramm Salami</td></tr><tr><td>3 Steaks</td><td>2 Gläser Marmelade</td><td>2 Liter Milch</td></tr><tr><td>5 Zitronen</td><td>3 Packungen Butter</td><td></td></tr></table>	
4a	**Transfer:** TN nennen – und zeichnen ggf. – die Lebensmittel, die für sie persönlich wichtig sind.	▶ **interkulturelle Perspektive:** TN nennen die ihnen aus ihren Herkunftsländern vertrauten Lebensmittel. ▶ **Im Alltag EXTRA 5:** An dieser Stelle bietet es sich an, den Abschnitt „Sie kennen das Wort nicht" hinzuzuziehen.	Wörterbücher der TN
4b	**Freie Anwendung:** TN schreiben ihren persönlichen Einkaufszettel für das Wochenende.	▶ **Im Alltag EXTRA 5:** Anhand von „Essen und einkaufen – international" kann KL vertiefend thematisieren, wo TN in Deutschland die internationalen Lebensmittel einkaufen können (▶ **interkulturelle Perspektive**). ▶ **Binnendifferenzierung:** TN können wählen, ob sie innerhalb der vorgegebenen Zeit Einkaufszettel sowohl für das Frühstück als auch für Mittagessen und Abendessen oder nur für eine Mahlzeit schreiben wollen.	
5a	**Bewusstmachung:** TN lesen die Tabelle im Grammatikhinweis.	KL semantisiert *mögen* gestisch/mimisch.	
	Verständnissicherung: TN ergänzen die Sprechblasen.	**Lösung 5a** Magst du Reis und Bohnen? – Ja, ich mag Reis und Bohnen. Magst du Schnitzel? – Nein, Schnitzel mag ich nicht. Mögen deine Kinder …? – Keine Ahnung. Mögt ihr …?	

Was darf's sein?

	TN-/KL-Aktivitäten	Hinweise	Materialien
5b	**Üben:** TN fragen einander im Kurs.	Hier bietet sich das mittlerweile vertraute Reihenspiel mithilfe eines Balls an.	weicher Ball o. Ä.
6a	**Systematisierung:** TN schreiben die Pluralformen zu den vorgegebenen Singularformen und vergleichen im Kurs.	▶ **Grammatik:** Die TN müssen schon früh erkennen, dass man einem Nomen (bis auf wenige Ausnahmen) nicht ansehen kann, welche Pluralform es hat, sondern dass man diese einfach lernen muss. Eine Systematisierung der gebräuchlichsten Formen ist jedoch wichtig. Deshalb sollte KL hierzu die Kopiervorlage 5a (ggf. auf Folie kopiert) am OHP nutzen. KL weist auf den Lerntipp hin (▶ **effektiv lernen: Nutzung des Wörterbuchs**). **Lösung 6a** die Gläser, die Verkäufer, die Steaks, die Brote, die Eier, die Mangos, die Säfte, die Kartoffeln, die Schnitzel, die Packungen, die Nudeln, die Äpfel	Kopiervorlage 5a: „Pluraltypen"
6b	KL erläutert mithilfe der Kopiervorlage die Nutzung des Wörterbuchs zur Bestimmung von Artikeln und Pluralformen. TN vergleichen ihre Ergebnisse in PA. TN notieren Nomen aus Kapitel 1–4.	▶ **Binnendifferenzierung:** Langsamere TN können auch weniger Nomen aufschreiben; wichtig ist allerdings, dass alle mit dem Wörterbuch arbeiten können (▶ **effektiv lernen**).	Wörterbücher der TN und Lernkarten Kopiervorlage 5b: „Das Wörterbuch benutzen 2"
6c	**Üben:** TN tauschen die Lernkarten und üben die Pluralformen in PA.		
6d	**Transfer:** TN hören das Beispiel und spielen im Kurs.	TN spielen nach dem Muster des Spiels „Kofferpacken" (▶ **Spiele**). Je nach Lerngruppe lässt KL ggf. erst einmal eine Runde ohne Mengenangaben spielen (*Ich möchte Nudeln. Ich möchte Nudeln und Äpfel. Ich möchte Nudeln, Äpfel und Zwiebeln.*)	CD: Track 1.42
7a/b	**Üben (Aussprache):** TN hören die Wörter und sprechen sie nach.	▶ **Aussprache: ü- und ö-Laute:** Bei den Pluralformen ist den TN schon aufgefallen, dass aus den Vokalen a, o und u im Plural oft Umlaute werden. Die korrekte Aussprache der ü- und ö-Laute macht vielen TN Schwierigkeiten und sollte immer wieder geübt werden. Die Korrektur der gerundeten Vokale erfordert besondere Aufmerksamkeit und Sensibilität vom KL, zumal die Lippenrundung in einigen Kulturkreisen sogar als obszön interpretiert wird (▶ **Aussprache: Einfühlsamkeit bei der Korrektur**).	CD: Track 1.43–1.44

Lernziele: TN können Einkaufsdialoge verstehen und führen. Sie können einen Dialog verstehen, in dem es um die Vorbereitung eines Menüs geht, und selbst ein Essen planen.
Lerninhalte: WS: Lebensmittel und Preise, Bestandteile eines Menüs; Redemittel für den Einkauf (*Sie wünschen bitte?, Ich möchte …* etc.); GR: Nomen im Akkusativ.

	TN-/KL-Aktivitäten	Hinweise	Materialien
8a	**Präsentation:** TN hören den Dialog einmal und kreuzen an.	KL lässt vor dem ersten Hören die linke Spalte der Tabelle lesen und lenkt so die Verstehensabsicht (▶ **selektives Hören**). KL verfährt vor dem zweiten Hören ebenso mit der mittleren Spalte der Tabelle. **Lösung 8a** Tomaten, Butter, Eier, Käse	CD: Track 1.45

8b	TN hören den Dialog ein zweites Mal und ordnen die Preise den Lebensmitteln zu.	**Lösung 8b** Mangos: 3 €; Tomaten: 2,50 €; Eier: 1,50 €; Käse: 2,20 €; Butter: 1,70 €	
8c	KL lenkt Aufmerksamkeit auf die dritte Spalte der Tabelle. TN äußern Vermutungen.	**Lösung 8c** Matti gibt Frau Beimer zu viel Geld zurück, nämlich 3,10 € auf 10,00 € bei einem Preis von 7,90 €.	
9	**Transfer:** KL geht die Redemittelkästen durch. TN spielen in PA Einkaufsdialoge.	▶ **Binnendifferenzierung:** KL ermuntert schnellere TN, zwischendrin die Rollen zu wechseln.	
🚩	**Projekt (Recherche):** TN recherchieren als Hausaufgabe die Öffnungszeiten verschiedener Geschäfte und Ämter in ihrer Region.	▶ **Im Alltag EXTRA 5:** Hier gibt es zwei Projektangebote, die für Kurse im Inland interessant sind: den Ausflug in einen Supermarkt und die Recherche zum Einkauf internationaler Lebensmittel (▶ **Projekte**). KL kann gegebenenfalls die Projekte zur Wahl stellen und so nach Interesse differenzieren (▶ **Binnendifferenzierung**).	Kopiervorlage 5c: „Projekt: Öffnungszeiten"
10a	**Präsentation:** TN hören den Dialog.	▶ **selektives Hören**	CD: Track 1.46
	Verständnissicherung: TN notieren die Bestandteile des Menüs und vergleichen mit dem Nachbarn / der Nachbarin.	**Lösung 10a** Vorspeisen: Salat, Suppe; Hauptspeise: Pizza; Nachtisch: Obstsalat	
10b	**Präsentation:** TN hören den Dialog und berichten, was fehlt.	▶ **selektives Hören** **Lösung 10b** Es fehlt Obst für den Obstsalat: Äpfel, Orangen, Bananen. (Evtl. auch Brokkoli, Möhren und Milch.)	CD: Track 1.47
11a	**Bewusstmachung:** TN markieren die Verben und die Artikel im Dialog.	TN erkennen, dass hier andere Artikelformen als die (vom Nominativ her) bekannten gebraucht wurden (▶ **selbst entdeckendes Lernen**). **Lösung 11a** mache: den – eine; koche: die; haben: eine – eine; schneide: das; nehme: ein – ein; brauche: eine	
11b	**Systematisierung:** TN sammeln ihre Funde in der Tabelle an der Tafel.		
11c	**Bewusstmachung:** KL lässt noch einmal rekapitulieren, was anders ist, und führt die Bezeichnungen „Nominativ" und „Akkusativ" ein.	▶ **Grammatik: der Akkusativ:** KL erläutert den Akkusativ und die Abhängigkeit vom Verb (alle aufgeführten Verben „brauchen" den Akkusativ) mithilfe der Tabelle. **Lösung 11c** Im Akkusativ ändert sich der Artikel nur beim Mask. Sg. (*der – den*).	
12a	**Üben:** TN schreiben Sätze mit den angegebenen Verben.		
12b	**Transfer:** Die TN planen gemeinsam ein Essen.	KL kann diese Aufgabe als eher geschlossene Übung zur Festigung anbieten, in der TN einfach nur freie Ergänzungen der Sprechblasen bilden, oder aber den TN Zeit geben, in GA ein Menü ihrer Wahl zu planen. Bei letzterer Aufgabe können sich die TN je nach Vermögen und Interesse einbringen (▶ **Projekte: Gemeinsam essen**).	

Was darf's sein?

Lernziele: TN können ein Kochrezept verstehen. Sie können einen Dialog mit Tipps zum Rezept verstehen.
Lerninhalte: WS: Kochrezept

	TN-/KL-Aktivitäten	Hinweise	Materialien
	Präsentation: TN sehen sich das Rezept und die Fotos A–F an. KL klärt Schlüsselwörter: *Kochrezept, Zucchini-Auflauf, Zutaten, Vorbereitung, Zubereitung.*	▶ globales Lesen	
13a	**Verständnissicherung:** TN entscheiden, welche Fotos zum Rezept passen.	▶ selektives Lesen ▶ **Binnendifferenzierung:** Langsamere TN sind evtl. noch bei den Zutaten, während schnellere bereits die Fotos zuordnen. Wenn KL Kleingruppen bilden lässt, können schneller Lernende den Langsameren helfen. **Lösung 13a** A, C, D, F	
13b	TN bringen die Fotos in die richtige Reihenfolge und vergleichen im Kurs.	**Lösung 13b** A, F, D, C	
14	**Präsentation:** TN lesen zunächst die Aussagen und klären noch unbekannte Wörter. TN hören Omas Tipps und kreuzen an.	▶ **selektives Hören:** Omas Tipps. Das einmalige Hören bereitet auf die Prüfung „Start Deutsch 1" vor (Hören, Teil 2 ▶ **Prüfungsvorbereitung**). **Lösung 14** Für 7 Personen alle Zutaten x 2 nehmen: R; Nina mag Zucchini: F; Fisch oder Fleisch passen dazu: R; Käse ist nicht so gut: F	CD: Track 1.48
⚑	**Projekt:** TN erhalten die Aufgabe, eigene Rezepte mitzubringen.	▶ **interkulturelle Perspektive:** Im Rezeptheft werden Rezepte aus unterschiedlichen Kulturen zusammengestellt. ▶ **Landeskundeheft „Treffpunkt D-A-CH":** Hier finden sich auf den Seiten 17 und 18 noch zwei weitere Rezepte: die Schweizer Käse-Rösti und der österreichische Kaiserschmarrn.	Kopiervorlage 5d: „Projekt: Rezepte"
	Üben: TN diktieren sich gegenseitig in PA die folgenden Texte. Text A: *Frau Beimer / kauft heute / Gemüse und Obst: / ein Kilo Tomaten, / zwei Kilo Kartoffeln / und fünf Orangen, / acht Äpfel / und vier Bananen. / Sie bezahlt / acht Euro dreißig.* Text B: *Heute essen wir zusammen. / Wir machen einen Salat. / Wir brauchen einen Kopf Salat, / sechs Tomaten, zwei Zwiebeln und eine Gurke, / zwei Paprikas und Olivenöl.*	▶ **Diktat:** TN erhalten den Text A (Kopiervorlage 5e) und diktieren ihn sich gegenseitig in PA. Paare, die schnell fertig sind, erhalten zusätzlich Text B, der mit seinen größeren Abschnitten etwas anspruchsvoller ist (Kopiervorlage 5f), zum gegenseitigen Diktat (▶ **Binnendifferenzierung**).	Kopiervorlage 5e: „Diktattext 1" und 5f: „Diktattext 2"

Familienleben 6

Thematische Schwerpunkte: Familie, Geburtstage

Lernziele: Die TN können
- über die Familie sprechen,
- ihren Familienstammbaum schreiben,
- das Datum sagen und schreiben,
- ihr Geburtsdatum nennen,
- über Geburtstage sprechen und zum Geburtstag gratulieren,
- über Vergangenes sprechen.

Lerninhalte:
Wortschatz/Redemittel:
- Wörter zum Thema „Familie", Verwandtschaftsbezeichnungen, Familienstandsbezeichnungen
- Ordinalzahlen, Jahreszeiten, Monate
- Wörter zum Thema „Geburtstag", Komposita mit *Geburtstag*
- Redemittel: Glückwünsche zum Geburtstag

Grammatik:
- Possessivartikel im Singular und Plural
- Präteritum von *sein* und *haben*

Aussprache:
- *-er(n)* und *ver-*

Lernziele: TN können Aussagen von Menschen über ihre Familien verstehen.
Lerninhalte: WS: Wörter zum Thema „Familie", Verwandtschaftsbezeichnungen, Familienstandsbezeichnungen

	TN-/KL-Aktivitäten	Hinweise	Materialien
	Einstieg: TN schauen sich die Fotos (ohne Text) an und äußern Assoziationen. KL bittet TN, für die nächste Stunde eigene Familienfotos mitzubringen.	▶ **Einstiegsaktivitäten:** Je nach TN-Gruppe kann KL die persönliche Bedeutung des Themas nutzen und die TN bitten, sich z. B. in einer Reihe aufzustellen (*Wer hat die meisten Kinder?*), einen Satz aufzuschreiben (*Meine Familie …*) oder sich je nach Geschwisterzahl in Gruppen zusammenzustellen (*Wir sind fünf!*).	evtl. Familienbilder, auf Folie kopiert
1a	**Präsentation:** TN lesen die Texte.	KL hat möglicherweise Texte und Bilder kopiert und auseinandergeschnitten. Jede/r TN erhält in diesem Fall ein Bild oder einen Textabschnitt und sucht den passenden Text / das passende Bild (▶ **globales Lesen**).	zerschnittene Kopien der LB-Seiten
	Präsentation: TN hören die Dialoge 1–4 jeweils einmal und ordnen sie den Fotos/Texten zu.	▶ **selektives Hören:** KL fordert dazu auf, beim Hören Wörter zum Thema „Familie" zu notieren. **Lösung 1a** Hörtext 1: Omas 80. Geburtstag / Tim Kohl Hörtext 2: Vater mit zwei Kindern / Nikola Lainović Hörtext 3: Wohngemeinschaft / Lore Bertuch Hörtext 4: Mutter mit Sohn / Regine Kant	CD: Track 1.49
1b	**Verständnissicherung:** TN hören die Dialoge ein zweites Mal und vergleichen ihre Zuordnung in 1a in PA. Die Wörter werden anschließend an der Tafel gesammelt.	Evtl. hat KL schon beim Einstieg die Assoziationen der TN in einem Wortigel gesammelt; dieser kann nun ergänzt werden. Mit den Wortkärtchen der Kopiervorlage kann im Anschluss auch Memory gespielt werden (▶ **Spiele**).	Kopiervorlage 6a: „Memory: Familie"

Familienleben

Lernziele: TN können ihren Familienstammbaum schreiben und über ihre Familie berichten.
Lerninhalte: WS: Verwandtschaftsbezeichnungen; Aussprache: *-er(n)* und *ver-*; GR: Possessivartikel im Singular und Plural

	TN-/KL-Aktivitäten	Hinweise	Materialien
2a	**Präsentation:** TN schauen sich die Illustrationen an und klären noch einmal die Wörter. Sie lesen die Fragen 1–7 und hören erst dann die Antworten. TN ordnen die Antworten (Buchstaben) den Fragen zu.	Zur Semantisierung hat KL die Kopiervorlage kopiert, die Familienmitglieder ausgeschnitten. TN ordnen am OHP noch einmal zu. Der Possessivartikel *mein* ist schon aus Kap. 3 bekannt. Da die Übung zum ▶ **selektiven Hören** für einige TN möglicherweise schwierig ist, spielt KL jede Antwort zweimal vor. **Lösung 2a** 1B, 2C, 3D, 4F, 5E, 6G, 7A	Kopiervorlage 6b: „Familienmitglieder", auf Folie. CD: Track 1.50
2b	**Verständnissicherung:** TN lesen nun die Antworten und kontrollieren ihre Lösungen.		
2c	**Bewusstmachung:** TN ergänzen die Verwandtschaftsbezeichnungen.	**Lösung 2c** 1. Mein Vater und meine Mutter sind meine Eltern. 2. Mein Sohn und meine Tochter sind meine Kinder. 3. Mein Bruder und meine Schwester sind meine Geschwister. 4. Mein Großvater und meine Großmutter sind meine Großeltern.	
3a	**Systematisierung:** TN suchen die Possessivartikel auf den vorhergehenden Seiten und ergänzen die Liste.	Die Formen des Possessivartikels können die TN der Aufgabe 2 entnehmen (▶ **selbst entdeckendes Lernen**). Durch die thematische Einbindung (Zugehörigkeiten in der Familie) fällt es auch unsicheren TN leicht, die Bedeutung der Possessivartikel zu verstehen. **Lösung 3a** ich: mein(e) – meine; du: dein(e) – deine; er/es: sein(e) – seine; sie: ihr(e) – ihre; wir: unser(e) – unsere; ihr: euer/eure – eure; sie/Sie: ihr(e) – ihre/Ihre	
3b	**Üben:** TN ersetzen die markierten Wörter durch Possessivartikel und vergleichen in PA.	▶ **Binnendifferenzierung:** TN, die vor den anderen fertig sind, erstellen drei weitere Beispiele nach dem Übungsmuster. Sie erhalten anschließend Zeit, die Beispiele vorzustellen. **Lösung 3b** 1. seine 2. Ihr 3. unsere 4. sein 5. Ihre 6. Sein 7. dein 8. unseren	
4a	**Bewusstmachung:** KL lässt TN in 3b Beispiele mit *seine/ihre* suchen und weist anhand von zwei ausgewählten Sätzen noch einmal auf den Unterschied mask./fem. hin. *Tim lebt in Bonn und sein Vater in Berlin.* *Sibylle wohnt in Köln und ihre Eltern in Wien.*	▶ **Visualisierung: Strukturen**	
	Transfer: TN schreiben ihren Familienstammbaum wie im Beispiel und vergleichen im Kurs.	▶ **Im Alltag EXTRA 6:** KL kann hier in Inlandskursen die Aufgabe „Ich in meiner Familie" voranstellen, so auf das persönliche Erleben der TN übergehen und gleichzeitig auch weitere Verwandtschaftsbezeichnungen einführen.	

	TN-/KL-Aktivitäten	Hinweise	Materialien
4b	**Freie Anwendung:** TN und KL haben Fotos von ihren Familien mitgebracht. In GA werden die Fotos auf dem Tisch verteilt, jede/r TN wird von den anderen Gruppenmitgliedern zu ihren/seinen Fotos befragt und erzählt etwas über ihre/seine Familienverhältnisse.	Ggf. wählt jede Gruppe ein paar Fotos aus, auf denen nur Familienangehörige zu sehen sind, der/die TN aber nicht zu erkennen ist. Eine andere Gruppe muss raten, wer auf den Fotos abgebildet ist: *Ist das die Familie von …? Das ist vielleicht die Schwester von …* ▶ **interkulturelle Perspektive:** KL greift hier ggf. die Aussage *Das fragt man bei uns nicht* auf und regt einen Vergleich (*bei uns – bei euch*) an. ▶ **Im Alltag EXTRA 6** macht hier für Inlandskurse weitere Angebote, z. B. kann KL den für Formulare wichtigen Familienstand einführen und üben lassen und den Antrag auf Kindergeld ausfüllen lassen. (▶ **Schreiben: Formulare**).	
5	**Üben (Aussprache):** TN hören und sprechen nach.	KL weist auf die Regel hin: Bei *-er(n)* am Wortende und bei der Vorsilbe *ver-* spricht man kein „r", sondern (ein schwaches) „a".	CD: Track 1.51

Lernziele: TN können das Datum angeben und ihr Geburtsdatum nennen und sagen, wann sie Geburtstag haben. TN können Glückwünsche zum Geburtstag verstehen und selbst zum Geburtstag gratulieren.
Lerninhalte: WS: Ordinalzahlen, Jahreszeiten, Monate; Redemittel: Glückwünsche zum Geburtstag; GR: Präteritum von *sein* und *haben*

	TN-/KL-Aktivitäten	Hinweise	Materialien
6a	**Üben:** TN wiederholen die Zahlen.	▶ **Wiederholung:** Um diese Übung lebendig zu gestalten, kann KL zwei Gruppen bilden lassen und einen Wettbewerb zwischen ihnen anregen: *Zählen Sie nacheinander. Jeder sagt eine Zahl. Bis zu welcher Zahl kommen Sie in drei Minuten?*	
6b	**Präsentation:** TN lesen die Beispiele und die Tabelle.		
	Bewusstmachung: TN vergleichen Kardinal- und Ordinalzahlen und nennen Unterschiede.	KL weist darauf hin, dass die Zahlen von 1–19 die Endung *-ten* bekommen, die ab 20 die Endung *-sten*.	
6c	**Präsentation und freie Anwendung:** KL führt zunächst die Monate und Jahreszeiten anhand der Illustration ein. TN fragen sich dann gegenseitig nach ihren Geburtsdaten bzw. Geburtstagen und erstellen gemeinsam eine Geburtstagsliste.	Falls TN vor der freien Anwendung noch weitere Übung benötigen, zieht KL das ▶ **Arbeitsbuch**, Kap. 6, Übung 6, hinzu. Für die Kurs-Geburtstagsliste teilt KL Kopiervorlage 6c aus. KL kann zur Festigung eine Plenumsübung anregen, in der jede/r TN den Geburtstag von mindestens einer anderen Person nennen muss: (TN) *… hat am …(s)ten* (Monat) *Geburtstag.* Möglicherweise stellt sich heraus, dass ein/e TN gerade Geburtstag hat/hatte. KL greift dann das Lied *Zum Geburtstag viel Glück* (CD: Track 1.49) auf. ▶ **interkulturelle Perspektive:** TN erstellen ggf. anhand der Kopiervorlage 6d eine Liste von Glückwünschen in allen im Kurs vertretenen Sprachen. *Herzliche Glückwünsche!* in den unterschiedlichsten Sprachen finden Sie im Internet. ▶ **Landeskundeheft „Treffpunkt D-A-CH":** Auf S. 21 findet sich eine schöne Übung zu den Jahreszeiten in Deutschland, Österreich und der Schweiz.	Kopiervorlage 6c: „Geburtstagsliste", auf Folie kopiert CD: Track 1.49 Kopiervorlage 6d: „Glückwünsche"

Familienleben

7a	**Präsentation:** TN lesen erst die SMS-Texte 1–3, hören dann die Nachrichten auf dem Anrufbeantworter 1–3 und ordnen die Ansagen den SMS-Texten zu.	▶ **detailliertes Lesen** und ▶ **globales Hören** Bei dieser Aufgabe besteht im Kurs möglicherweise noch Klärungsbedarf zum Geschehen. (Ben schickt per SMS eine Einladung an seine Freunde Sigrid, Anne und Max. Sigrid schreibt eine SMS zurück. Sie kann nicht kommen. Sie ruft dann aber am Geburtstag an und singt ein Geburtstagslied. Max ruft Ben an und dankt für die Einladung. Er kommt auf jeden Fall. Anne schickt einer anderen Freundin, Kati, eine SMS und bittet um Rückruf. Kati ruft zurück und spricht auf den Anrufbeantworter.) **Lösung 7a** SMS 1: AB 2; SMS 2: AB 1; SMS 3: AB 3	CD: Track 1.52
7b	**Verständnissicherung:** TN vergleichen ihre Zuordnungen in PA und hören die Ansagen erneut.	▶ **selektives Hören** **Lösung 7b** AB 1: Sigrid gratuliert Ben. AB 2: Max kommt später. AB 3: Kati bringt Kuchen.	CD: Track 1.52
7c	**Freie Anwendung:** TN schreiben und beantworten jeweils mindestens eine SMS-Einladung.	▶ **Binnendifferenzierung:** Falls gewünscht, können TN die SMS-Einladungen per Handy schreiben und verschicken. Schnelleren TN steht es frei, mehrere Einladungen zu verschicken und zu beantworten.	ggf. eigene Handys der TN
7d	**Präsentation:** TN hören verschiedene Äußerungen: Glückwünsche und Reaktionen darauf.	**Lösung 7d** 1b, 2d, 3a, 4c	CD: Track 1.53
8a	**Verständnissicherung:** TN ordnen Satzteile einander zu.	**Lösung 8a** Cognac: super; Fest: schön; Essen: toll; Käsekuchen: super	
8b	**Bewusstmachung:** TN lesen Bens E-Mail und notieren, was dieser zum Cognac, zum Fest, zum Essen und zum Käsekuchen schreibt.	TN erkennen die Vergangenheitsformen von *sein* und *haben* (▶ **selbst entdeckendes Lernen**). Erst wenn die Form verstanden wurde, erläutert KL, dass diese Form Präteritum heißt. **Lösung 8b** war – warst – hatte – waren – war – hatten – waren	
8c	**Systematisierung:** TN schreiben das Präteritum von *sein* und *haben* in Tabellenform auf.	**Lösung 8c** 1. Ich hatte Geburtstag. 2. Wir waren zu Hause. 3. Meine Freundin hatte keine Zeit. 4. Sie war in Frankreich. 5. Hattet ihr Musik? 6. Wir hatten Live-Musik. 7. Das Fest war schön. 8. Wart ihr auch da?	
8d	**Üben:** TN setzen Sätze im Präsens ins Präteritum.		
	Transfer: TN schreiben Sätze im Präsens auf einzelne Kärtchen. Alle Kärtchen werden gemischt; TN ziehen Kärtchen und übertragen die Sätze ins Präteritum.	▶ **Binnendifferenzierung:** Da für die Übertragung ins Präteritum einige TN viel, andere sehr wenig Zeit brauchen, können sich die TN so viele Kärtchen zur Bearbeitung auswählen, wie sie möchten. KL hat zusätzliche Sätze im Präsens vorbereitet, um Engpässen begegnen zu können.	Kärtchen

Lernziele: TN können einen Text über Geburtstage in Deutschland verstehen (selegierend lesend). Sie können erzählen, wie in ihrem Herkunftsland Geburtstage gefeiert werden.
Lerninhalte: WS: Wörter zum Thema „Geburtstag", Komposita mit *Geburtstag*

	TN-/KL-Aktivitäten	**Hinweise**	**Materialien**
9a	**Präsentation:** TN sehen sich zunächst die Fotos an und äußern sich zu den Bildern.	KL wiederholt die Frage *Was kennen Sie, was kennen Sie nicht*, sodass TN ihr Vorwissen einbringen können.	
9b	TN lesen erst die Aussagen und dann die Texte links. Besprechung der Ergebnisse im Plenum.	▶ **detailliertes und selektives Lesen:** KL fordert die TN auf, erst die Aussagen genau (detailliert) zu lesen und dann die entsprechenden Informationen in den Texten auf der vorhergehenden Seite zu suchen (selektiv zu lesen). KL kann hier auch folgendermaßen vorgehen: Die TN lesen die Aussagen. Jede/r TN liest zwei Textpassagen seiner/ihrer Wahl genau. Die Ankreuzaufgabe wird dann gemeinsam im Plenum erledigt. **Lösung 9b** 1r, 2r, 3f („Das Geschenk muss nicht groß sein."), 4f (der 16. und der 18. Geburtstag sind wichtig), 5r, 6f, 7f, 8 –	
9c	**Bewusstmachung:** TN sammeln Geburtstagswörter aus dem Text.	KL lenkt die Aufmerksamkeit auf den Artikel. TN erkennen, dass das rechts stehende Wort den Artikel des Kompositums bestimmt. **Lösung 9c** der Geburtstagskaffee, die Geburtstagstorte, die Geburtstagskerze, das Geburtstagskind, die Geburtstagsanzeige, der Kindergeburtstag	
⚑	**Projekt / Freie Anwendung:** TN bringen Fotos mit und erzählen über Geburtstagsfeiern in ihrem Herkunftsland.	▶ **interkulturelle Perspektive**	persönliche Fotos der TN
	Üben: TN schreiben ein Diktat: *Meine Familie ist groß. / Mein Mann und ich / leben in Berlin. / Da wohnen auch / meine Eltern und meine Geschwister. / Ich habe vier Schwestern / und zwei Brüder. / Meine Großeltern / leben in der Türkei. / Ich habe einen Onkel / in Holland, / einen Onkel in Österreich / und eine Tante in Bulgarien.*	▶ **Diktat**	

Raststätte

Wiederholungsspiel: Wortschatz, Redemittel und Strukturen der ersten sechs Kapitel.

	TN-/KL-Aktivitäten	Hinweise	Materialien
1	**Spiel:** Im Plenum werden anhand der Vignetten die Spielregeln besprochen/geklärt. Die TN spielen in GA, dabei spielen jeweils zwei TN gegeneinander. Sie werfen eine Münze, rücken bei Zahl einen Schritt, bei Kopf zwei Schritte vor. Wer auf den Feldern 6, 12, 18 oder 22 landet, darf bei richtiger Antwort drei Felder vorrücken. Sieger ist, wer zuerst das Ziel erreicht.	Als Spielsteine können auch kleine Radiergummis, Ringe oder andere kleine Gegenstände benutzt werden. Statt mit Münzen kann das Spiel auch mit einem Würfel gespielt werden; es geht dann wesentlich schneller.	Spielsteine Münzen oder Würfel in ausreichender Zahl

Wiederholung: Redemittel zum Thema „Zeit"; WS: Verben, Lebensmittel und Getränke
Effektiv lernen: Lerntipp „Wortschatzkarten"

	TN-/KL-Aktivitäten	Hinweise	Materialien
2	**Wiederholung:** TN betrachten im Plenum den Vorschlag für ein Lernplakat im Buch und überlegen, was auf dem Plakat noch stehen könnte. In GA (an Gruppentischen) erstellen die TN unterschiedliche Plakate. Gemeinsam entscheiden sie über Farben, Anordnung, sammeln Uhrzeitangaben und Fragestellungen dazu, überlegen sich Tageszeiten und typische Tätigkeiten und vergeben Aufgaben (das Basteln einer Pappuhr, Schreiben, Aufkleben etc.).	Bei solchen kommunikativen Aufgaben trainieren die TN verschiedene Fertigkeiten: Hören, Sprechen, Lesen und Schreiben sowie Schlüsselqualifikationen, wie die Zusammenarbeit im Team. Die Plakate werden nach Möglichkeit im Unterrichtsraum aufgehängt. ▶ **Binnendifferenzierung:** TN, die noch weniger Vorgaben wünschen, können sich auch für die Erstellung eines alternativen Lernplakats zum Thema „Tage, Monate, Jahreszeiten" entscheiden.	Bögen von Packpapier, Stifte, Scheren, farbiges Papier, Klebstoff, Tonpapier etc.
3	**Spiel:** Im Plenum werden die Spielregeln von „Zehn Verben – viele Sätze" noch einmal geklärt. In PA spielen die TN wie angegeben. Am Ende der Gesamtspielzeit (zehn Minuten) setzen sich jeweils zwei Paare zusammen und entscheiden gemeinsam, für welche Sätze es Punkte geben kann.	Die TN kennen das Prinzip des Spiels schon aus Raststätte 1. Mithilfe des Spiels werden bereits bekannte Verben wiederholt (▶ **Wiederholung**).	
4	**Transfer:** Gemeinsam schauen die TN das Schaubild an. KL weist auf die Überschrift „Jährlicher Pro-Kopf-Verbrauch in kg" hin und erläutert, was gemeint ist. In PA ordnen die TN Lebensmittel und Getränke (die entsprechenden Zahlen) in das Balkendiagramm ein.	▶ **interkulturelle Perspektive:** KL kann ggf. einen Vergleich mit dem Pro-Kopf-Verbrauch in anderen Ländern anregen. **Lösung 4** (in der Grafik von oben nach unten): ④ Gemüse: 93,3 kg ① Brot und Brötchen: 89,3 kg ③ Obst: 81,0 kg ⑤ Kartoffeln: 66,8 kg ② Fleisch: 61,6 kg ⑦ Zucker: 36,1 kg ⑥ Reis: 3,7 kg	
Effektiv lernen	**Bewusstmachung (Lernen):** Im Plenum wird die Beschriftung der Karteikarten geklärt. Jede/r TN erhält fünf bis zehn Wortschatzkärtchen. TN suchen sich aus der alphabetischen Wortliste im Anhang eine entsprechende Anzahl schon bekannter Nomen heraus. TN beschriften die Karten wie im Beispiel.	▶ **effektiv lernen: Wortschatzkarten:** Lernkarten haben die TN schon im Arbeitsbuchteil des 1. Kapitels („Effektiv lernen") kennengelernt. Diese Lerntechnik wird in *Berliner Platz NEU* immer wieder aufgegriffen. Hier geht es um das effektive Lernen von Nomen. ▶ **Mehrsprachigkeit:** Wenn möglich arbeiten zwei TN mit derselben Muttersprache zusammen und helfen einander bei der Übertragung aus dem Deutschen. (In den Glossaren zu *Berliner Platz 1 NEU* werden die Lerntipps aus dem LB in der jeweiligen Sprache erläutert.)	Wortschatzkarten

Video: Tagesablauf, Einkaufen, Geburtstagsgeschenke
Was kann ich schon: Selbsteinschätzung des Lernerfolgs
Ich über mich: Über die eigene Familie schreiben

	TN-/KL-Aktivitäten	Hinweise	Materialien
Video Teil 1	**Verständnissicherung:** TN finden die Fehler im Text und korrigieren diesen anhand des Videos.	▶ **Video:** Wenn KL die Arbeitsanweisung gibt, bevor das Video gezeigt wird, dann werden sich die TN während des Sehens noch stärker auf Gasans Vormittag konzentrieren. KL kann die Arbeitsanweisung aber auch im Anschluss geben, sodass TN die Szenen in der Erinnerung rekapitulieren müssen. **Lösung Video Teil 1** Gasan hat verschlafen. Er ist mit dem Fahrrad zur Arbeit gefahren. Gasan arbeitet jeden Tag von 9 bis 13 Uhr.	DVD: Szenen 10–12
Video Teil 2a	**Verständnissicherung:** TN beantworten die Frage.	▶ **Video:** Dezsö geht in dieser Szene auf dem Markt einkaufen. **Lösung Video Teil 2a** Einkaufszettel ganz rechts: Weißbrot, 3 Salat, 3 Gurken, 3 kg Tomaten KL kann zusätzlich die TN bitten, in PA zu überlegen, was Dezsö außerdem für den Salat noch einkauft, und den Einkaufszettel entsprechend zu ergänzen.	DVD: Szene 13
Video Teil 2b	Im Plenum werden zunächst Geschenkideen für den Geburtstag der Kollegin / des Kollegen gesammelt.	Ggf. regt KL hier an, dass die Männer im Kurs Geschenkideen für die Kollegin, die Frauen im Kurs Geschenkideen für den Kollegen sammeln. Im Anschluss kommentiert die jeweils andere Gruppe die Ideen.	
	Verständnissicherung: TN beantworten die Frage.	▶ **Video:** In dieser Szene kommt Dezsö zur Geburtstagseinladung zu Jenny. **Lösung Video Teil 2b** Der Mann (Dezsö) bringt Blumen zum Geburtstag mit.	DVD: Szene 15
Was kann ich schon?	**Reflexion:** Gemeinsam werden die Aufgaben besprochen: 1. Nach der Uhrzeit fragen, 2. Sich verabreden, 3. Lebensmittel einkaufen, 4. Beim Einkauf Mengen angeben, 5. Verwandtschaftsbezeichnungen kennen und 6. Angaben zum Datum machen. TN bearbeiten die Aufgaben 1–6 in EA. KL regt anschließend einen Austausch über die Ergebnisse in GA an. Dazu gibt er/sie runde Kärtchen aus, auf denen die TN ihr Ergebnis als Smiley zeichnen.	▶ **Selbsteinschätzung:** In den Gruppen sollen möglichst TN mit unterschiedlichen Ergebnissen zusammenkommen. In kleinen Runden können sie sich leichter als im Plenum über ihre Erfolge/Misserfolge austauschen. KL schreibt als Anregung an die Tafel: *Sind Sie noch nicht zufrieden ☺? Was können Sie tun? Fragen Sie und geben Sie Tipps!*, tritt aber in dieser Phase sehr zurück, damit bei den TN nicht der Eindruck entsteht, sie würden vom KL bewertet.	runde Karten
Ich über mich	**Freie Anwendung:** TN lesen den Text und schreiben in EA einen Text nach dem vorgegebenen Muster.	▶ **Schreiben: Ich über mich:** Diese Aufgabe eignet sich gut als Hausaufgabe. TN, für die das Thema Familie stark negativ besetzt ist (vielleicht, weil sie gerade einen Angehörigen verloren haben), schreiben über Freunde und Bekannte (▶ **Hausaufgaben**).	

Testtraining 2

	TN-/KL-Aktivitäten	Hinweise	Materialien
	Hören: Gemeinsam werden die „Tipps zum Hören" gelesen und besprochen.	Hier wird auf „Hören, Teil 3" vorbereitet. KL kann nach dem Hören noch einmal die „Tipps zum Hören" aufgreifen und nachfragen (z. B.: *Haben Sie immer etwas angekreuzt?*).	
HV	Die TN hören jeden Text zweimal und kreuzen an. Vergleich mit dem Nachbarn und im Plenum.	**Lösung HV** 1b, 2c, 3a, 4c, 5b	CD: Track 3.56–3.60
LV 1	**Lesen:** Gemeinsam werden die „Tipps zum Lesen" (auf der nächsten Doppelseite) gelesen und besprochen. Die Beispielaufgabe wird gemeinsam gelöst.	Dieser Trainingsteil dient der Vorbereitung auf den Testteil „Lesen, Teil 2". KL hat die Beispielaufgabe auf Folie kopiert und zeigt sie am OHP. **Lösung LV 1** 1b, 2b, 3a, 4b	Beispielaufgabe auf Folie
LV 2	Die TN lösen die Beispielaufgabe in EA und vergleichen mit dem Nachbarn / der Nachbarin.	Hier wird auf „Lesen, Teil 3" vorbereitet. **Lösung LV 2** 1f, 2f, 3r, 4r, 5r	
	Schreiben: Gemeinsam werden die Tipps zum Schreiben besprochen.	KL weist auch hier darauf hin, dass die TN auf jeden Fall etwas schreiben sollen, auch wenn sie unsicher sind, ob es korrekt ist.	
S	TN lesen zunächst den Einführungstext. Sie ergänzen in EA die Lücken im Formular. Vergleich und Fehlerkorrektur im Plenum.	Der Testteil „Schreiben" hat zwei Teile. Die TN füllen ein Formular aus und schreiben eine kurze Mitteilung. Diese Übung bereitet auf Teil 1 vor. (Sollte die Anweisung „Helfen Sie Ihrer Nachbarin", die ja auch in der Unterrichtssprache vorkommt, zu Verwirrung führen, erläutert KL noch einmal, dass hier Anna Swerlowa, eine fiktive Nachbarin, gemeint ist.) Ggf. füllt ein/e TN das Formular auf Folie aus. An dieser Vorlage orientiert sich dann die Fehlerkorrektur. **Lösung Schreiben** Straße/Hausnummer: Grafenstr. 5; Wohnort: Darmstadt; Alter: 9 Jahre; Sportart: Fußball; Zahlung: bar	
M	Mithilfe der Kopiervorlage trainieren die TN Teil 1 der mündlichen Prüfung.	Der Testteil „Sprechen" hat drei Teile: – Teil 1: Sich vorstellen – Teil 2: Um Informationen bitten und Informationen geben – Teil 3: Eine Bitte formulieren und darauf reagieren Im Testteil 1, der hier trainiert wird, bekommen die TN folgende Wörter: *Name? Alter? Land? Wohnort? Sprachen? Beruf? Hobby?*, und geben die entsprechenden Informationen zu Ihrer Person. Sie müssen dann etwas buchstabieren (zum Beispiel den Nachnamen) und eine Nummer nennen (z. B. Telefon-, Handy-, Hausnummer oder Autokennzeichen).	Kopiervorlage 2a: „Sich vorstellen"

Willkommen in Berlin 7

Thematische Schwerpunkte: Ortsangaben, Wegbeschreibung, eine neue Arbeitsstelle

Lernziele: Die TN können
- Ortsangaben machen,
- Wünsche und Bedürfnisse bei einem Stadtbesuch äußern,
- nach dem Weg fragen,
- einen Weg beschreiben,
- Dialoge zum Thema „eine neue Arbeitsstelle" verstehen,
- Veranstaltungshinweise verstehen,
- Vergleiche verstehen.

Lerninhalte:
Wortschatz/Redemittel:
- Berlinbesuch (*Stadtrundfahrt, Regierungsviertel* etc.)
- Ortsangaben (*in der Nähe* etc.)
- Redemittel: nach dem Weg fragen / Wegbeschreibungen (*Wo ist bitte …?* etc.)
- Richtungsangaben
- eine neue Stelle (*Personalbüro, Girokonto* etc.)

Grammatik:
- Imperativ
- Artikel im Dativ
- Präpositionen mit Dativ
- Superlative

Aussprache:
- *p/t/k* und *b/d/g*

Lernziele: TN können Wünsche und Bedürfnisse bei einem Stadtbesuch ausdrücken und Aussagen über Berlin verstehen.
Lerninhalte: WS: Berlinbesuch, Ortsangaben (*in der Nähe* etc.)

	TN-/KL-Aktivitäten	Hinweise	Materialien
	Einstieg: Vorwissen aktivieren – mit geschlossenem Buch. KL lässt Berlin auf der Deutschlandkarte suchen.	▶ **Einstiegsaktivitäten:** Möglicherweise waren schon einige TN in Berlin. KL regt in diesem Fall an, dass alle TN, die schon dort waren, den anderen einen Satz über Berlin sagen bzw. einen Satz zu der Stadt auf je ein Kärtchen schreiben, die dann an die Wand gepinnt werden. (Dies gilt ebenso, wenn der Kurs in Berlin stattfindet.) ▶ **Landeskunde:** Informationen zu Berlin sind unter www.berlin-info.de, www.berlin.de u. a. zu finden.	Kopiervorlage 7a: „Deutschlandkarte" auf Folie, OHP Kärtchen
1a	**Präsentation:** TN schauen sich die Fotos an und lesen die Beschriftungen. Sie lesen die Listen *Ich möchte …* und *Ich brauche …* und klären unbekannten Wortschatz. TN kreuzen an, was sie selbst als Berlinbesucher machen würden und brauchen.	TN arbeiten bei Klärungsbedarf mit dem eigenen Wörterbuch. KL weist darauf hin, dass weitere Möglichkeiten ergänzt werden können, z. B.: *Ich möchte meine Familie besuchen. Ich brauche ein Geschenk.*	Wörterbücher der TN
1b	**Verständnissicherung:** TN tauschen sich im Plenum über die Wichtigkeit der benötigten Dinge aus.	Ggf. hält KL Stichworte an der Tafel fest und lässt mit Punkten/Strichen Prioritäten markieren.	ggf. Klebepunkte
2a	**Präsentation:** TN hören die Dialoge 1–4 jeweils einmal und ordnen sie den Fotos zu. Sie vergleichen in PA.	▶ **globales Hören:** Bei Bedarf lässt KL zuvor noch einmal die Beschriftungen unter den Fotos vorlesen. **Lösung 2a** Dialog 1: 4, 8; Dialog 2: 2; Dialog 3: 1, 5, 6; Dialog 4: 3	CD: Track 2.2–2.5

Willkommen in Berlin

2b	**Verständnissicherung:** TN hören die Dialoge ein zweites Mal, kreuzen R bzw. F an und vergleichen in PA. Ergebnisbesprechung im Plenum.	▶ **selektives Hören** **Lösung 2b** Dialog 1: a) R, b) F; Dialog 2: a) F, b) R Dialog 3: a) F, b) R; Dialog 4: a) R, b) F	

Lernziele: TN können nach dem Weg fragen, Wegbeschreibungen verstehen und geben.
Lerninhalte: Redemittel: Wegbeschreibungen (*Wo ist bitte …?, Wie komme ich …?* etc.), Richtungsangaben; GR: Imperativ, Präpositionen mit Dativ, Artikel im Dativ

	TN-/KL-Aktivitäten	Hinweise	Materialien
3a	**Präsentation:** TN lesen den Dialog, suchen und markieren die Orte im Stadtplanausschnitt.	▶ **selektives Lesen**	
	KL erläutert die Richtungsangaben im Redemittelkasten.	KL gibt ggf. Anweisungen: *Gehen Sie … / Geh …* TN bewegen sich entsprechend den Richtungsangaben im Kursraum. TN üben dann so die Richtungsangaben in PA.	CD: Track 2.6
	Präsentation: TN hören nun den Dialog zweimal.	▶ **selektives Hören:** Die Verstehensabsicht ist auf Straßen- und Richtungsangaben gelenkt. Je nach Gruppe muss KL ggf. weitere Übungsmöglichkeiten voranstellen und kann dazu ▶ **Arbeitsbuch**, Kap. 3, Übung 3, hinzuziehen.	
3b	**Transfer:** TN beschreiben die Wege mithilfe des Stadtplan-Ausschnitts in PA oder GA.	KL hat Kopiervorlage 7b auf Folie kopiert; ein TN markiert den Weg am OHP mit. In Inlandskursen bietet es sich an, mit dem Plan der Stadt zu arbeiten, in der die TN wohnen. Dann können selbst Ausgangs- und Zielpunkte bestimmt werden. Dazu kann auch Kopiervorlage 7c genutzt werden. **Lösung 3b** 6 → 2: Gehen Sie hier geradeaus bis zur Kreuzung. Biegen Sie links ab und direkt vor der nächsten Kreuzung ist die VHS. 3 → 5: Gehen Sie hier geradeaus, biegen Sie an der dritten Kreuzung links ab. An der nächsten Kreuzung ist die Bank. 4 → 1: Gehen Sie hier vor zur Elßholzstraße. Gehen Sie dort nach rechts bis zur Pallasstraße. Biegen Sie da links ab. Nach der nächsten Kreuzung kommt dann auf der rechten Seite der Winterfeldtplatz. 10 → 7: Gehen Sie hier die Bülowstraße immer geradeaus. Biegen Sie an der vierten Kreuzung rechts in die Steinmetzstraße ab. Da sehen Sie dann gleich nach der zweiten Kreuzung auf der linken Seite die Grundschule. ▶ **Landeskundeheft „Treffpunkt D-A-CH":** Falls großes Interesse an anderen deutschen Städten besteht, kann hier noch S. 9, „Stadtführung in Hamburg", hinzugezogen werden.	Kopiervorlage 7b „Stadtplan von Berlin (Ausschnitt)", ggf. Kopie vom Ausschnitt des lokalen Stadtplans Kopiervorlage 7c „Wie komme ich zu …?"
4a	**Bewusstmachung:** TN lesen die Sätze und markieren die Verben und Pronomen in den Antworten.	▶ **Grammatik: Metasprache:** Die Begriffe „Verben" und „Pronomen" sind den TN mittlerweile bekannt. Unsichere TN halten sich an das vorgegebene Beispiel. KL hilft und deutet auf den Unterschied zwischen „Sie-Form" und „Du-Form" im Grammatikhinweis. **Lösung 4a** Gehen Sie – Fragen Sie – Nimm – steig … aus	

4b	**Systematisierung:** TN sammeln die Imperativformen in einer Tabelle an der Tafel.	**Lösung 4b** Sie-Form: Gehen Sie, Fragen Sie; du-Form: Nimm, steig	
4c	**Üben:** TN schreiben Sätze im Imperativ zu den vorgegebenen Beispielen.	▶ **Binnendifferenzierung:** KL teilt ggf. vorbereitete Kärtchen aus (siehe Kopiervorlage 7d) und lässt zunächst die Imperativformen im Kurs üben. KL achtet darauf, dass fortgeschrittenere TN Beispiele mit trennbaren Verben erhalten. **Lösung 4c** Kaufen Sie ein Ticket. Kauf ein Ticket. – Gehen Sie zu Fuß. Geh zu Fuß. – Nehmen Sie ein Taxi. Nimm ein Taxi. – Steigen Sie am Markt aus. Steig am Markt aus. – Steigen Sie in die U6 um. Steig in die U6 um.	Kopiervorlage 7d: „Anweisungen"
5a	**Präsentation:** KL erläutert den Begriff „Präposition" anhand schon bekannter Beispiele, z. B.: *Ich komme aus Moskau, das ist in Russland.* TN hören den Dialog und lesen den Text mit.	KL erläutert dies ggf. auch anhand eines Vergleichs mit anderen Sprache: *to the station, al estación, istasyona* (▶ **Mehrsprachigkeit: Sprachvergleich**).	CD: Track 2.7
	Bewusstmachung: TN markieren die Präpositionen und Artikel im Dialog.	Besonders in Gruppen mit langsamer Lernenden sollten die Präpositionen (*zum, mit, in, an*) vor dem Hören genannt sein, damit die TN sie im Text markieren können. **Lösung 5a** zum – Mit dem – mit der – Mit dem – mit dem – mit den – in der – an der	
	Systematisierung: Ergebnisse werden an der Tafel gesammelt.	KL achtet dabei auf Trennung nach lokaler und modaler Bedeutung. *Wohin? Wo? Wie?* *zum Bahnhof mit dem Bus* *in der Rosenstraße*	
5b	**Bewusstmachung/Systematisierung:** TN ergänzen Artikel im Dativ in der Tabelle und vergleichen im Plenum. KL verdeutlicht anhand der Grammatikhinweise die Kontraktion von Präposition und Artikel: *zu + dem = zum.*	▶ **selbst entdeckendes Lernen:** TN finden heraus, dass die für sie neue Artikelform mit der davorstehenden Präposition im Zusammenhang steht. Bei langsamer lernenden TN, die sich von dieser Sequenz möglicherweise verunsichert fühlen, erläutert KL Schritt für Schritt und ergänzt spielerische Übungsphasen (z. B. anhand Kopiervorlage 7e). **Lösung 5b** mit dem/einem Bus, mit dem/einem Taxi, mit der/einer Straßenbahn, mit den Taschen	Kopiervorlage 7e: „Dativ-Spiel"
5c	**Verständnissicherung:** TN hören den Dialog und ergänzen Präpositionen und Artikel. Ergebnissicherung im Plenum.	KL macht ggf. Pausen nach Abschnitten und spielt diese zweimal vor, damit auch TN, die die Regel noch nicht ganz verstanden haben, hier die Lücken füllen können. **Lösung 5c** in der – nach – in der – am – in der – an der – zur – an der – zu einer – am – an der	CD: Track 2.8
5d	**Üben:** TN ergänzen die Dativ-Formen. Vergleich im Plenum.	▶ **Binnendifferenzierung:** TN, die schneller fertig sind, schreiben eigene Sätze mit dem Dativ. **Lösung 5d** 1. der – zur 2. zum – im 3. einer 4. der – dem – zur 5. einem – zur 6. der – zum	

Willkommen in Berlin

Lernziele: TN können nach dem Weg fragen, Wegbeschreibungen verstehen und geben. Sie können Dialoge zum Thema „eine neue Arbeitsstelle" verstehen und sich nach einer öffentlichen Einrichtung o. Ä. erkundigen.
Lerninhalte: WS: eine neue Stelle (*Personalbüro, Girokonto* etc.); Aussprache *p/t/k* und *b/d/g*; Redemittel: nach dem Weg fragen und auf Anfragen antworten

	TN-/KL-Aktivitäten	Hinweise	Materialien
6	**Transfer:** TN lesen die Redemittel und fragen und antworten einander erst einige Male im Plenum. Dann fahren sie in GA fort.	KL stellt ggf. eine Phase voran, in der die TN die Redemittel spielerisch mithilfe der Kopiervorlage 7f einüben: *Wo ist die Post? – In der Hauptstraße.*	weicher Ball / Wollknäuel Kopiervorlage 7f: „Nach dem Weg fragen"
	Einstieg: KL erläutert, dass Frau Lipinska eine neue Stelle hat. Es ist ihr erster Tag. KL fragt, was Frau Lipinska am ersten Tag macht, wie es ihr geht usw., und sammelt in einem Wortigel unbekannten Wortschatz an der Tafel und klärt Wörter, die noch unbekannt sind.	▶ **Einstiegsaktivitäten:** An dieser Stelle wird mit dem Stellenantritt von Frau Lipinska ein neues Thema angesprochen, das besonders für TN, die mit dem Deutschlernen berufliche Perspektiven verbinden, interessant ist. KL sollte Zeit einräumen, um die Aufmerksamkeit der TN auf die neue Thematik zu lenken und Vorwissen zu aktivieren.	
7	**Präsentation:** TN schauen sich erst die Fotos an, hören dann alle Textteile hintereinander und nummerieren die Bilder nach den Dialogen. Ergebnisse werden im Plenum verglichen.	▶ **selektives Hören** **Lösung 7** A4, B5, C3, D1, E2	CD: Track 2.9–2.13
8a	**Verständnissicherung:** TN lesen die Situationen und Ausdrücke. Beim Hören entscheiden die TN in PA, welche Redemittel zu den Situationen passen, und ordnen die drei Spalten neu.	▶ **Lernerorientierung:** In Kursen, in denen sich viele TN auf die Arbeitsaufnahme vorbereiten, wird Kopiervorlage 7g hinzugezogen.	CD: Track 2.9–2.13 Kopiervorlage 7g: „Personalbogen"
8b	TN hören die Dialoge noch einmal und ergänzen ihre Notizen.	**Schreiben: Notizen machen**	CD: Track 2.9–2.13
9a/b	**Üben (Aussprache):** KL spricht einige Beispiele übertrieben und langsam vor. TN hören und sprechen nach.	▶ **detailliertes Hören** der Dialoge (Bank: Track 2.12, Straßenbahn: Track 2.13, Personalbüro: Track 2.10). KL bittet die TN, die Aspiration bei *p/t/k* zu visualisieren, indem sie ein Blatt Papier vor den Mund halten und *Pause* sagen. Flattert das Blatt, stimmt die Artikulation. Bei *p* blasen die TN die Lippen auf und lassen sie „explodieren". KL achtet in 9a bei 2. auf die Auslautverhärtung ▶ **Aussprache: Konsonanten *p, t, k*.**	CD: Track 2.14–2.15
10	**Freie Anwendung:** TN wählen eine Situation, suchen sich einen Partner / eine Partnerin und schreiben gemeinsam einen Dialog. Sie spielen den Dialog im Kurs vor.	▶ **Sprechen: Sketche:** Schnellere TN können natürlich mehrere Situationen einüben. An unsichere TN kann KL eine Kopie der Vorlag 7h mit Redemitteln verteilen. Um den TN mehr Sprechzeit zu geben, können die Dialoge in GA vorgespielt werden (▶ **Binnendifferenzierung**).	Kopiervorlage 7h: „Informationen erfragen"
⚑	**Projekt:** TN wählen einen Suchauftrag und führen ihn in GA aus.	▶ **Projekte:** TN benutzen die Kopiervorlagen 7i und 7j. KL regt an, dass die Ergebnisse der Recherche auf Plakaten festgehalten werden. TN können Monatskarten, Eröffnungsanträge für Girokonten usw. dazuheften. ▶ **Im Alltag EXTRA 7:** In Inlandskursen, in denen der Aspekt der Orientierung im Alltag besonders wichtig ist, können hier noch die Dialoge auf den Behörden sowie das Ausfüllen eines Antrags als Schreibübung hinzugezogen werden.	Kopiervorlage 7i: „Unsere Stadt / Behörden", und 7j: „Unsere Stadt / Verkehr"

Lernziele: TN können eine E-Mail mit Tipps für einen Berlinbesuch verstehen; sie können Anzeigen (Veranstaltungshinweise) verstehen. Sie verstehen Vergleiche.
Lerninhalte: WS: Sehenswürdigkeiten in Berlin, Veranstaltungshinweise; GR: Komparation

	TN-/KL-Aktivitäten	Hinweise	Materialien
11a	**Präsentation:** TN lesen die SMS von Karin an Anne und notieren sich die vier Rubriken. Sie lesen die E-Mail in PA und notieren die Tipps.	KL lenkt die Aufmerksamkeit zunächst auf die SMS, da dadurch die Situation verständlich wird. ▶ **selektives Lesen:** Die Verstehensabsicht ist durch die vier Rubriken gelenkt.	
11b	**Präsentation:** TN lesen die Anzeigen und ergänzen die Tipps in den Rubriken.	▶ **detailliertes Lesen:** Diese Aufgabe kann von schnelleren TN schon bearbeitet werden, während andere noch Tipps in den Rubriken sammeln (▶ **Binnendifferenzierung**).	
12a	**Bewusstmachung:** TN lesen die Sätze mit Superlativen und suchen Superlative in der E-Mail auf der vorhergehenden Seite.	KL kann „Vergleiche" mit drei Beispielen (*bequem, bequemer, am bequemsten*) auch mimisch verdeutlichen. **Lösung 12a** am besten – am bequemsten – am teuersten – am berühmtesten und ältesten – Die meisten – am interessantesten – am besten – am liebsten	
12b	**Systematisierung:** TN schreiben die Komparative und Superlative in die Tabelle.	KL hält nach Möglichkeit die Vergleichsformen von *gut, gern, viel* auf einem Lernplakat fest. In schnellen Lerngruppen werden die TN an dieser Stelle möglicherweise auch die Komparativformen der in 12a genannten Adjektive wissen wollen. KL ergänzt dann das Lernplakat. **Lösung 12b** |	Komparativ	Superlativ | |---|---|---| | gut | besser | am besten | | gern | lieber | am liebsten | | viel | mehr | am meisten |	Lernplakat
	Üben: TN schreiben ein Partnerdiktat. **Text TN1:** – *Entschuldigung, wie komme ich zum Bahnhof?* – *Sie fahren drei Stationen / mit dem Bus ins Zentrum. / Dort nehmen Sie / die S-Bahn-Linie 1 / in Richtung Rathaus. / Steigen Sie nach zwei Stationen aus. / Von der Haltestelle / gehen Sie zwei Minuten / zum Bahnhof.* **Text TN2:** – *Entschuldigung, ich suche die Post.* – *Gehen Sie immer geradeaus, / dann die nächste Straße links / bis zur Ampel. / An der Ampel gehen Sie rechts. / Gehen Sie weiter / bis zur Kreuzung. / An der Kreuzung sehen Sie die Post.*	▶ **Diktat: Partnerdiktat:** TN diktieren sich gegenseitig unterschiedliche Texte.	

Zimmer, Küche, Bad

Thematische Schwerpunkte: Wohnen, Wohnungssuche, eine neue Wohnung

Lernziele: Die TN können
- Wohnungsanzeigen verstehen,
- über die Wohnungssuche sprechen,
- sich über eine Wohnung informieren,
- Wünsche und Möglichkeiten ausdrücken,
- Aushänge im Hausflur verstehen.

Lerninhalte:
Wortschatz/Redemittel:
- Wohnungen, Wohnungsaufteilung, Wohnungsausstattung
- Abkürzungen in Anzeigen
- Wohnungssuche (*Ist die Wohnung frei?*, *Wie hoch ist die Miete?* etc.)
- Mietkonditionen

Grammatik:
- Modalverben *wollen* und *können*
- Perfekt mit *haben*, Satzklammer
- Partizip-II-Formen

Aussprache:
- Aussprache von *w*, *f/v*, *s*

Lernziele: TN können Wohnungsanzeigen verstehen, Dialoge zur Wohnungssuche verstehen.
Lerninhalte: WS: Wohnungsaufteilung, Abkürzungen in Wohnungsanzeigen; Redemittel: über Wohnungen sprechen (*Wie viele Zimmer hast du / haben Sie?*, *Wie viel kostet die Wohnung?* etc.)

	TN-/KL-Aktivitäten	Hinweise	Materialien
	Einstieg: Vorwissen aktivieren – mit geschlossenem Buch.	▶ **Einstiegsaktivität:** Hier kann KL z. B. den Immobilienteil einer regionalen Tageszeitung mitbringen und sagen: *Eine Freundin sucht eine neue Wohnung.* TN fragen dann voraussichtlich: *Wie groß?*, *Wo?* etc.	
	Präsentation: KL klärt die Wohnungsaufteilung anhand des Grundrisses.	Möglicherweise ist einigen TN ein solcher Grundriss nicht vertraut und daher schwer zu verstehen; KL erläutert die Perspektive.	evtl. Grundriss, auf Folie kopiert
1	**Präsentation:** TN lesen gemeinsam Anzeige A, Wörter und Abkürzungen werden anhand der Liste unten auf der Seite geklärt. KL schreibt Redemittel an die Tafel: *Die Wohnung liegt in …* *Sie ist … qm groß und hat … Zimmer.* *Die Wohnung kostet … Euro im Monat.* Etc.	▶ **Landeskunde: Mieten:** Informationen zum Thema „Wohnen" findet man unter: http://www.justlanded.com/deutsch/Deutschland/Landesfuehrer/Unterkunft/Einfuehrung	
	TN wählen eine der Anzeigen B–F zur Bearbeitung aus, suchen sich jeweils einen Partner, der eine andere Anzeige bearbeitet hat, und stellen sich die Anzeigen gegenseitig vor.	▶ **detailliertes Lesen:** Unsichere TN werden die kürzeren Anzeigentexte wählen (▶ **Binnendifferenzierung**).	
2a	**Präsentation:** TN hören jeden Dialog einmal und ordnen die passende Anzeige zu.	▶ **globales Hören** **Lösung 2a** 1A, 2E, 3D	CD: Track 2.16–2.18

2b	**Verständnissicherung:** TN hören die Dialoge noch einmal und notieren Informationen wie im Beispiel.	KL gibt ausreichend Zeit zwischen den Dialogen, damit auch langsamere Schreiber/innen sich Notizen machen können. **Lösung 2b** <table><tr><td></td><td>Nebenkosten/ Kaution</td><td>S-Bahn/ U-Bahn/Bus</td><td>Auto</td></tr><tr><td>1</td><td>NK: ca. 110 €</td><td>U-Bahn in der Nähe</td><td>–</td></tr><tr><td>2</td><td>übliche NK; Kaution: 2 MM</td><td>–</td><td>–</td></tr><tr><td>3</td><td>NK: Heizung, Wasser usw.; Kaution: 1 MM</td><td>25 Min. mit der S-Bahn in die Stadt</td><td>mit dem Auto 30 Min. in die Stadt. Parkmöglichkeit in der Nähe</td></tr></table>	
3a	**Transfer:** TN erarbeiten in PA die Fragen zu Größe, Kosten, Lage etc. einer Wohnung und befragen einander zur persönlichen Wohnsituation.		
3b	**Freie Anwendung:** TN stellen die Wohnung ihres Partners / ihrer Partnerin vor.	Wenn dabei in Gruppen gearbeitet wird, gibt es für die einzelnen TN mehr Redezeit (▶ *Sozialformen*). ▶ Landeskundeheft „Treffpunkt D-A-CH": Je nach Interesse der Gruppe zieht KL das Thema „Wohnen in der Stadt, auf dem Land in D-A-CH" auf S. 29/30 hinzu.	

Lernziele: TN können Texte mit Informationen über die Wohnungssuche verstehen und selbst Dialoge zur Wohnungssuche führen. Sie können Wünsche und Möglichkeiten ausdrücken.
Lerninhalte: Redemittel: Wohnungssuche (*Ich suche eine …-Zimmer-Wohnung* etc.); GR: Modalverben *wollen* und *können*, Konjunktionen: *und, oder, aber, denn*

	TN-/KL-Aktivitäten	**Hinweise**	**Materialien**
4a	**Präsentation:** Im Plenum lesen die TN den ersten Textabschnitt und markieren die für die Wohnungssuche relevanten Informationen. In PA lesen sie die beiden weiteren Textabschnitte.	▶ **selektives Lesen** **Lösung 4a** Lucia Paoletti: ein Zimmer für drei bis vier Monate, in vier Wochen umziehen, hat nicht viel Geld. Ulrike und Bernd Klotz: haben zwei Kinder, 4-Zimmer-Wohnung mieten, verdient ungefähr 1900 Euro im Monat, bekommt 250 Euro. Radshif und Silvia Kalam: Wohnung mit einem Kinderzimmer, maximal 700 €	
4b	**Verständnissicherung:** Die TN suchen (weiter in PA) die passenden Wohnungen. Austausch – und ggf. Diskussion über die verschiedenen Möglichkeiten – im Plenum.	▶ **Binnendifferenzierung:** TN können hier je nach Interesse entweder einen oder zwei Wohnungssuchende bzw. Textabschnitte wählen. **Lösung 4b** Lucia: D/F; Familie Klotz: A; Familie Kalam: C/E Sollte hier noch eine stärker gesteuerte Übungsphase nötig sein, so schreibt KL ggf. Redemittel (*Ich suche eine …-Zimmer-Wohnung., Ist sie noch frei?* etc.) an und lässt mit dem Ball einüben.	weicher Ball, Wollknäuel o. Ä.
4c	**Transfer:** TN schreiben in PA Dialoge und spielen sie im Rollenspiel.	▶ **Spiele: Rollenspiel:** KL verteilt an alle TN je eine „Vermieterkarte" (Kopiervorlage 8a). TN ergänzen Stadtteile und Vorwahlnummern des Kursortes. Die Karten werden geknickt und so auf den Tisch gestellt, dass die Anzeige für die anderen TN sichtbar ist, der „Vermieter" aber die Rückseite lesen kann.	Kopiervorlage 8a: „Wohnungssuche"

Zimmer, Küche, Bad

5a	**Bewusstmachung:** TN markieren die Modalverben und das Verb im Infinitiv in den Texten.		
5b	KL schreibt den Beispielsatz in der vorgegebenen Weise an die Tafel; die TN ergänzen und markieren weitere Sätze aus den Texten.	▶ **Visualisierung: Strukturen:** KL markiert die Satzklammer und die Verben. **Lösung 5a/b** Zurzeit <u>kann</u> sie bei Freunden <u>wohnen</u>. Sie <u>will</u> in vier Wochen <u>umziehen</u>. Sie <u>will</u> am Wochenende als Babysitterin <u>arbeiten</u>. Vielleicht <u>kann</u> sie in Köln <u>bleiben</u> und dort <u>studieren</u>. Sie <u>wollen</u> jetzt eine 4-Zimmer-Wohnung <u>mieten</u>. Die Arbeit <u>kann</u> sie auch mit dem Baby <u>machen</u>. Sie <u>will</u> nicht mehr <u>arbeiten</u>. Wir <u>können</u> maximal 700 € <u>bezahlen</u>.	
5c	**Systematisierung:** TN markieren die Modalverben und sammeln sie in einer Tabelle.	KL schreibt die Tabelle auf ein Lernplakat, das im Unterrichtsraum hängen bleiben kann. Die noch fehlenden Verbformen werden ergänzt. **Lösung 5c** 1. kann – will 2. willst 3. Wollt 4. können 5. kannst 6. Wollen 7. wollen 8. Könnt	Lernplakat
5d	**Üben:** TN ergänzen die passenden Formen von *wollen* und *können* in den Lücken.	▶ **Im Alltag EXTRA 8:** Wenn KL eine Transferphase einschieben möchte, bieten sich weitere Dialoge zur Wohnungssuche an. **Lösung 5d** 1. können 2. Willst – kann 3. Könnt – will 4. Wollt 5. kann – willst – kannst	
6a	**Üben:** TN ordnen die passenden Möglichkeiten zu. KL weist darauf hin, dass es mehrere Möglichkeiten gibt, und schreibt alle Sätze an die Tafel.	Abhängig von der Kursgruppe, muss KL ggf. eine Bewusstmachungsphase voranstellen. KL schreibt z. B. an die Tafel: *Die Wohnung ist groß. – Sie ist billig.*, und fragt TN, wie man die Sätze verbinden kann. KL notiert *und*. KL verfährt ebenso mit weiteren Sätzen, z. B.: *Wir haben eine schöne Zwei-Zimmer-Wohnung. Sie ist zu klein* (Verknüpfung mit *aber*). Und: *Ich nehme eine Wohnung am Park. Ich miete eine Wohnung mit Garten* (Verknüpfung mit *oder*). **Lösung 6a** 1e, 2c, 3a, 4d, 5b	
6b	**Üben:** TN schreiben die Sätze weiter und vergleichen anschließend im Kurs.		

Lernziele: TN können einen Bericht über eine erfolgreiche Wohnungssuche verstehen. Sie können erzählen, wie sie ihr Haus / ihre Wohnung gefunden haben.
Lerninhalte: WS: Wohnungssuche; Aussprache: *w, f/v, s*; GR: Perfekt mit *haben*, Zeitadverbien

	TN-/KL-Aktivitäten	Hinweise	Materialien
7a	**Präsentation:** TN schauen sich die Fotos an, hören dann das Telefongespräch einmal und nummerieren die Fotos in der Reihenfolge von Magdas Erzählung. Austausch im Plenum.	▶ **globales Hören:** Beim Betrachten vor dem Hören geht es zunächst nur darum, zu erkennen, was jeweils auf den Fotos abgebildet ist. Die TN sollen hier noch nicht über den tatsächlichen Ablauf spekulieren, da dieser ja etwas anders ist (4 – 2 – 3 – 1) als die Reihenfolge innerhalb von Magdas Erzählung; ein Unterschied, auf den KL hinweist, wenn 7b gelöst wurde. **Lösung 7a** 4 – 3 – 2 – 1	CD: Track 2.19

7b	TN hören den Dialog ein zweites Mal und kreuzen die Richtig/Falsch-Aussagen an.	**Lösung 7b** 1f, 2f, 3f, 4r, 5r, 6f, 7f, 8r	CD: Track 2.19
7c	**Verständnissicherung:** TN ordnen den Dialog.	KL kann hier die Textteile kopieren und als einzelne Schnipsel ausgeben (evtl. zweimal für zwei große Gruppen kopieren). Die TN lesen die Textteile in der richtigen Reihenfolge vor. **Lösung 7c** e – a – b – d – c	CD: Track 2.19 kopierte und zerschnittene Texte
7d	**Üben:** TN lesen den Dialog noch einmal zu zweit.		
8a	**Bewusstmachung:** TN markieren die Perfektformen in 7c und nennen die zugehörigen Infinitive. KL sammelt auf Zuruf an der Tafel.	▶ **Grammatik: das Perfekt.** TN, die noch nicht gesteuert eine Fremdsprache gelernt haben, wissen möglicherweise nicht, was das Perfekt ist. KL weist auf das Foto von Magda hin: *Sucht Magda ein Zimmer? Nein, Magda hat ein Zimmer gefunden. Sie hat gut geschlafen. Sie ist heute in ihrem neuen Zimmer aufgewacht.* KL stellt *heute* und *gestern* einander gegenüber. TN verstehen, dass es sich um eine Vergangenheitsform handelt. KL führt nun den Begriff „Perfekt" ein und bittet TN, alle Verben im Satz zu markieren. TN entdecken, dass eine Form von *haben* und eine neue Form des Verbs zusammen auftauchen. **Lösung 8a** habe … gelesen – lesen; hast … gemacht – machen; habe … aufgehängt – aufhängen; hat … gelesen – lesen; hat … angerufen – anrufen; hat … gemietet – mieten; haben … getragen – tragen; habe … ausgepackt – auspacken; habe … gekocht – kochen; haben … eingeladen – einladen; haben gegessen – essen; haben … getrunken – trinken; haben … erzählt – erzählen	
8b	**Systematisierung:** KL erläutert, dass die Formen eine Klammer bilden, und macht auf den Grammatikhinweis aufmerksam. KL führt den Begriff „Partizip II" ein. TN formulieren die Regel zur Bildung des Perfekts. TN ergänzen Beispiele an der Tafel.	KL führt die Begriffe „Partizip II" und „Perfekt" erst ein, nachdem der Sachverhalt verstanden wurde (▶ **Grammatik: Metasprache**). TN können nun die Regel selbstständig formulieren (▶ **selbst entdeckendes Lernen**). **Lösung 8b** haben + Partizip II = Perfekt. Das Partizip II steht immer am Satzende.	
9a	**Systematisierung:** KL ordnet die gesammelten Verben in vier Gruppen.	KL hat dazu evtl. ein Lernplakat vorbereitet, auf das die TN die passenden Formen übertragen: | einfache Verben	trennbare Verben	Verben auf -ieren	Ausnahmen
gemacht …	aufgewacht	telefoniert	verkauft		Lernplakat
	Üben: KL klärt zunächst die Zeitadverbien. TN schreiben dann in PA anhand des vorgegebenen Textanfangs auf, wie Radshif und Silvia ihre Wohnung gefunden haben.	KL zieht ggf. das Beispiel von Magdas Wohnungssuche hinzu (*Zuerst hat Magda …*).	
9b	**Freie Anwendung:** TN sprechen in Gruppen über eigene Erfahrungen mit der Wohnungssuche.	KL gibt Zeit, damit TN sich zunächst still Notizen machen können.	
10a/b	**Üben (Aussprache):** TN hören und sprechen nach.	▶ **Aussprache:** Ggf. machen die TN aus den Sätzen kleine Frage-Antwort-Sequenzen oder Minidialoge und tragen sie im Plenum vor.	CD: Track 2.20–2.21

Zimmer, Küche, Bad

Lernziele: TN können Aushänge im Hausflur verstehen. Sie können eine Erzählung über einen Umzug verstehen.
Lerninhalte: WS: Wörter zum Thema „Haus/Wohnen" (*Hausordnung, Heizungsablesung* etc.); GR: Perfekt mit *sein*

	TN-/KL-Aktivitäten	Hinweise	Materialien
11	**Präsentation:** TN lesen die Texte.	▶ **globales** oder **selektives Lesen:** TN könnten die Arbeitsanweisung im Prinzip erfüllen, wenn sie lediglich die Überschriften lesen. KL kann jedoch außerdem dazu auffordern, in den Texten Schlüsselwörter zu markieren. Ggf. teilt KL den TN jeweils einen Text bzw. eine Aussage aus. TN laufen im Unterrichtsraum herum und suchen den passenden Partner. **Lösung 11** 1. Text 1; 2. Text 4; 3. Text 5; 4. Text 2; 5. Text 6; 6. Text 3	kopierte und zerschnittene Texte
12a	**Präsentation:** TN betrachten zunächst die Bilder und hören dann den Hörtext einmal.		CD: Track 2.22
12b	**Verständnissicherung:** TN lesen die Sätze und ordnen die Aussagen den Bildern zu. Vergleich in PA. TN hören den Text ein zweites Mal und kontrollieren ihre Ergebnisse.	**Lösung 12b** A2, B6, C3, D5, E1, F4	CD: Track 2.22
12c	TN hören den Text ein drittes Mal und kreuzen an.	▶ **globales Hören:** Ggf. zieht KL diese Aufgabe vor 12b. Wenn Interesse besteht bzw. sich ein Gespräch ergibt, bittet KL die TN, sich in Gruppen zu überlegen, wie die Geschichte weitergeht, was für Probleme für den Mann entstanden sind, was er tun kann etc. **Lösung 12c** Die Möbelpacker haben die falsche Wohnung ausgeräumt.	CD: Track 2.22
	Üben: TN schreiben ein Diktat: *Ulrike und Bernd Klotz haben endlich eine Wohnung _____. Sie _____ lange gesucht, aber alle Wohnungen _____ zu teuer oder zu klein. Die neue Wohnung _____ groß, sie hat vier _____, eine Küche, ein Badezimmer und einen _____. Sie muss auch _____ sein, denn bald kommt _____ dritte Kind. Und die Wohnung ist _____ nicht zu teuer. Sie kostet 500 € kalt plus _____. Ulrike und Bernd _____ Glück. Freunde haben von der Wohnung _____. Ulrike hat dann sofort den Vermieter _____ und es _____ geklappt.*	Das Diktat ist dieses Mal als Lückentext vorgesehen, dabei erhalten die TN eine Kopie (siehe Kopiervorlage 8b). Es kann jedoch auch als normales Diktat, d. h. ohne Lücken, diktiert werden. Eine Möglichkeit, die Lücken mitzudiktieren, bietet das „Bananendiktat". Hierbei sagt KL beim Diktieren an den Stellen, an denen eine Lücke vorgesehen ist, das Wort *Banane*. Also: *Ulrike und Bernd Klotz haben endlich eine Wohnung Banane. Sie Banane lange gesucht, aber alle Wohnungen Banane zu teuer …* (▶ **Diktat: Bananen-Diktat**)	Kopiervorlage 8b: „Lückendiktat"

Was ist passiert? 9

Thematische Schwerpunkte: Ereignisse in der Vergangenheit, Tagesablauf, Lebenslauf

Lernziele: Die TN können
- über Vergangenes sprechen,
- einen Lebenslauf verstehen,
- über die eigene Person sprechen,
- persönliche Informationen erfragen.

Lerninhalte:
Wortschatz/Redemittel:
- Wortschatz: Aktivitäten am Wochenende
- Wortschatz: Lebenslauf
- Zeitangaben der Vergangenheit: *gestern, vorgestern, letzte Woche* etc.
- Redemittel: *Was ist passiert?, Was hast du gemacht?, Wann bist du nach Hause gekommen?* etc.
- Wortschatz: Reise nach Wien

Grammatik:
- Perfekt mit *sein*
- Präpositionen mit Dativ (*vor/nach/seit*)

Aussprache:
- Konsonant *h*
- Vokal-Neueinsatz

Lernziele: TN können Aussagen über vergangene Ereignisse verstehen, eine Urlaubspostkarte verstehen und sagen, was sie am Wochenende gemacht haben.
Lerninhalte: WS: verschiedene Veranstaltungen (*Schulfest, Ausflug* etc.); Redemittel: *Was ist passiert?, Was hast du gemacht?*; GR: Perfekt, Präpositionen mit Dativ (*vor/nach/seit*)

	TN-/KL-Aktivitäten	Hinweise	Materialien
	Einstieg: TN betrachten das große Foto und äußern sich zur Situation.	▶ **Einstiegsaktivitäten:** Evtl. klärt KL die Frage *Was ist passiert?*, indem er/sie einem/einer TN, der/die den Kursraum vor Unterrichtsbeginn betreten hat, einen Verband anlegt und den später eintreffenden TN diese Frage stellt.	Realien: Verband o. Ä.
1a	**Präsentation:** TN betrachten die Fotos und ordnen in PA die passenden Wörter zu. Vergleich im Plenum.	TN helfen sich gegenseitig bei der Klärung der unbekannten Wörter. **Lösung 1a** Unfall: A, C; Schulfest: F; Sport: E; Kindergarten: D; Ausflug: E; Geburtstag: F; Musik: B	Wörterbücher der TN
1b	TN lesen die Dialoge und ordnen die Bilder zu. Wiederum Vergleich im Plenum.	▶ **selektives Lesen** **Lösung 1b** Dialog 1: Bild B; Dialog 2: Bild A/C; Dialog 3: Bild D; Dialog 4: Bild F; Dialog 5: Bild E	
1c	**Präsentation:** TN lesen zunächst die Sätze 1–5 und hören dann die Dialoge einmal.	▶ **selektives Hören:** Solche „Richtig oder falsch?"-Aufgaben (mit einmaligem Hören) bereiten die TN auf die „Start 1"-Prüfung vor (▶ **Prüfungsvorbereitung**).	CD: Track 2.23
	Verständnissicherung: TN vergleichen Ihre Antworten im Plenum, KL spielt die Dialoge ein zweites Mal vor.	KL spielt nach dem ersten Vergleich die Dialoge ein zweites, ggf. ein drittes Mal vor, damit auch langsamer Lernende mitkommen. **Lösung 1c** 1r, 2r, 3f, 4r, 5f	

Was ist passiert?

1d	**Präsentation:** TN lesen die Postkarte.		
	Üben: TN stellen Fragen zur Postkarte und beantworten sie.	▶ **Binnendifferenzierung:** TN können auswählen, ob sie Fragen zum Text stellen oder beantworten wollen. **Lösung 1d** Ben ist in München.	
2	**Transfer:** TN schreiben mithilfe der vorgegebenen Perfektformen auf, was sie am Wochenende gemacht haben. Sie tauschen sich in PA aus.	KL regt ggf. gegenseitige ▶ **Fehlerkorrektur** an. KL gibt bei Bedarf Zeit für einen regen Austausch über das Wochenende und hilft, wenn andere Verben gewählt werden.	📦

Lernziele: TN können Geschehnisse in der Vergangenheit verstehen, Fragen zum Tagesablauf stellen und selbst erzählen, was sie in der Vergangenheit gemacht haben.
Lerninhalte: WS: Zeitangaben (*gestern, vorgestern* etc.); Aussprache: *h*-Laut; GR: Perfekt mit *sein*

	TN-/KL-Aktivitäten	**Hinweise**	**Materialien**
3a	**Präsentation:** TN betrachten die Bilder und lesen die Perfektformen. Gemeinsam wird die Bedeutung der Wörter geklärt. TN nummerieren die Ausdrücke. Vergleich der Ergebnisse im Plenum.	Das Perfekt haben die TN bereits in Kap. 4 („Deutsch verstehen") kennengelernt. Das Perfekt mit *haben* kennen sie aus Kap. 8. Beim Vergleich der Ergebnisse wiederholt KL den Satz mit der richtigen Wortstellung: *Er hat die Flaschen weggebracht.*, damit sich hier aufgrund der Anordnung in der Vorgabe keine falschen Satzgliedfolgen einschleichen. **Lösung 3a** 1. hat geklingelt 2. ist aufgestanden 3. hat geduscht 4. hat gefrühstückt 5. hat geputzt 6. hat weggebracht 7. ist gefallen 8. hat gewählt	
3b	**Bewusstmachung:** KL lenkt die Aufmerksamkeit auf den Grammatikhinweis und die den TN schon bekannte Satzklammer sowie die Möglichkeit der Umstellung von Satzteilen. Dabei ist es wichtig, zu betonen, dass das Verb immer auf Position 2 bleibt und das Subjekt immer beim Verb steht, also entweder auf Position 1 oder auf Position 3.	KL wiederholt ggf. die Bedeutung der Zeitadverbien. TN können kurze Hauptsätze bilden oder diese mit dem Konnektor *und* wie im Beispiel verbinden.	
3c	**Üben:** TN schreiben in PA die Geschichte von Carlos und lesen sie im Plenum vor.	▶ **Binnendifferenzierung:** Paare, die schnell mit dem Aufschreiben der Geschichte fertig sind, ergänzen weitere Punkte, z. B.: *Carlos hat eine Tablette genommen.*	
	Üben: Die Paare machen selbstständig weiter, klären gemeinsam unbekannte Wörter und erzählen die Geschichte weiter.	TN haben in den vorangegangenen Übungen die verschiedenen Perfektformen benutzt und evtl. Gemeinsamkeiten einiger Perfektformen mit *sein* entdeckt (▶ **selbst entdeckendes Lernen**). ▶ **Im Alltag EXTRA 9:** In Inlandskursen kann KL an dieser Stelle das Thema „Notfall" vertiefend behandeln.	Wörterbücher der TN

62

	TN-/KL-Aktivitäten	Hinweise	Materialien
4	**Bewusstmachung:** TN lesen die Perfektformen. KL lässt Vermutungen zum Gebrauch des Perfekts mit *sein* äußern und erläutert die Regel im Grammatikkasten: Verben der Bewegung bilden das Perfekt mit *sein*. KL weist darauf hin, dass Verben der Zustandsveränderung (*einschlafen – eingeschlafen*) sowie die Verben *sein, bleiben, passieren* das Perfekt ebenfalls mit *sein* bilden.	Für manche TN sind solche Faustregeln wichtig, andere fühlen sich möglicherweise von den Ausnahmen und Gegenbeispielen verwirrt. Speziell für diese TN hält KL die Verben mit *sein* auf einem Lernplakat fest (▶ **Grammatik: Vergangenheit mit *sein***). **Lösung 4a** fahren – gehen – kommen – fallen – einschlafen – aufwachen – aufstehen – sein – bleiben – passieren	Lernplakat
	Systematisierung: TN suchen die Infinitive zu den Perfektformen. KL hält die Infinitive und Perfektformen in einer Tabelle an der Tafel fest.		
5a	**Üben:** TN ergänzen die Fragen.	KL wiederholt ggf. die Bedeutung der Fragewörter *wann* und *wie lange*. ▶ **Lernerorientierung:** Je nach Kurs ergänzt KL noch weitere Möglichkeiten (*das Kind zur Schule bringen, einkaufen* etc.). **Lösung 5a** 2. Wie lange hast du Hausaufgaben gemacht? 3. Wie lange hast du am Computer gearbeitet? 4. Was hast du im Internet gesucht? 5. Wie viele E-Mails hast du geschrieben? 6. Wann bist du am Sonntag aufgestanden? 7. Wie lange hast du für den Test gelernt? 8. Wann hast du gestern zu Mittag gegessen?	
5b	**Üben:** TN schreiben die Antworten zu den zuvor aufgeschriebenen Fragen und vergleichen in PA.	▶ **Binnendifferenzierung:** KL gibt eine Zeit vor; schreibungewohnte TN ergänzen und beantworten so viele Fragen, wie sie können.	
5c	**Freie Anwendung:** TN tauschen sich zu Erlebnissen in der Vergangenheit aus.	KL klärt bei Bedarf evtl. mithilfe eines Kalenders noch einmal die Zeitangaben.	
6a/b	**Üben (Aussprache):** TN hören und sprechen nach.	▶ **Visualisierung: Aussprache:** KL bläst eine brennende Kerze aus oder haucht wie bei Kälte in die Hände, um die Aspiration bei 6a zu verdeutlichen (**Aussprache: Konsonant *h***).	CD: Track 2.24–2.25

Lernziele: TN können einen Lebenslauf (hörend und lesend) verstehen, andere zu Stationen ihres Lebens befragen und selbst über das eigene Leben berichten.
Lerninhalte: WS: Jahreszahlen, Wörter im Lebenslauf (*ausreisen, umziehen, Umschulung* etc.); GR: Perfekt mit *sein* und *haben*

	TN-/KL-Aktivitäten	Hinweise	Materialien
7a	**Präsentation:** TN schauen sich die Fotos an und beantworten in PA die Fragen.		
7b	**Präsentation:** TN hören jeden Textabschnitt und korrigieren ihre Vermutungen aus 7a.	▶ **selektives Hören:** KL entscheidet, ob ein einmaliges Hören der Textabschnitte ausreicht. **Lösung 7b** 1. aus Russland 2. Nr. 3 3. in die Schule 4. Sie arbeitet als Straßenbahnfahrerin. 5. Swetlana und ihre Tochter. 6. Im Sprachkurs.	CD: Track 2.26
	Bewusstmachung: KL thematisiert die Sprechweise von Jahreszahlen (*neunzehnhundertdreiundneunzig, zweitausendzehn* etc.).	KL nimmt dies ggf. zum Anlass, die Kardinalzahlen zu wiederholen und sie mit den Jahreszahlen vergleichen zu lassen (▶ **Wiederholung**).	

Was ist passiert?

8	**Präsentation:** TN lesen die Textabschnitte und bringen sie in die richtige Reihenfolge.	Um die Textabschnitte in die richtige Reihenfolge zu bringen, reicht es, von Textabschnitt zu Textabschnitt zu springen und die Jahreszahlen zu erfassen (▶ **selektives Lesen**). Gründlicher lesen die TN, wenn sie einen oder mehrere Textabschnitte wiedergeben sollen (▶ **detailliertes Lesen**). **Lösung 8** 1e, 2d, 3b, 4a, 5f, 6c	
9a	**Transfer:** TN lesen die Stichwörter und bereiten Interviews zum Lebenslauf vor.		
9b	Jede/r TN notiert Stichpunkte zum eigenen Lebenslauf.		
9c	**Freie Anwendung:** TN interviewen einander bzw. berichten von ihrem Leben.	Hier kann die Kopiervorlage 9a genutzt werden. Die Sprechzeit des einzelnen TN erhöht sich, wenn nicht im Plenum, sondern auch hier in Gruppen gearbeitet wird (▶ **Sozialformen**). KL verweist auf den tabellarischen Lebenslauf in „Auf einen Blick" („Im Alltag" 4), als Vorbereitung auf ein Bewerbungsschreiben.	Kopiervorlage 9a: „Partnerinterview"

Lernziele: TN können eine E-Mail mit einem Reisebericht und ein Telefongespräch unter Freundinnen verstehen.
Lerninhalte: WS: Sehenswürdigkeiten in Wien; GR: Personalpronomen im Dativ und Akkusativ

	TN-/KL-Aktivitäten	**Hinweise**	**Materialien**
	Einstieg: TN betrachten die Bilder und tauschen sich ggf. über Wien aus.	Zur Einstimmung lässt KL die TN einen Wiener Walzer hören.	Musik
10a	**Präsentation:** TN lesen die E-Mail.	▶ **Landeskunde:** Informationen zu Wien in 14 Sprachen findet man auf: http://www.wien.info/.	
10b	**Verständnissicherung:** TN sammeln Ideen zur Frage.		
10c	**Präsentation:** TN lesen den Text einmal. Unbekannte Wörter werden geklärt. TN hören dann das Telefongespräch und lesen mit.	▶ **detailliertes Lesen und Hören:** KL gibt zum Lesen ausreichend Zeit, sodass die TN den Text in ihrem eigenen Tempo Wort für Wort lesen und unbekannte Wörter geklärt werden können. TN hören das Telefongespräch ggf. zweimal. In 10c findet sich eine Reihe von Personalpronomen im Akkusativ und Dativ. KL fragt: *Wer ist „dich", wer ist „dir"?* Etc. TN weisen den Personalpronomen die bezeichnete Person zu. KL erklärt, dass die TN diese Struktur noch nicht beherrschen müssen; die Personalpronomen im Akkusativ werden erst in Kap. 12, die im Dativ erst in *Berliner Platz 2 NEU*, Kap. 13 behandelt.	CD: Track 2.27
10d	**Präsentation:** TN betrachten die Bilder und raten, auf welchem Leopold sein könnte. Sie hören den Dialog weiter.	▶ **selektives Hören** **Lösung 10d** Bild Nr. 3 In lernschwächeren Gruppen kann die Hörsequenz hier abbrechen, in stärkeren schließen sich 10e/f an (▶ **Lernerorientierung**).	CD: Track 2.28

10e	TN lesen den Text und hören anschließend den nächsten Dialogabschnitt.	▶ **detailliertes Lesen** und **selektives Hören**: TN können sich ggf. hier schon auf die Frage „Was passiert im Beisl?" konzentrieren.	CD: Track 2.29
10f	**Verständnissicherung und Präsentation:** TN tauschen sich zur Frage aus und hören den Schluss.		CD: Track 2.30
11a/b	**Verständnissicherung:** TN sammeln in EA mithilfe der Liste der Fragewörter W-Fragen zu einem Textabschnitt, tauschen sie in PA aus und beantworten dann jeweils die Fragen des Partners / der Partnerin.	▶ **Binnendifferenzierung:** Schneller Lernende nehmen zwei oder drei Textabschnitte und schreiben entsprechend mehr Fragen auf. Wenn ein/e TN jede Frage einzeln auf ein Kärtchen schreibt, können diese an den Nachbarn weitergegeben und von diesem beantwortet werden. Der Nachbar gibt das Kärtchen, auf dem Frage und Antwort stehen, wiederum an eine dritte Person weiter, deren Aufgabe es ist, Fehler zu korrigieren (▶ **Fehlerkorrektur**). ▶ **Landeskundeheft „Treffpunkt D-A-CH":** In Kursen, in denen das landeskundliche Interesse besonders groß ist, kann KL weitere Texte/Übungen zu Städten in D-A-CH vorstellen, z. B. Bern auf S. 6, München, S. 8, oder Dresden, S. 10.	Kärtchen
	Üben: TN schreiben ein Diktat: 1. *Gestern Morgen hat der Wecker um sechs Uhr geklingelt.* 2. *Carlos ist aufgestanden.* 3. *Zuerst hat er geduscht und gefrühstückt.* 4. *Er hat die Wohnung geputzt und dann die Flaschen weggebracht.*	▶ **Diktat: Laufdiktat.** Ist im Kursraum ausreichend Platz, dann kann das Diktat als Laufdiktat durchgeführt werden.	

Raststätte

Wiederholungsspiel: nach dem Weg fragen / Wege beschreiben
Wiederholungen: W-Fragen, Verben, Tagesablauf

	TN-/KL-Aktivitäten	Hinweise	Materialien
1a	**Wiederholung Redemittel:** Die Redemittel zu „Nach dem Weg fragen / Wege beschreiben" werden gemeinsam in den Kategorien „Fragen" und „Antworten" an der Tafel gesammelt.	TN können die Redemittel bei Bedarf auch in Kapitel 7 bzw. ihren Heften nachschauen (▶ Wiederholung).	
1b	**Wiederholung Wortschatz:** Bevor die TN die Dialoge hören, schauen sie sich in PA den Spielplan an, klären die Örtlichkeiten und ergänzen die Artikel der Gebäude und Geschäfte.	Wenn die Artikel der Begriffe ergänzt wurden, ist die Aufgabe leichter zu lösen.	
	Üben: Die Aufgabe zum ersten Dialog wird gemeinsam im Plenum erledigt. Die TN hören die weiteren Dialoge mehrmals, verfolgen in EA den jeweiligen Weg und tauschen sich anschließend über den Zielort im Plenum aus.	▶ **detailliertes Hören:** Dialog 1 wird zweimal (ggf. auch dreimal) vorgespielt. Ein TN verfolgt den Weg vom Ausgangspunkt 1 mit dem Finger oder einem Stift auf der Folie am OHP (Kopiervorlage R 3a – ggf. hat KL noch mit einem Pfeil die Gehrichtung angegeben). **Lösung 1b** Dialog 1: Bahnhof; Dialog 2: Post; Dialog 3: Fußballstadion	Kopiervorlage R 3a: „Spielstadtplan", auf Folie kopiert CD: Track 2.31
2a/b	**Transfer:** TN spielen ähnliche Dialoge in PA und wechseln dabei die Rollen (nach dem Weg fragen / den Weg beschreiben). Dabei gibt der Partner, der nach dem Weg fragt, Ausgangspunkt und Zielort vor.	▶ **Binnendifferenzierung:** Paare, die schneller fertig sind, machen weiter mit 2b.	
3a/b	**Üben:** TN sehen an der Seite mögliche Ergänzungen für Satz 1. TN ergänzen die Fragen 2–9 und schreiben sie auf Zettel. Die Zettel werden gemischt. TN nehmen sich einen Zettel und schreiben eine Antwort. Wer fertig ist, nimmt noch einen Zettel.	**Lösung 3a** 1. Woher kommst du? 2. Wo/Was ist das Rathaus? 3. Wie komme ich zur Volkshochschule? 4. Welche U-Bahn fährt zum Zoo/Zentrum? 5. Welcher Bus / Welche Bahn fährt nach Schöneberg? 6. Wie viele Stationen sind es bis zur Post / bis zum Potsdamer Platz? 7. Wo / Wie wohnst du? 8. Wie viele Zimmer hat deine/diese Wohnung? 9. Was ist in der Nähe?	
4	**Wiederholung Verben:** TN schreiben jeweils 20 Verben auf Karten (jeweils ein Verb auf ein Kärtchen). TN setzen sich in Gruppen zusammen, die Verbkarten werden gemischt und verdeckt hingelegt. KL erläutert die Spielregeln.	KL kann für das Heraussuchen und Aufschreiben der Verben eine Zeit vorgeben und die TN anspornen, so viele Verben auf Karten zu schreiben, wie ihnen in dieser Zeit möglich ist. KL kann die Spielregel auch dahingehend ändern, dass A eine Karte nimmt und das Verb vorliest, B eine Person aus dem Kasten (oder eine frei erfundene Person) nennt und C einen passenden Satz sagt. B wird im nächsten Durchgang zu A, im übernächsten Durchgang zu C usw.	Kärtchen
5a	**Transfer:** TN betrachten die Zeichnungen. Jede/r schreibt einen Satz zu Abb. 1 oben auf ein Blatt Papier, knickt das Blatt nach hinten um und gibt es weiter an den Nachbarn / die Nachbarin. Diese/r schreibt einen Satz zu Abb. 2, knickt ihn um und gibt wiederum weiter.	Damit TN nicht zu lange über dem Satz brüten, gibt KL ein Signal (evtl. mit einem Glöckchen): Wenn dieses ertönt, muss das Blatt weitergereicht werden.	DIN-A4-Blätter Glöckchen
5b	Die gemeinsam erstellten Texte werden im Anschluss im Kurs vorgelesen.		

Wiederholung: Über Wohnungen sprechen
Effektiv lernen: Lerntipp „einen Lernplan machen"
Video: Wegbeschreibungen, Wohnungsanzeigen

	TN-/KL-Aktivitäten	Hinweise	Materialien
6a	**Wiederholung (Wohnungen):** TN wählen je ein Foto und schreiben dazu einen Text wie im Beispiel. TN suchen sich einen Partner / eine Partnerin, lesen und korrigieren gegenseitig die Texte.	Wichtig ist, den TN zu verdeutlichen, dass sie aus der Perspektive der Person(en) auf dem Foto schreiben sollen, nicht aus der eigenen. Diese Aufgabe kann auch als Hausaufgabe erledigt werden. KL bittet darum, dass jeder seinen Text sehr gut leserlich auf einen Zettel schreibt (und gibt ggf. die Zettel dafür aus) (▶ **Hausaufgaben**).	Notizzettel
6b	**Transfer / Freie Anwendung:** TN betrachten in GA die Abb. und sammeln weitere Fragen nach der Wohnung. Sie schreiben so viele Fragen wie möglich auf Kärtchen, mischen sie und legen sie verdeckt hin. Ein/e TN zieht eine Frage-Karte und stellt diese Frage einem anderen TN. Dieser antwortet und ist dann an der Reihe, eine Karte zu ziehen und einem anderen Gruppenmitglied die Frage zu stellen. Usw.	Die Texte aus 6a werden nun zur Beantwortung der Fragen in 6b hinzugezogen, allerdings können auch Fragen gestellt werden, die über die Texte aus 6a hinausgehen. Wenn die TN ein vertrauensvolles Verhältnis zueinander haben, kann das Spiel nach einigen Runden durchaus in ein freies Gespräch über die eigene Wohnsituation münden.	Kärtchen
Effektiv lernen	**Bewusstmachung (Lernen):** Im Plenum wird besprochen, was ein Lernplan ist. Ein/e TN liest den Lernplan vor.	Hier wird noch einmal das Thema „Regelmäßig lernen" aus Raststätte 1 aufgegriffen. KL kann an dieser Stelle auch fragen, was die individuellen Lernziele der TN sind.	
a	TN tauschen sich in PA darüber aus, wie viele Minuten sie am Tag lernen, was sie lernen etc.		
b	TN sammeln im Plenum Möglichkeiten, zu Hause zu üben.	TN können hier auch Möglichkeiten nennen, die eher im Bereich der Unterhaltung angesiedelt sind: im Internet chatten, mit den Nachbarn plaudern, einen deutschen Film schauen etc.	
c	TN schreiben in EA ihren Lernplan für eine Woche.	Wichtig ist, dass das Thema nach einer Woche wieder aufgegriffen wird und die TN über ihre Ergebnisse berichten können.	
Video Teil 1	TN kennen die Gebäude aus dem Video.	▶ **Video:** In dieser Szene fahren die Schauspieler mit dem Bus an vier modernen Gebäuden in München vorbei. Diese werden hier noch einmal mit Namen vorgestellt (▶ **Landeskunde**).	DVD: Szene 17
	Verständnissicherung: TN gehen die drei Wegskizzen im Plenum durch. Sie sehen dann noch einmal Szene 18 an und entscheiden in PA, welche Wegbeschreibung die richtige ist.	▶ **Video:** Hier fragt Gasan nach dem Weg in die Echingerstraße (▶ **detailliertes Hören**). **Lösung Video Teil 1** Wegbeschreibung 1	DVD: Szene 18
Video Teil 2a	**Verständnissicherung:** TN lesen zunächst die Wohnungsanzeigen und entscheiden dann, welche Anzeige dem Anruf zugrunde liegt.	▶ **Video:** Im Video werden Anrufe bei Vermietern gezeigt. Die TN müssen entscheiden, welche Wohnungsanzeige zum Anruf passt. **Lösung Video Teil 2a** Anzeige B	DVD: Szenen 20 und 21

Raststätte

Video Teil 2b	**Verständnissicherung:** KL spielt Szene 22 mehrmals vor. TN notieren die Antworten auf Felices Fragen und vergleichen mit dem Nachbarn / der Nachbarin. KL spielt Szene 22 ein weiteres Mal zur Kontrolle vor.	▶ **Video:** Bei der Wohnungsbesichtigung stellt Felice viele Fragen. Die TN müssen sehr genau zuhören, um die richtigen Antworten herauszuhören (▶ **detailliertes Hören**). **Lösung Teil 2b** Die Nebenkosten sind 140,– Euro. Sie muss zwei Monatsmieten Kaution bezahlen. Sie kann ihre Wäsche auf dem Speicher/Dachboden trocknen. Sie kann ihr Fahrrad im Hof abstellen. Kabelanschluss? Das weiß sie nicht. Felice muss den Vermieter fragen. Die Wohnung ist ruhig. Es gibt wenig Verkehr. Die Wohnung hat einen Balkon. In der Nähe gibt es viele Geschäfte.	DVD: Szene 22

Was kann ich schon: Selbsteinschätzung des Lernerfolgs
Ich über mich: Über Erfahrungen mit der Wohnungssuche und die eigene Wohnung schreiben

	TN-/KL-Aktivitäten	Hinweise	Materialien
Was kann ich schon?	**Selbsteinschätzung:** Im Plenum werden die Aufgaben besprochen. Die TN bearbeiten die Aufgaben 1–8 für sich alleine und vergleichen dann die Ergebnisse in GA. (Bei manchen Aufgaben gibt es mehrere Möglichkeiten.) Die TN beurteilen daraufhin für sich allein ihre eigene Leistung.	**Lösungen** sind in den folgenden Kapiteln zu finden: Aufgaben 1 + 2 → Kapitel 7; Aufgaben 3 + 4 → Kapitel 8; Aufgaben 5 + 7 → Kapitel 9; Aufgabe 6 → Kapitel 8; Aufgabe 8 → Kapitel 8	
	Im Plenum werden die Fehler besprochen und Fehlerquellen ausgemacht: Wo ist das Problem? Wo finde ich das? Was muss ich wiederholen?	Evtl. entwickeln die TN gemeinsam einen Wiederholungsplan (mit Blick auf die oben genannten Kapitelverweise).	
Ich über mich	**Freie Anwendung:** TN stellen anhand der Abb. Vermutungen zum Geschehen an. Sie lesen dann den Text und schreiben einen eigenen Text nach dem vorgegebenen Muster.	KL hat ggf. die Abb. auf Folie kopiert (Kopiervorlage R 3b) und zeigt sie am OHP. ▶ **Schreiben: Ich über mich:** TN können den Text selbstständig zu Hause schreiben (▶ **Hausaufgabe**).	Kopiervorlage R 3b: „Ich über mich: Wohnungssuche"

Testtraining 3

TN-/KL-Aktivitäten	Hinweise	Materialien
KL führt nun auch in einen weiteren Bestandteil der Prüfung, den Antwortbogen, ein und erläutert, wie die persönlichen Daten einzutragen und die Markierungen vorzunehmen sind. KL teilt dann Kopien des Antwortbogens aus und erklärt den Aufbau („Richtig/Falsch" ist z. B. bei der telc mit „+/–" gekennzeichnet).	**Prüfungsvorbereitung:** KL weist darauf hin, dass die Antwortbögen unbedingt ausgefüllt werden müssen, da nur das bewertet wird, was darauf markiert ist. Auf der Homepage des Goethe-Instituts – www.goethe.de – findet man unter „Deutschprüfungen / Unsere Prüfungen" sowohl einen Online-Modelltest als auch einen Übungstest zum Download (der Test heißt hier „Goethe-Zertifikat A1: Start Deutsch 1"). Den telc-Modelltest – „Start Deutsch 1 (telc Deutsch A1)" findet man auf der Seite www.telc.net unter Downloads – Modelltests. Obwohl es sich um denselben Test handelt, gibt es doch zwischen den beiden Ausgaben geringfügige Unterschiede in der Gestaltung. KL sollte den Modelltest nutzen, der auf die in der Prüfung verwendete Version vorbereitet.	Kopien Bogen für persönliche Daten (telc) und Antwortbogen (Goethe-Institut und telc)

HV	**Hören:** Im Plenum werden die Tipps zum Hören gelesen und besprochen. Die TN hören jeden Text zweimal und kreuzen an. TN arbeiten nun auch mit dem Antwortbogen und tragen ihre Ergebnisse in den Bogen ein. Vergleich mit dem Nachbarn und im Plenum.	Dieser Trainingsteil bereitet auf den Testteil „Hören, Teil 2" vor. Nachdem die TN mit dem Prüfungsformat einigermaßen vertraut sind, empfiehlt es sich, sich bei den einzelnen Teilen des Tests – wie in der richtigen Prüfung – an die Bearbeitungszeiten zu halten, damit die TN ein Gespür dafür bekommen, wie viel Zeit sie für die einzelnen Aufgaben brauchen (Hören ca. 20 Min., Lesen ca. 25 Min., Schreiben ca. 20 Min.). **Lösung HV** 1r, 2r, 3r, 4f	CD: Track 4.12–4.16
LV 1	**Lesen:** Die TN lesen die Frage/Anweisung gemeinsam, dann für sich alleine den Text sowie die Beispiellösung. Sie tragen die entsprechende Lösung im Antwortbogen ein und vergleichen mit dem Nachbarn / der Nachbarin.	Hier wird auf „Lesen, Teil 1" vorbereitet. **Lösung LV 1** 1r, 2f, 3f, 4r, 5f	
LV 2	TN verfahren auf dieselbe Weise mit „Lesen 2".	Der Trainingsteil dient der Vorbereitung auf „Lesen, Teil 2". **Lösung LV 2** 1f, 2f, 3f, 4r, 5r	
S	**Schreiben:** Gemeinsam wird der erste Kasten mit den Tipps zum Schreiben gelesen und besprochen.	KL kann an dieser Stelle die Anrede- und Grußformeln wiederholen. Jede/r TN schreibt eine informelle und eine formelle Anrede- und Grußformel auf.	
	TN schreiben ihre Texte in den Antwortbogen. KL fordert nach 15 Minuten dazu auf, den zweiten Kasten mit den „Tipps zum Schreiben" zu lesen und den eigenen Brief zu kontrollieren.	KL hat dazu ggf. den Antwortbogen aus demjenigen der beiden Modelltests kopiert, der den TN dann voraussichtlich auch beim wirklichen Test vorliegt. **Lösungsbeispiel Schreiben** Liebe Tanja, vielen Dank für die Einladung zum Kaffeetrinken. Ich habe leider erst um 16 Uhr Zeit. Meine Mutter ruft jeden Sonntag um 15 Uhr an. Geht es auch um 16 Uhr? Soll ich etwas mitbringen? Ich kann einen Kuchen backen. Ich freue mich auf Sonntag. Viele liebe Grüße Silvia	Kopien des Antwortbogen aus dem Modelltest

Ich arbeite bei …

Thematische Schwerpunkte: Arbeit, Berufe, Stellenanzeigen

Lernziele: Die TN können
- einfache Dialoge im beruflichen Zusammenhang verstehen,
- über Arbeit und Beruf sprechen,
- sagen, was ihnen gefällt,
- berufliche Telefongespräche verstehen,
- Stellenanzeigen verstehen.

Lerninhalte:
Wortschatz/Redemittel:
- Berufsbezeichnungen
- beruflicher Alltag, Arbeitszeiten, Arbeitsbedingungen
- Stellenanzeigen (*Arbeitszeit*, *Festanstellung*, *Stundenlohn* etc.)
- Ordinalzahlen
- *Das ist wichtig für mich im Beruf.*

Grammatik:
- Modalverb *müssen*
- Satzklammer bei Modalverben

Aussprache:
- Ich-Laut, Ach-Laut, *sch*

Lernziele: TN können einfache Dialoge im beruflichen Zusammenhang verstehen.
Lerninhalte: WS: Berufsbezeichnungen; Landeskunde: männliche und weibliche Formen bei Berufsbezeichnungen

	TN-/KL-Aktivitäten	Hinweise	Materialien
	Einstieg: TN stellen Vermutungen zu den einzelnen Situationen an, die auf der Einstiegsseite abgebildet sind. KL sammelt an der Tafel Antworten der TN auf die Frage *Welche Berufe kennen Sie auf Deutsch?*.	▶ **Einstiegsaktivitäten:** TN betrachten das Einstiegsbild noch ohne Sprechblasen am OHP (Kopiervorlage 10a, auf Folie kopiert). KL fragt: *Was sagen die Leute?*, und lässt TN selbst Äußerungen notieren.	Kopiervorlage 10a: „Ich arbeite bei …", auf Folie kopiert, OHP
1a	**Präsentation:** TN lesen die Liste und markieren die Wörter, die sie bereits kennen. Austausch im Plenum.	Der Kenntnisstand ist hier möglicherweise recht unterschiedlich, sodass 1a für manche TN hauptsächlich Aktivierung des Vorwissens, für andere TN die Präsentation von Neuem bedeutet. ▶ **Landeskunde:** KL lenkt die Aufmerksamkeit auf die männliche und weibliche Form und erläutert, dass in der EU die Gleichstellung von Frauen und Männern gefördert werden soll und daher bei allen Berufen beide Formen angegeben werden.	
1b	**Verständnissicherung:** TN suchen in PA die genannten Berufe in den Abbildungen.	▶ **Sprechen:** Einige der genannten Berufe sind eindeutig zu identifizieren (siehe Lösung). Bei anderen ist das weniger einfach: Ist die Frau in A von Beruf vielleicht Informatikerin, der Mann in F Ingenieur? Da es hier nicht um eindeutige Zuordnungen geht, sondern um den Austausch und das Abwägen von Für und Wider, ermuntert KL die TN dazu, Vermutungen zu äußern. **Lösung 1b** Im Bild sind folgende Berufe zu finden: Buchhalter/in (A), Elektriker/in (E), Raumpfleger/in (C), Sekretär/in (F)	

1c	**Transfer:** TN nennen die eigenen Berufe. KL hält die Berufe an der Tafel fest und hilft ggf. bei der richtigen Formulierung.	Sollten die TN die eigenen Berufe schon im Zusammenhang mit 1a nennen, so kann KL diese Aufgabe vorziehen.	
2	**Präsentation:** TN hören die Dialoge 1–7 jeweils einmal, kreuzen R/F an und vergleichen mit dem Nachbarn / der Nachbarin.	▶ **selektives Hören:** Solche „Richtig oder falsch?"-Aufgaben (bei einmaligem Hören) bereiten die TN auf die „Start 1"-Prüfung, Abschnitt Hören, Teil 2, vor (▶ **Prüfungsvorbereitung**). KL spielt nach dem ersten Vergleich die Dialoge ein zweites, ggf. ein drittes Mal vor, damit auch langsamer Lernende mitkommen. **Lösung 2** 1r, 2f, 3f, 4f, 5r, 6f, 7r	CD: Track 2.32

Lernziele: TN können persönliche Berichte über den beruflichen Alltag verstehen. Sie können in diesem Zusammenhang Notwendigkeiten und Wünsche formulieren.
Lerninhalte: WS: beruflicher Alltag, Arbeitszeiten, Arbeitsbedingungen; GR: Modalverb *müssen*

	TN-/KL-Aktivitäten	**Hinweise**	**Materialien**
3a	**Präsentation:** TN überfliegen den ersten Text und versuchen, den Inhalt grob zu erfassen (*Informatikerin*, *Arbeit mit Computern* etc.).	▶ **globales Lesen:** KL erläutert, dass die TN nicht jedes Wort verstehen müssen, und gibt eine Minute Zeit zum Lesen des Texts.	
	Erst dann lesen die TN den Text genauer und lösen die Richtig/Falsch-Aufgabe. Sie vergleichen in PA und korrigieren. Die Aussagen 1–5 werden gemeinsam im Plenum besprochen.	▶ **selektives Lesen** **Lösung 3a** 1r, 2f, 3f, 4f, 5r	
3b	**Präsentation:** Im Plenum werden die Fragen 1–5 geklärt. TN lesen die Texte in PA und notieren sich in Stichworten die Antworten.	▶ **selektives Lesen** **Lösung 3b** 1. Alvaro verdient 11 Euro, Sandra 7 Euro in der Stunde. 2. Alvaro arbeitet 38 Stunden in der Woche, Sandra 4 Stunden am Tag 3. Alvaro von 7–16 Uhr, Sandra von 16–20 Uhr 4. ja 5. Sandra möchte hier leben und ihr Mann in Stuttgart. ▶ **Binnendifferenzierung:** Sehr langsame TN beschränken sich auf Text 2. KL ändert die Fragen entsprechend: *Wie viel verdient Alvaro in der Stunde?*	
3c	**Verständnissicherung:** TN schreiben in 3er-Gruppen Fragen zu den Texten auf einen Zettel und reichen diesen an die nächste Gruppe weiter. Diese beantwortet die Fragen schriftlich und gibt dann den Zettel an die Ursprungsgruppe zur Korrektur zurück.	▶ **detailliertes Lesen:** Um Fragen zum Text aufschreiben zu können, müssen die TN die Texte genau lesen. TN schreiben unterschiedlich viele Fragen zu den Texten auf; langsamer Lernende z. B. nur jeweils eine Frage zu Text 1 und Text 2 (▶ **Binnendifferenzierung**).	Kärtchen
4	**Bewusstmachung:** KL klärt die Bedeutung von *müssen* und erläutert die Formen anhand des Grammatikhinweises.	KL semantisiert *müssen* z. B. gestisch/mimisch anhand des ersten Satzes (*Ich bin morgens so müde. Aber ich muss um 5 Uhr aufstehen.*).	

Ich arbeite bei …

Systematisierung: KL erläutert die Wortstellung im Satz (Satzklammer) an der Tafel. KL teilt jeder Gruppe (à fünf TN) einen Satz (fünf Karten) aus, die TN ergänzen in GA auf Karte 2 die richtige Form von *müssen* und bilden dann jeweils den Satz, indem sie sich mit ihrer Karte in der richtigen Reihenfolge aufstellen. Die anderen TN korrigieren ggf. die Stellung und die Form von *müssen*. Die Karten werden anschließend in der richtigen Reihenfolge abgelegt oder an die Wand gepinnt. **Üben:** TN schreiben die kompletten Sätze ins Heft oder auf eine Kopie der Vorlage.	▶ **Methoden: lebendige Sätze:** Zur Verdeutlichung der Satzklammer hat KL die Satzteile der Sätze 1–9 auf Karten geschrieben, und zwar jeweils jeden Satz auf fünf Karten: – Karte 1: Infinitiv des Vollverbs, – Karte 2: Personalpronomen + „…", – Karte 3: Schlusszeichen (Punkt oder Fragezeichen), – Karte 4: Objekt oder Angabe 1 – Karte 5: Objekt oder Angabe 2. **Lösung 4** 2. <u>Musst</u> du den Kollegen bei Computerproblemen <u>helfen</u>? 3. Er <u>muss</u> manchmal für eine Woche auf Montage. 4. Wir <u>müssen</u> samstags manchmal <u>arbeiten</u>. 5. Du <u>musst</u> in der Großstadt nicht mehr <u>putzen</u>. 6. Ich <u>muss</u> schnell die Bewerbung <u>schreiben</u>. 7. <u>Müssen</u> Sie viele Überstunden <u>machen</u>? 8. <u>Müsst</u> ihr jeden Tag um 7 Uhr <u>anfangen</u>? 9. Zuerst <u>müssen</u> Sie das Formular <u>ausfüllen</u>.	Kopiervorlage 10b: „Satzklammer 2" Satzteile auf großen Karten

Lernziele: TN können ein Gespräch im Personalbüro verstehen. Sie können Daten (Zeitpunkt und Zeitdauer) angeben. TN können Wünsche zu Arbeitsplatz und Beruf äußern und sagen, welche Berufe (aus dem Kapitel) ihnen gefallen. Sie können sich über ihre Berufe austauschen.
Lerninhalte: WS: Ordinalzahlen; Aussprache: Ich-Laut, Ach-Laut, *sch*; Redemittel: *Das ist wichtig für mich im Beruf.*

	TN-/KL-Aktivitäten	**Hinweise**	**Materialien**
5a	**Präsentation:** TN hören den Dialog zweimal und ordnen die Dialogteile in PA zu.	**Lösung 5a** e – d – b – a – c	CD: Track 2.33
5b	**Üben:** TN spielen den Dialog in PA.	Wenn ausreichend Zeit zur Verfügung steht, lässt KL jedes Paar den Dialog einmal laut vorlesen. KL korrigiert Aussprache und Intonation. TN haben so Gelegenheit, einerseits selbst den Dialog zu erproben, andererseits aber auch aus der Korrektur bei den anderen TN zu lernen.	
5c	**Bewusstmachung:** KL erläutert anhand des Grammatikhinweises die Ordinalzahlen und ihre Nutzung bei den Zeitangaben.	TN kennen die Ordinalzahlen schon aus Kap. 6; dort haben sie sie aber als Redemittel gelernt, während sie sich hier die Nominativform (*Heute ist der 15. Juni.*) sowie die Dativformen (*am 15. Juni* für den Zeitpunkt, *vom 15. bis zum 20. Juni* für die Zeitspanne) bewusst machen.	
	Üben: Jede/r TN schreibt, wie in den Sprechblasen vorgegeben, eine Frage auf und tauscht sich mit einem Partner / einer Partnerin aus.	Lebendiger wird diese Übung, wenn die TN ihre Frage auf ein Kärtchen schreiben, im Kursraum herumlaufen, einen Partner finden, der ihre Frage beantwortet / dessen Frage sie beantworten, dann die Kärtchen austauschen und mit der neuen Frage einen weiteren Partner suchen.	Kärtchen
6a	**Üben (Aussprache):** TN hören die Übung und sprechen mit. KL spricht einige Wörter/Sätze vor und lässt einzelne TN nachsprechen. KL erläutert die Regeln.	▶ **Aussprache: Ich-Laut, Ach-Laut, *sch*:** Bei Bedarf kann KL die TN, die besonders große Ausspracheprobleme haben, in dieser Phase individuell betreuen.	CD: Track 2.34

6b	**Üben:** TN hören die Sätze und sprechen halblaut mit. KL lässt einige TN die Sätze laut im Plenum sprechen.	Hier bietet es sich an, die TN die Sätze auch ein paarmal im Chor sprechen zu lassen; so können sich auch unsichere TN beteiligen (▶ **Wiederholungen**).	CD: Track 2.35
7a	**Präsentation:** TN betrachten die Fotos und lesen im Plenum die Redemittel. Am Beispiel der Ärztin und der Krankenschwester wird die Aufgabe an der Tafel oder am OHP vorgemacht. KL klärt dabei noch einmal die Bedeutung der Modalverben. TN schreiben dann in EA eigene Sätze.	KL benutzt dazu die auf Folie kopierte Kopiervorlage 10c.	Kopiervorlage 10c: „Das ist wichtig für mich", auf Folie kopiert
7b	**Transfer:** KL schreibt das Redemittel *Ich möchte als … arbeiten* an die Tafel. TN spielen in GA.	▶ **Spiele: Pantomime.** Hier bietet sich Gruppenarbeit an, weil einzelne TN vor der Großgruppe gehemmt sein könnten. Die Gruppen sollten daher nicht zu klein sein.	
7c	**Üben:** TN blättern noch einmal im Kapitel, notieren sich einzelne Berufe und befragen andere TN entsprechend der Vorgabe.	▶ **Spiele: Ballspiel.** Bei kleineren Gruppen bzw. ausreichend Zeit kann hier ein Ballspiel gewählt werden.	weicher Ball oder Wollknäuel
7d	**Freie Anwendung:** TN sammeln in PA/GA Fragen für das Interview. Alle Fragen werden an der Tafel / am OHP gesammelt. TN interviewen dann einander im Kurs zu ihren Berufen.	Durch die Sammlung an der Tafel erhalten auch die langsameren TN, die vielleicht nicht so viele Fragen aufschreiben konnten, die nötigen Redemittel für das Interview. In Kursen, in denen viele TN nicht berufstätig sind, gibt KL ausreichend Zeit, damit sich die TN einen fiktiven Beruf überlegen und Stichpunkte dazu notieren können (▶ **Lernerorientierung**). ▶ **Im Alltag EXTRA 10:** In Inlandskursen, in denen viele TN eine Berufstätigkeit anstreben, kann KL zusätzlich Dialoge („Arbeitsanweisungen geben und annehmen") und das Telefongespräch („Sich telefonisch krankmelden") üben lassen (▶ **Handlungsorientierung**).	

Lernziele: TN können ausgewählte Stellenanzeigen verstehen. Sie können telefonische Erkundigungen nach den Stellen verstehen.
Lerninhalte: WS: Stellenanzeigen (*Arbeitszeit, Festanstellung, Stundenlohn* etc.)

TN-/KL-Aktivitäten	Hinweise	Materialien
Einstieg: KL fragt die TN, was man machen kann, wenn man einen Job oder eine Arbeitsstelle sucht, und notiert die Ideen der TN an der Tafel.	Ggf. berichten TN über eigene Erfahrungen mit der Jobsuche in Deutschland (▶ **Lernerorientierung**). KL kann auch eine aktuelle regionale Tageszeitung mit Stellenteil zur Demonstration mitbringen.	Stellenteil aus regionaler Zeitung
TN werfen einen Blick auf die Anzeigen. KL fragt: *Was sind das für Texte? Wo kann man sie lesen? – Anzeigen, Stellenanzeigen, Tageszeitung.* KL fragt: *Was für Stellen sind das?* TN nennen die Berufe.	▶ **globales Lesen:** Nicht alle TN/Lerngruppen sind mit den Modalitäten der Arbeitssuche in Deutschland vertraut. Entsprechend ausführlich oder knapp geht KL zunächst auf das Thema, speziell auf Aufbau und Inhalt von Stellenanzeigen, ein (▶ **Landeskunde: Arbeitssuche in Deutschland**).	

Ich arbeite bei …

8a/b	**Präsentation:** TN lesen die Aufgaben 1–7.		
	Verständnissicherung: Im Plenum wird die erste Zuordnung (Stellenanzeige zu *Ein Bekannter zeigt Ihnen die Stellenanzeige der Spedition.*) gemeinsam vorgenommen. Dann fahren die TN in PA fort. Anschließend Vergleich im Plenum.	▶ **selektives Lesen:** TN sollen die Anzeigen mit der in der Aufgabenstellung von 8b gegebenen Verstehensabsicht und nicht Wort für Wort lesen. KL fasst daher 8a und 8b an dieser Stelle zusammen. **Lösung 8a/b** 1C, 2A/E, 3F, 4D, 5A/C/D/E, 6B/C/E, 7A/B/C	
9a	**Üben:** TN suchen und notieren in EA je eine Information zu Arbeitszeit, Kollegen und Ausbildung in den Anzeigen A–F.	▶ **selektives Lesen**	
9b	**Üben:** TN notieren die gesuchten Informationen. Im Plenum werden die Informationen aus 9a und 9b zusammengetragen.	▶ **Binnendifferenzierung:** Langsamere TN notieren nur ein Beispiel, schnellere TN nehmen sich alle Anzeigen vor und notieren mehrere Beispiele. **Lösung 9a/b**	

	Arbeitszeit	Kollegen	Ausbildung
A	–	junges Team	–
B	–	–	Hochschulabschluss Informatik
C	–	–	Schreinerausbildung
D	Vollzeit (Schicht)	–	–
E	–	nettes, junges Team	–
F	Mo.–Fr. ab 20 Uhr, Sa. ab 16 Uhr, je 2 Std. (Teilzeit)	–	–

9c	**Üben:** TN schlagen einzelne Wörter im Wörterbuch nach.	▶ **Binnendifferenzierung:** KL gibt diese Aufgabe denjenigen TN, die nach 9a und 9b noch eine zusätzliche Aufgabe brauchen (evtl. als Hausaufgabe).	Wörterbücher der TN
10a	**Präsentation:** TN hören erst das Telefongespräch 1 und ordnen eine der Anzeigen auf der linken Seite zu. Sie hören dann Telefongespräch 2 und ordnen wiederum eine der Anzeigen zu.	▶ **globales Hören** **Lösung 10a** 1E, 2F	CD: Track 2.36–2.37
10b	**Verständnissicherung:** TN hören erst Telefongespräch 1 und kreuzen R/F an, hören dann Telefongespräch 2 und kreuzen R/F an.	▶ **selektives Hören** **Lösung 10b** Telefongespräch 1: 1f, 2r; Telefongespräch 2: 1r, 2f	CD: Track 2.36–2.37
🚩	**Projekt / Freie Anwendung:** TN recherchieren Stellenanzeigen in ihren Regionalzeitungen und erstellen mit den interessantesten Beispielen ein Plakat.	▶ **Projekte:** TN bringen selbst Regionalzeitungen mit in den Kurs; ggf. hält KL noch weitere bereit.	Regionalzeitungen, Packpapier, Scheren
	Üben: TN schreiben ein Diktat: *Ich muss jeden Morgen / um sechs Uhr aufstehen. / Dann fahre ich / mit dem Bus zur Arbeit. / Ich habe sechs Kolleginnen. / Die Arbeit beginnt um 8 Uhr 30 / und um 17.30 Uhr / kann ich nach Hause gehen. / Wir haben die 40-Stunden-Woche. / Montags haben wir geschlossen. / Ich arbeite gerne mit den Händen / und mache schicke Frisuren. / Was bin ich von Beruf?*	▶ **Diktat: Rätseldiktat** **Lösung** Friseurin ▶ **Im Alltag EXTRA 10:** In Inlandskursen bietet sich ergänzend oder alternativ das Training der Fähigkeit, Formulare auszufüllen, anhand eines Personaleinstellungsbogens an (▶ **Handlungsorientierung**).	

Gesund und fit 11

Thematische Schwerpunkte: Gesundheit, Fitness, Arzttermine

Lernziele: Die TN können
- Körperteile benennen,
- Gespräche beim Arzt führen,
- über Fitness sprechen,
- Gesundheitsprobleme beschreiben,
- Termine vereinbaren.

Lerninhalte:
Wortschatz/Redemittel:
- Körperteile
- Arztbesuch (*Hausarzt, Krankmeldung, Überweisung*)
- Gesundheitsprobleme (*Rückenschmerzen, Fieber* etc.)
- Redemittel: beim Arzt
- Redemittel: Termine vereinbaren, absagen, verschieben
- Fitness und Gesundheit (*gesunde Ernährung, Sport* etc.)

Grammatik:
- Modalverben *dürfen* und *sollen*
- Ja/Nein-Fragen und Antworten: *Ja!, Nein!* oder *Doch!*
- Imperativ – ihr-Form

Aussprache:
- r-Laute

Lernziele: TN können Körperteile benennen. Sie können über Fitness sprechen.
Lerninhalte: WS: Körperteile.

	TN-/KL-Aktivitäten	Hinweise	Materialien
1a	**Einstieg:** TN erhalten eine Kopie der Abbildung auf der Einstiegsseite (nach: „Diametor" von da Vinci) und beschriften sie in PA mit den Begriffen, die sie schon kennen. Im Plenum werden die Wörter gesammelt.	▶ **Einstiegsaktivitäten:** Anhand der Kopiervorlage 11a sammeln TN die ihnen bekannten Begriffe. KL kann die Begriffe am OHP auf die auf Folie kopierte Vorlage übertragen lassen. So wird in dieser Phase sowohl bekannter Wortschatz aktiviert als auch neuer eingeführt.	Kopiervorlage 11a: „Der Körper", als Handout und auf Folie kopiert, OHP
1b	**Präsentation:** TN hören die einzelnen Begriffe und ergänzen die fehlenden Buchstaben in den Beschriftungen.	▶ **selektives Hören:** KL lässt zwischen den Wörtern ausreichend Zeit, damit die TN den Begriff in der Abbildung suchen und die entsprechenden Buchstaben in die Lücken schreiben können. **Lösung 1b** das Gesicht – der Kopf – die Haare – das Auge – die Nase – das Ohr – der Mund – der Zahn – der Hals – die Schulter – der Arm – die Hand – der Finger – das Herz – die Brust – der Rücken – der Bauch – der Po – das Bein – das Knie – der Fuß – die Zehe	CD: Track 2.38
1c	**Üben:** TN stehen auf, hören den Text und zeigen, den Anweisungen folgend, auf die entsprechenden Körperteile.	▶ **selektives Hören:** Auch hier gibt KL ausreichend Zeit und stellt sicher, dass alle TN die Begriffe verstanden haben und die entsprechende Bewegung machen. KL macht dabei selbst mit. Unsicherere TN können sich an den anderen orientieren. KL sollte aber die TN selbst nicht berühren, da in vielen Kulturen Berührungen durch Fremde tabu sind und großes körperliches Unbehagen auslösen können (▶ **interkulturelle Perspektive**).	CD: Track 2.39
2	**Transfer:** In PA sprechen die TN darüber, welche Körperteile es einmal und welche es mehrmals gibt.		

Gesund und fit

	TN-/KL-Aktivitäten	Hinweise	Materialien
3a	**Einstieg:** TN betrachten das Foto. KL fragt nach eigenen Erfahrungen: *Wer war schon einmal im Fitness-Studio?*	▶ **interkulturelle Perspektive:** KL sollte nicht davon ausgehen, dass solche Trainingscenter allen TN bzw. auch in allen Ländern bekannt sind.	
	Präsentation: TN hören die Dialoge jeweils einmal und kreuzen R/F an. TN hören die Dialoge ein zweites Mal und vergleichen ihre Ergebnisse.	▶ **selektives Hören** **Lösung 3a** Dialog 1: a) F, b) R, c) R; Dialog 2: a) R, b) F, c) R; Dialog 3: a) F, b) R, c) R ▶ **Prüfungsvorbereitung:** In der Prüfung „Start Deutsch 1", Hören, Teil 2, hören TN Dialoge nur einmal und kreuzen dann eine Richtig/Falsch-Auswahl an.	CD: Track 2.40
3b	**Transfer:** TN sammeln in GA Gesundheits-Tipps.		
4	**Freie Anwendung:** TN lesen und klären im Plenum die Fragen. Sie fragen dann einander im Kurs. Austausch über die Ergebnisse im Plenum.	Hier bietet sich an, dass TN aufstehen, im Kursraum herumlaufen und verschiedene andere TN befragen (evtl. anhand der Kopiervorlage 11b). Schwächere TN wählen hierfür nur drei oder fünf der sieben Fragen (▶ **Binnendifferenzierung**).	Kopiervorlage 11b: „Umfrage"

Lernziele: TN können Gespräche beim Arzt führen. Sie können Gebote und Anweisungen des Arztes wiedergeben.
Lerninhalte: WS: Arztbesuch (*Hausarzt, Krankmeldung, Überweisung*), Gesundheitsprobleme (*Rückenschmerzen, Fieber* etc.); Redemittel: beim Arzt; GR: Modalverben *dürfen* und *sollen*, Imperativ – ihr-Form

	TN-/KL-Aktivitäten	Hinweise	Materialien
	Einstieg: TN betrachten die Abbildungen.	▶ **Landeskunde:** TN betrachten die Abbildungen. In Kursen im Inland werden alle TN mit der Versichertenkarte vertraut sein, in Kursen im Ausland muss KL erläutern, dass alle gesetzlich Krankenversicherten in Deutschland eine solche Ausweiskarte haben (private Krankenkassen: Card für Privatversicherte). KL muss bei Bedarf näher auf das System der ärztlichen Behandlung in Deutschland eingehen (siehe: de.wikipedia.org/wiki/Ärztliche_Behandlung).	
5a	**Präsentation:** KL klärt die Aufgabenstellung. TN lesen anschließend die Aussagen zu Dialog 1 und Dialog 2. KL klärt neuen Wortschatz.	TN, die noch Schwierigkeiten mit dem schulischen Lernen haben, brauchen evtl. etwas Hilfe, um zu verstehen, dass hier die Auswahl durch Kursivschrift und Schrägstriche (*der Sprechstundenhilfe / der Apothekerin*) signalisiert wird. KL lässt die TN einzelne Sätze lesen: *Frau Tomba spricht mit der Sprechstundenhilfe. / Frau Tomba spricht mit der Apothekerin.* Etc.	
5b	**Präsentation:** TN hören jeden Dialog zweimal und markieren dabei die richtige Aussage. Sie hören die Dialoge ein drittes Mal und vergleichen in PA.	▶ **selektives Hören** **Lösung 5b** Dialog 1: 1. der Sprechstundenhilfe 2. die Versichertenkarte 3. im Wartezimmer warten; Dialog 2: 1. zum Röntgen. 2. ein Rezept. 3. eine Überweisung.	CD: Track 2.41–2.42
5c	**Verständnissicherung:** In PA lesen die TN den Dialog und die Aussagen im rosa unterlegten Kasten und ergänzen die Lücken. KL spielt den Dialog noch einmal vor; TN kontrollieren ihr Ergebnis.	▶ **detailliertes Lesen:** KL achtet darauf, dass fortgeschrittenere TN den langsameren helfen, damit alle ungefähr gleichzeitig fertig sind, um den Dialog noch einmal hören zu können. **Lösung 5c** (von oben nach unten:) 2, 4, 3, 5, 1	CD: Track 2.42

	Üben: TN üben den Dialog im Rollenspiel.		KL lässt einige Paare den Dialog noch einmal laut vorsprechen und korrigiert Intonation und Aussprache.	
6a	**Üben:** TN lesen die Antworten und überlegen sich die jeweils passenden Fragen des Arztes.		KL hat Sprechblasen wie in der Aufgabe aus Karton ausgeschnitten und heftet sie an die Pinnwand. TN schreiben Fragen auf einzelne Karten und pinnen sie zur passenden Sprechblase dazu. Schnellere TN können viele Fragen sammeln, langsamere TN sollten auf jeden Fall drei Fragen aufschreiben (▶ **Binnendifferenzierung**).	vorbereitete Sprechblasen, Kärtchen
6b	**Üben:** TN hören die Fragen und ordnen sie zu.		▶ **selektives Hören:** Einigen Fragen können mehrere Antworten zugeordnet werden. **Lösung 6b** A: 1/8, B: 7/9, C: 4/5/10, D: 10, E: 6, F: 2/3 KL kann hier wieder vorbereitete Karten an die jeweilige Sprechblase pinnen und dabei die Ergebnisse der TN besprechen. ▶ **Im Alltag EXTRA 11** bietet noch ein zusätzliches Übungsangebot zur Vorbereitung auf Arztbesuche, z. B. Dialoge beim Arzt oder das Ausfüllen eines Patientenformulars.	CD: Track 2.43 vorbereitete Kärtchen mit Fragen
7a	**Bewusstmachung:** KL greift die Frage *Darf ich Sport machen?* auf und fragt: *Darf Frau Tomba Sport machen?* KL erläutert den Gebrauch von *dürfen* und führt die Formen anhand des Grammatikhinweises ein.		Vermutlich werden einige TN sagen: *Sport ist verboten*. Sie kennen das Wort *verboten* bereits aus Kap. 8 („Deutsch verstehen": *Parken ist im Hof verboten.*). Eine Frage mit *dürfen* ist immer die Frage nach der Erlaubnis (*Darf ich Sport machen? = Ist Sport erlaubt?*); *dürfen* mit Negation bedeutet immer ein Verbot (*Das dürfen Sie nicht! = Sport ist verboten.*).	
	Üben: TN ergänzen die Formen im Plenum. Sie hören dann die Kurzdialoge und vergleichen sie mit ihren Ergebnissen.		▶ **selektives Hören** **Lösung 7a** 1. Darf – dürfen 2. Dürfen – dürft 3. darf – darf KL lässt die TN die Kurzdialoge im Anschluss evtl. noch einmal laut vorlesen und kontrolliert Aussprache und Intonation.	CD: Track 2.44
7b	**Bewusstmachung:** KL erläutert das Modalverb *sollen* und nutzt den Grammatikhinweis zur Einführung der Formen.		Da es für Lernende schwierig sein kann, *sollen* und *müssen* voneinander zu unterscheiden, greift KL hier noch einmal beide Modalverben auf und erläutert den Unterschied. *Müssen* bezeichnet eine unbedingte Notwendigkeit (*Ich habe Kopfschmerzen. Ich muss eine Tablette nehmen.*). *Sollen* bezeichnet das Gebot / die Anweisung von außen (hier von der Ärztin: *Sie hat gesagt, ich soll eine Tablette nehmen.*). KL semantisiert diesen Sachverhalt durch eine Zeichnung an der Tafel: Ärztin: „Trinken Sie viel Tee!"　　Frau Tomba zu ihrem Mann: „Sie hat gesagt, ich soll viel Tee trinken."	
	Üben: Im Plenum werden die Redemittel geklärt. TN bilden dann die Sätze.		In lernungewohnten Gruppen geht KL hier schrittweise vor und lässt erst einmal im Plenum einige Anweisungen in der 1. und 2. Pers. Sg. üben, bevor die TN in PA selbstständig weitermachen: *Die Ärztin hat gesagt, ich soll viel Tee trinken. Ja, du sollst viel Tee trinken.* Usw. KL verfährt dann ebenso mit Anweisungen in der 1. und 2. Pers. Pl.	

Gesund und fit

7c	**Üben:** TN schreiben in GA Anweisungen zu den Abbildungen und vergleichen anschließend im PL.	▶ **Lernerorientierung:** TN können hier auch eigene Ideen aufschreiben.	
8a	**Bewusstmachung:** TN ordnen in PA passende Sätze zu.	Die TN kennen den Imperativ in der Du- und Sie-Form aus Kap. 7. **Lösung 8a** 1c, 2a/e, 3d, 4b, 5a/c	
8b	**Systematisierung:** TN markieren die Imperativformen.	**Lösung 8b** a) Geht b) Trinkt c) seid d) kommt e) macht	
8c	**Üben:** TN schreiben Imperativformen mit den Wörtern aus 7b.	▶ **Binnendifferenzierung:** Evtl. sind einige TN noch mit 8a beschäftigt, während schnellere in 8c zusätzliche Anweisungen aufschreiben. **Lösung 8c** Trinkt viel Tee! Bleibt zu Hause! Nehmt die Tabletten vor dem Essen! Macht einen Termin beim Orthopäden! Geht täglich eine Stunde spazieren! Geht zum Arzt! Holt eine Krankmeldung! Esst Zwiebeln mit Honig! Esst viel Obst! Schlaft viel! Trinkt keinen Kaffee! Macht keinen Sport! Bleibt im Bett! Sagt in der Firma Bescheid! Trinkt eine heiße Zitrone! Trinkt ein warmes Bier!	

Lernziele: TN können Termine vereinbaren, absagen, verschieben. Sie können sich über Pünktlichkeit unterhalten.
Lerninhalte: WS: *ja, nein* oder *doch*; Aussprache: *r*; Redemittel: Termine vereinbaren, absagen, verschieben (*Ich brauche einen Termin* u. a.)

	TN-/KL-Aktivitäten	**Hinweise**	**Materialien**
9a	**Präsentation:** KL schreibt *einen Termin machen oder vereinbaren, einen Termin verschieben, einen Termin absagen* an die Tafel und klärt die Begriffe. TN lesen zunächst die Dialoge im Plenum und klären unbekannte Wörter miteinander. Sie hören dann die Dialoge und lesen leise mit.	▶ **detailliertes Lesen:** In nicht zu großen Gruppen kann KL die Dialoge erst einmal laut sprechen lassen, damit sich die TN aktiv die für das Alltagsleben wichtigen Redemittel aneignen (▶ **Handlungsorientierung**).	CD: Track 2.45
9b	**Verständnissicherung:** TN notieren in EA die passenden Redemittel und tragen ihre Ergebnisse anschließend an der Tafel zusammen.	Die Äußerungen des Patienten / der Patientin und die der Sprechstundenhilfe werden an der Tafel (farbig) markiert und so voneinander abgesetzt.	
9c	**Freie Anwendung:** TN schreiben und spielen Dialoge in PA.	▶ **Binnendifferenzierung:** Schnellere TN schreiben zwei oder drei Dialoge, langsamere TN schreiben nur einen (z. B. eine Terminvereinbarung).	
10a	**Transfer:** TN stellen in GA Vermutungen an, zu welcher Uhrzeit man in Deutschland zu einem Termin kommen muss.	▶ **Landeskunde:** KL weist darauf hin, dass Pünktlichkeit in Deutschland eine wichtige Rolle spielen und Unpünktlichkeit als Desinteresse bzw. Unzuverlässigkeit wahrgenommen werden kann.	
10b	**Freie Anwendung:** TN sprechen in GA über Zeit bzw. Pünktlichkeit in anderen Ländern. Die interessantesten Ergebnisse werden im PL ausgetauscht.	▶ **interkulturelle Perspektive**	
11a	**Bewusstmachung:** KL klärt *ja* und *doch*.	Die TN wissen, dass sie auf Entscheidungsfragen mit *ja* oder *nein* antworten können. Eine dritte Möglichkeit ist die positive Antwort mit *doch* auf eine Frage (oder Aussage) mit Verneinung. Zur Semantisierung kann KL ein paar Extrembeispiele aus dem Erfahrungsbereich der TN anführen: *Hat Ruslana keine Kinder?* (Alle TN wissen, dass Ruslana vier Kinder hat.) *Doch, sie hat Kinder.* Etc.	

		Üben: TN hören den Dialog und ergänzen *Ja* bzw. *Doch* in den Lücken.	**Lösung 11a** 1. Doch 2. Ja 3. Ja 4. Doch	CD: Track 2.46
11b		**Bewusstmachung:** KL erklärt *Nein* als Antwort auf eine Frage mit Verneinung.	Auf eine Frage mit Verneinung wird mit *Nein* geantwortet. TN, die schnell mit der Aufgabe fertig sind, schreiben noch zwei Fragen/Antworten wie in den Beispielen (▶ **Binnendifferenzierung**). **Lösung 11b** 1. Doch – Nein 2. Nein – Doch 3. Ja – Nein	
12a/b		**Üben (Aussprache):** TN hören die Wörter und sprechen nach. TN hören anschließend die Sätze und sprechen nach.	▶ **Aussprache: Konsonant *r*:** Das *r* wird an der gleichen Stelle artikuliert wie der Ach-Laut. TN sprechen den Ach-Laut, halten den Laut und geben einen Ton dazu. So erhalten sie das *r*. Das *r* als Suffix wird wie ein leises *a* gesprochen.	CD: Track 2.47–2.48
	🚩	**Projekt / Freie Anwendung:** TN recherchieren zu Ärzten und Krankenhäusern in ihrer Stadt / ihrem Bezirk.	▶ **Projekte:** Ggf. recherchieren die TN anhand von Telefonbüchern, Gelben Seiten, regionalen Wochenblättern, Tageszeitungen etc.	diverse Materialien (Telefonbücher etc.) der jeweiligen Region

Lernziele: TN können Stellungnahmen zu Fitness und Gesundheit aus einem Gesundheitsmagazin verstehen.
Lerninhalte: WS: Fitness und Gesundheit (*gesunde Ernährung, Sport* etc.)

	TN-/KL-Aktivitäten	**Hinweise**	**Materialien**
	Einstieg: Im Plenum wird zunächst geklärt, was ein Gesundheitsmagazin, was eine Umfrage ist. An der Tafel sammelt KL Vorschläge, was man alles für die Gesundheit tun kann.	KL kann im Inland dazu ▶ **Realien** wie „Die Apotheken-Umschau" oder das Magazin einer Krankenkasse mitbringen. KL sammelt die Vorschläge in einem Wortigel an der Tafel (▶ **Methoden: Wortigel**).	„Apotheken-Umschau", Magazin der Krankenkasse o. Ä
13a	**Präsentation:** TN lesen die Aussagen 1–6 und ordnen die Aussagen den Texten zu.	▶ **globales Lesen:** KL wiederholt die Anweisung *Lesen Sie schnell.* und gibt ggf. eine Zeit (fünf Minuten) vor. **Lösung 13a** 1E, 2D, 3A, 4B, 5C, 6F	
13b	**Präsentation:** TN lesen nun die Texte genau und notieren, was jede Person für ihre Gesundheit tut.	▶ **detailliertes Lesen:** KL teilt dafür Kopiervorlage 11c aus.	Kopiervorlage 11c: „Für die Gesundheit"
13c	**Verständnissicherung:** TN überlegen in PA, wo die Personen auf der Skala stehen. KL zeichnet die Skala an die Tafel. TN sammeln ihre Ergebnisse an der Tafel.		
14	**Üben:** TN hören zwei Interviews und notieren in PA, wohin die beiden Personen auf der Skala passen.		CD: Track 2.49
	Üben: TN schreiben ein Diktat. TN erhalten eine Kopie der Kopiervorlage 11d. KL diktiert verschiedene Körperteile im Singular ohne Artikel, die TN schreiben die Körperteile an die entsprechende Stelle und ergänzen die Artikel. Fehlerkorrektur im Plenum. In einem zweiten Durchgang diktiert KL Beschwerden, die den Körperteilen eindeutig zugeordnet werden können. TN schreiben die Begriffe an die entsprechende Stelle.	▶ **Diktat: Bildbeschriftungsdiktat** anhand der Kopiervorlage 11d. TN schreiben ihren Namen auf die Kopiervorlage und geben sie an den Nachbarn weiter. Dieser korrigiert Fehler, wenn er sich ganz sicher ist, gibt ansonsten die Vorlage wiederum weiter an den nächsten Nachbarn. Dieser korrigiert ggf. nach und gibt das Diktat anschließend zurück an die erste Person (▶ **Fehlerkorrektur: gegenseitig**).	Kopiervorlage 11d: „Bildbeschriftungsdiktat" als Handout

Schönes Wochenende!

Thematische Schwerpunkte: Reisen, Wetter

Lernziele: Die TN können
- über Reisen, Reiseziele und Urlaubsaktivitäten sprechen,
- eine Reise buchen,
- Fahrkarten kaufen,
- Hotelinformationen erfragen,
- über das Wetter sprechen,
- Anzeigen verstehen.

Lerninhalte:
Wortschatz/Redemittel:
- Reisen
- Buchung einer Reise, Fahrkartenkauf
- an der Rezeption
- Wetter
- Abkürzungen

Grammatik:
- Präpositionen mit Akkusativ
- Personalpronomen im Akkusativ
- Präpositionen mit Dativ

Aussprache:
- zwei Konsonanten

Lernziele: TN können über Reisen, Reiseziele und Aktivitäten im Urlaub sprechen.
Lerninhalte: WS: Reisen (*die Jugendherberge, die Übernachtung, das Reisebüro* etc.)

	TN-/KL-Aktivitäten	Hinweise	Materialien
	Einstieg: TN schauen sich die Fotos an und äußern ihre Assoziationen. KL fragt, in welchen Städten/Regionen sie in Deutschland oder den deutschsprachigen Ländern schon einmal waren.	▶ **Einstiegsaktivitäten:** Evtl. hat KL die Fotos auf Folie kopiert (Kopiervorlage 12a) und zeigt diese am OHP. ▶ **Landeskunde:** Die Fotos zeigen den Bodensee (B), das Rheintal (C) und einen Ort in den Alpen (F). Jugendherbergen bieten preiswerte Übernachtungsmöglichkeiten nicht nur für Jugendliche oder Gruppen, sondern auch für erwachsene Einzelreisende. Mehr Informationen unter: www.jugendherberge.de.	Kopiervorlage 12a: „Reiseziele", auf Folie kopiert, OHP
1a	**Präsentation:** TN lesen die Wörter in PA oder GA und ordnen die Begriffe den Bildern zu. Vergleich im Plenum.	TN nutzen ihre Wörterbücher (▶ **effektiv Lernen**).	Wörterbücher der TN
1b	**Präsentation:** TN hören die drei Dialoge und die Ansage und entscheiden, zu welchen Bildern sie passen.	▶ **globales Hören:** Die Hörtexte können mehreren Bildern zugeordnet werden. **Lösung 1b** Dialog 1: A/E; Dialog 2: B/C/G; Dialog 3: A/C/D; Ansage 4: –	CD: Track 2.50
1c	**Verständnissicherung:** TN hören noch einmal und kreuzen R/F an.	▶ **selektives Hören** **Lösung 1c** 1r, 2r, 3r, 4f In der Prüfung „Start Deutsch 1", Hören, Teil 2, hören TN Dialoge nur einmal und kreuzen dann eine Richtig/Falsch-Auswahl an (▶ **Prüfungsvorbereitung**).	CD: Track 2.50

2a	**Transfer:** Gemeinsam werden die Redemittel im Redemittelkasten besprochen. TN sammeln dann an der Tafel mögliche Reiseziele und Aktivitäten.	KL zieht den Redemittelkasten am Ende der Seite vor, damit die Redemittel für 2a zur Verfügung stehen. KL führt die Aufgabe so ein: *Stellen Sie sich vor, Sie haben Zeit und Geld. Wohin möchten Sie reisen?*	Klebepunkte
2b	TN machen eine Hitliste im Kurs.	Wenn keine Klebepunkte zur Verfügung stehen, können die TN auch einfach einen Strich hinter das bevorzugte Reiseziel machen.	
2c	**Freie Anwendung:** TN sprechen in kleinen Gruppen über ihre Lieblingsreiseziele und Wünsche.	Die Gruppen sollten nach Sympathie gebildet werden. Hier können sich auch TN, die möglicherweise selten die Möglichkeit haben zu verreisen, vertrauensvoller äußern.	

Lernziele: TN können Reisen buchen und Fahrkarten kaufen.
Lerninhalte: WS und Redemittel: Buchung einer Reise, Fahrkartenkauf (*Ich möchte verreisen, Ich möchte eine Fahrkarte nach …* etc.); GR: Präpositionen mit Akkusativ, Personalpronomen im Akkusativ

	TN-/KL-Aktivitäten	Hinweise	Materialien
3a	**Präsentation:** TN hören den Dialog einmal und tauschen sich im Plenum über die Bedeutung der Zahlenangaben aus. KL notiert an der Tafel: *Datum, Reiseziel, Preis, Uhrzeit.*	▶ **selektives Hören:** TN konzentrieren sich zunächst einmal auf die Zahlenangaben. **Lösung 3a** 8.–10.: Reisedauer; 159 (Euro): Preis pro Person; 14 (Uhr): Abflugzeit Hinflug; 21 (Uhr): Abflugzeit Rückflug	CD: Track 2.51
3b	**Üben:** KL lässt zwei/drei Paare den Dialog laut vorlesen und korrigiert die Aussprache.		
3c	**Üben:** TN variieren den Dialog in PA.	KL kann dafür Kopiervorlage 12b nutzen, in der an den entsprechenden Stellen Lücken gelassen wurden. Damit alle Paare den Dialog vorlesen können, sucht sich jeder der Partner jeweils einen neuen Partner und liest dieser Person den neuen Dialog vor. ▶ **Landeskundeheft „Treffpunkt D-A-CH", S. 20:** Je nach Kurs und Jahreszeit kann KL auch die Seite „Im Herbst und im Advent" hinzuziehen und die Basler Herbstmesse sowie den Nürnberger Christkindlesmarkt als Reiseziele wählen lassen.	Kopiervorlage 12b: „Eine Reise buchen"
4a	**Bewusstmachung:** KL lenkt die Aufmerksamkeit auf den Grammatikhinweis „Wohin?" und erläutert den Gebrauch der Präpositionen mit dem Akkusativ auf die Frage *Wohin?*. KL erklärt die Zusammenziehung von Präposition und Artikel bei *ans* und *ins*. TN markieren die Präpositionen und Akkusativformen in 3a.	Anhand der Beispiele im Grammatikhinweis können auch TN, die Schwierigkeiten mit der grammatischen Terminologie haben, die Aufgabe gut lösen (▶ **Grammatik: Metasprache**). ▶ **Binnendifferenzierung:** TN, die früher fertig sind, schreiben weitere Beispiele. **Lösung 4a** für Sie – für mich – Ans Meer – in die Berge – für Sie – Für wen – Für mich und meine Freundin	
4b	**Üben:** TN ergänzen die Lücken und vergleichen mit dem Partner / der Partnerin.	**Lösung 4b** 1. in die 2. ins 3. in den 4. an den 5. ins	

Schönes Wochenende!

5a	**Bewusstmachung:** KL verdeutlicht die Formen der Personalpronomen im Akkusativ anhand des zweiten Grammatikhinweises.		
	Üben: TN ergänzen die Personalpronomen im Akkusativ.	**Lösung 5a** 1. mich 2. dich 3. uns 4. ihn 5. es	
5b	**Freie Anwendung:** TN wählen in PA einen der Sätze 1–5 und schreiben einen kleinen Dialog, den sie dann gemeinsam einüben.	▶ **Binnendifferenzierung:** Diese Aufgabe fällt fortgeschrittenen TN bestimmt nicht schwer, unsicherere TN fühlen sich aber möglicherweise überfordert. Sie sollten am ehesten Satz 1 wählen und können sich dann am Dialog in 3a orientieren.	
6a	**Präsentation:** TN lesen zunächst die Sätze und klären gemeinsam die neuen Wörter. Sie hören dann einen Dialog in zwei Teilen und kreuzen R/F an.	▶ **Landeskunde:** Hier brauchen die TN noch weitere Informationen über die Züge in Deutschland (siehe dazu: http://www.deutschebahn.com/site/bahn/de/reisen/zuege/zuege.html), möglicherweise auch über die BahnCard (siehe dazu: http://www.bahn.de). ▶ **selektives Hören** **Lösung 6a** 1r, 2f, 3r, 4f, 5f, 6r, 7r	CD: Track 2.52
6b	**Üben:** TN hören den Dialog noch einmal und lesen mit.		CD: Track 2.52
6c	**Üben:** TN lesen die Dialogteile laut vor.	▶ **Handlungsorientierung:** Da dies ein wichtiger Alltagsdialog ist, gibt KL gerade in Inlandskursen ausreichend Zeit, damit alle TN mit dem Vorlesen drankommen. ▶ **Im Alltag EXTRA 12:** KL zieht ggf. noch die Übungsangebote „Um Hilfe bitten und Hilfe anbieten" hinzu.	
6d	**Transfer:** In GA erstellen die TN Dialoge zum Fahrkartenkauf und wählen dafür entweder die Wünsche von Kunde 1 oder die von Kunde 2.	KL fügt ggf. noch eine spielerische Festigungsphase der Redemittel ein (▶ **Spiele**). In GA finden die TN die richtige Antwort auf die Fragen auf der Kopiervorlage 12c. ▶ **Binnendifferenzierung:** Langsamere TN schreiben auf alle Fälle einen Dialog wie in 6b, Teil 1, „Ort und Datum". Schnellere TN orientieren sich an Teil 1 und 2, wiederum andere schreiben Dialoge für Kunde 1 und Kunde 2.	Kopiervorlage 12c: „Fahrkarten kaufen"

Lernziele: TN können sich im Hotel / in der Jugendherberge anmelden und Hotelinformationen erfragen. Sie können über das Wetter sprechen und das Wetter in ihrem Herkunftsland und in Deutschland vergleichen.
Lerninhalte: WS und Redemittel: an der Rezeption, WS und Redemittel: das Wetter (*Es schneit* etc.); Aussprache: zwei Konsonanten; GR: Präpositionen mit dem Dativ (*hinter, neben, unter*)

	TN-/KL-Aktivitäten	Hinweise	Materialien
7a	**Einstieg:** TN betrachten die Abbildungen und äußern Fragen, Meinungen, Vermutungen. Schlüsselwörter (*Frühstücksraum, Kühlschrank, Internet* etc.) werden genannt.	▶ **interkulturelle Perspektive:** Hier geht es um die Anmeldung in einem Hotel, speziell in einer Jugendherberge. Für einige TN ist evtl. das Reisen mit Rucksack und Schlafsack eher befremdlich, andere haben vielleicht noch nie in einem Hotel übernachtet, für wiederum andere gehören Hotelaufenthalte zum Alltag. KL regt den Erfahrungsaustausch und den Vergleich an.	

	Präsentation: TN hören die Dialoge und notieren, welche Bilder passen.	▶ **selektives Hören** **Lösung 7a** Dialog 1: B, C; Dialog 2: A, D	CD: Track 2.53
7b	**Verständnissicherung:** Dialoge werden im Plenum laut vorgelesen. Vergleich der Lösungen.	KL lässt ggf. zweimal vorlesen und achtet auf Aussprache und Intonation.	
	Üben: TN lesen zu dritt mit verteilten Rollen die Dialoge laut.	KL regt Partnerwechsel an, da in den Rollen unterschiedlich viel gesprochen werden muss.	
7c	**Bewusstmachung:** TN ergänzen die Lücken.	TN kennen bereits einige Präpositionen mit Dativ (*mit, in, an, auf, zu*) aus Kap. 7 (siehe Grammatikhinweis zu Aufgabe 5c). Sie müssen hier die im Dialog vorgegebenen Beispiele übertragen, also: **Lösung 7c** 1. hinter der Rezeption → hinter dem Frühstücksraum 2. neben dem Eingang → neben dem Aufzug 3. unter dem Fenster → unter dem Bett KL hilft ggf. mit den Dativformen und verweist auf die Übersicht am Ende des Kapitels.	
7d	**Transfer:** TN sammeln Fragen, die sie an der Rezeption stellen.	TN schreiben ihre Fragen ggf. auf Kärtchen und sammeln sie an der Pinnwand. KL ergänzt in Kursen, in denen viele der TN Kinder haben: *Wo bekomme ich heißes Wasser für das Fläschchen? Gibt es einen Spielplatz für die Kinder?* Etc. (▶ **Lernerorientierung**).	Kärtchen, Pinnwand
7e	**Freie Anwendung:** TN nutzen die gesammelten Fragen für eigene Dialoge, die sie in PA erstellen und mit verteilten Rollen spielen.	KL gibt ausreichend Zeit, damit die Dialoge im Rollenspiel eingeübt werden können.	
8a	**Präsentation:** TN hören die Geräusche und bestimmen, welches Foto zu welcher Äußerung und welchen Geräuschen passt.	▶ **globales Hören:** KL kann die Fotos auf Folie zeigen und zunächst bereits bekannte Wörter zum Wetter sammeln lassen. **Lösung 8a** A2, B3, C1	CD: Track 2.54
8b	**Verständnissicherung:** TN lesen die Wortgruppen und ordnen sie den Fotos zu.	Zur Semantisierung begleitet KL die Wörter gestisch/mimisch. KL weist darauf hin, dass es im Zusammenhang mit Wetter viele „Es ist …"-Ausdrücke gibt: *Es ist warm/sonnig/kühl/kalt … Es regnet/schneit*, und lässt mithilfe der Kopiervorlage üben. **Lösung 8b** 1B, 2C, 3A	Kopiervorlage 12d: „Wie ist das Wetter?"
8c	**Üben:** TN äußern sich in einem kurzen Gespräch zum Wetter.		
9	Gemeinsam werden die Redemittel im Kasten geklärt.	TN ergänzen bei Bedarf noch weitere Wörter, wie *der Sturm / die Stürme* o. Ä.	
	Freie Anwendung: In GA sprechen die TN über die Wetterverhältnisse in ihren Herkunftsländern und stellen Vergleiche zum Wetter in D-A-CH an.	▶ **interkulturelle Perspektive** Reicht die Zeit, so können TN gemeinsam ein Plakat „Das Wetter in …" erstellen.	Papierbögen
10	**Üben (Aussprache):** KL spricht die Wörter so langsam vor, dass die TN jeweils beide Laute hören können. Dann hören die TN noch einmal die Wörter von der CD, lesen und sprechen leise mit.	▶ **Aussprache:** Bei Konsonantenverbindungen muss jeder Laut gesprochen werden (also *t* und *s* in be*z*ahlen).	CD: Track 2.55

Schönes Wochenende!

Lernziele: TN können Reiseanzeigen verstehen.
Lerninhalte: WS: Abkürzungen

	TN-/KL-Aktivitäten	Hinweise	Materialien
11	**Einstieg und Präsentation:** TN sehen sich zunächst die Fotos an und äußern sich zu den Bildern. Sie lesen zunächst die Aufgaben A–D und suchen dann in PA die passende Anzeige.	▶ **Landeskunde:** Die Fotos zeigen die Frauenkirche in Dresden (oben), den Blick auf Salzburg (links unten; www.salzburg.info) und das Schloss Neuschwanstein (rechts unten; www.neuschwanstein.de). ▶ **selektives Lesen:** Die Verstehensabsicht wird durch die Aufgaben A–D gelenkt. Deshalb sollten diese zuerst gelesen werden. **Lösung 11** B: B2; C: C1; D: D1	
12a–c	**Präsentation und Verständnissicherung:** TN hören jeden Dialog zweimal und kreuzen die richtige Information an. Vergleich im Plenum.	▶ **selektives Hören:** Die Aufgabenstellung bereitet auf die Prüfung „Start Deutsch 1", Hören, Teil 1, vor (▶ **Prüfungsvorbereitung**). **Lösung 12a–c** Dialog 1: am Samstag um 10 Uhr; Dialog 2: am Bahnhof; Dialog 3: Wir bringen etwas zum Essen mit.	CD: Track 2.56–2.58
13	**Verständnissicherung:** TN suchen in den Anzeigen auf der linken Seite die Abkürzungen zu den angegebenen Wörtern.	▶ **selektives Lesen** **Lösung 13** pro Person: p. P.; Euro: EUR, €; Uhr: ʰ; inklusive: inkl.; Montag: Mo; Freitag: Fr; Samstag: Sa/SA; Sonntag: So; Telefon: Tel.; Kilometer: km; 2. Klasse: 2. Kl.; Jahre: J.; täglich: tgl.	
🚩	**Projekt / Freie Anwendung:** TN fotografieren mit ihren Handys interessante Orte in ihrer Stadt, suchen sich das schönste Bild aus und schreiben dazu einen kurzen Text wie im Beispiel.	TN, die kein Handy mit Fotofunktion haben, können auch eine Postkarte ihrer Stadt/Region suchen. TN im Ausland drucken ein Bild aus. (Die meisten Städte können im Internet gefunden werden, indem man den Namen der Stadt eingibt, z. B.: www.marburg.de.) TN können eine Wandzeitung mit ihren Bildern und Texten erstellen. Die selbst erstellten Texte werden dazu erst einmal gegenseitig korrigiert und dann noch einmal sauber abgeschrieben.	Packpapier für Wandzeitung Handy-Fotos der TN
	Üben: TN schreiben ein Diktat: Lieber Boris, viele Grüße aus Hamburg. Liria und ich machen eine Wochenendreise zum Hafengeburtstag. Wir sind am Freitagnachmittag um 14 Uhr abgeflogen und sind am Sonntag um 21 Uhr wieder zurück in München. Am Montag müssen wir wieder arbeiten. Aber jetzt sind wir hier! Der Hamburger Hafen ist toll! Und das Wetter ist richtig gut. Die Sonne scheint und es ist warm. Es hat am Tag 23 Grad Celsius. Und bei dir? Hoffentlich regnet es nicht mehr und du kannst Fahrrad fahren. Nächstes Mal kommst du mit, ja? Es ist gar nicht so teuer. Wir haben für drei Tage mit Flug ab München und Doppelzimmer im Hotel nur 199,– Euro bezahlt. Das ist doch ein Superangebot. Alles Liebe deine Jutta	▶ **Diktat: Lückendiktat:** Die TN erhalten eine Kopie des Lückentextes. Ein/e TN erhält diesen auf Folie. KL liest den Text dreimal vor. TN ergänzen die Lücken und kontrollieren beim dritten Lesen ihre Ergänzungen. ▶ **Im Alltag EXTRA 12:** In Inlandskursen wählt KL (ggf. alternativ) als Schreibtraining das Ausfüllen einer Bahn-Verlustanzeige.	

Raststätte 4

Wiederholungsspiel: Stoff des gesamten 1. Bands *Berliner Platz NEU*

	TN-/KL-Aktivitäten	Hinweise	Materialien
1	**Spiel:** KL erläutert die Spielregeln an der Tafel und legt eine Gesamtspieldauer fest. TN spielen das Spiel entweder in PA oder zu viert, wobei dann zwei Spieler/innen jeweils ein Team bilden und sich beraten können. Die Mitspieler/innen entscheiden, ob die jeweilige Antwort richtig ist. Bei Unstimmigkeiten schlagen die TN im Buch nach und fragen nur im Ausnahmefall den/die KL.	▶ **Wiederholung:** Bei diesem Spiel gewinnt der, dem es gelingt, drei Spielsteine nebeneinander in eine Reihe zu setzen (senkrecht, waagerecht oder diagonal). Gesetzt wird abwechselnd. Kann die Frage/Aufgabe richtig beantwortet/gelöst werden, so bleibt der Spielstein liegen, anderenfalls muss der Stein wieder entfernt werden und die andere Partei ist dran. „Drei in einer Reihe" ist in englischsprachigen Ländern auch als „tick-tack-toe" bekannt (▶ Spiele). ▶ **Binnendifferenzierung:** Bei Paaren/Teams, die schon früh fertig sind, erhalten die TN/Paare ein nummeriertes Feld (Kopiervorlage R 4a), in das sie eigene Aufgaben hineinschreiben und mit dem sie weiterspielen können.	Je TN/ Team ca. 15 Spielsteine (Münzen, Knöpfe etc.) Kopiervorlage R 4a: „Drei in einer Reihe"

Wiederholung: Wie gut kenne ich mein Lehrbuch?
Effektiv lernen: Lerntipp „Wörter in Gruppen lernen"

	TN-/KL-Aktivitäten	Hinweise	Materialien
2	**Spiel:** Zwei Gruppen (à 3–4 Personen) spielen gegeneinander. Sie orientieren sich am Buch, erhalten alle Fragen auf einmal und haben für die Beantwortung 20 Minuten Zeit. Die Lösungen werden aufgeschrieben und nach Ablauf der Zeit ausgewertet. Die Gruppe mit den meisten richtigen Antworten gewinnt.	▶ **Wiederholung:** Bei diesem Wettspiel geht es darum, sich durch Nachschlagen in *Berliner Platz 1 NEU* (im Gesamtband oder in beiden Teilbänden) möglichst schnell die gefragten Informationen zu beschaffen. KL kann die Fragen auf 30 Zettel schreiben, diese falten und in eine Dose geben. Der Kurs wird in zwei Gruppen geteilt. Ein TN aus Gruppe A zieht einen Zettel und liest die Frage laut vor; alle TN der Gruppe B schlagen nach und suchen die Antwort. Wer die Antwort findet, ruft sie laut. Die Zeit wird gestoppt: Bleibt die Gruppe unter 30 Sekunden, so erhält sie einen Punkt. ▶ **Binnendifferenzierung:** Lernstarke TN können selbst Fragen entwickeln, die in der Gruppe beantwortet werden. **Lösung 2** (in Klammern jeweils das relevante Kapitel) 1. (9), 2. (7), 3. (2), 4. (Raststätte 4), 5. (3), 6. (1), 7. (Raststätte 1) 8. (5), 9. (11), 10. (1), 11. (6), 12. (1), 13. (9), 14. (12), 15. (10), 16. (6), 17. (5), 18. (8), 19. (4), 20. (5), 21. (10), 22. (9), 23. (10), 24. (Raststätte 2), 25. (9), 26. (8), 27. (7), 28. (10), 29. (11), 30. (10)	Zettel mit den 30 Fragen, Stoppuhr oder Uhr mit Sekundenzeiger
Effektiv lernen	**Bewusstmachung/Systematisierung (Lernen):** Im Plenum wird am Beispiel „Arbeit" noch einmal die Bedeutung des Begriffs „Wortfeld" geklärt.	▶ **effektiv lernen:** Hier werden den TN Möglichkeiten vorgestellt, Wortschatz zu systematisieren, neuen und bekannten Wortschatz miteinander zu verknüpfen und in größere Zusammenhänge zu setzen, um ihn dadurch besser zu behalten.	

Raststätte

3a	TN wählen in 3er-Gruppen zwei oder drei Wortfelder aus und schreiben die Wörter dazu jeweils auf ein großes Blatt Papier. Sie ergänzen die Wortfelder ggf. durch weitere Wörter. Jede Gruppe stellt ihre Wortfelder im Plenum vor; die andern TN ergänzen sie ggf.	▶ **Binnendifferenzierung:** Anstatt dass alle TN die Aufgaben nacheinander machen, kann KL auch drei leistungshomogene Gruppen bilden lassen: – Gruppe A: fortgeschrittenere TN, sie erhalten die komplexeste Aufgabe (3a), – Gruppe B: mittlere TN erhalten Aufgabe 3b, dann aber nicht als eine mündliche, sondern als die schriftliche Aufgabe, Nomen aus der Liste herauszuschreiben und sie mit Artikel und Pluralform zu versehen. – Gruppe C: schwächere TN erhalten Aufgabe 3c. Da die Einteilung solcher Gruppen durch den/die KL die Gefahr birgt, dass sich TN gekränkt fühlen, lässt er/sie die TN am besten selbst auswählen, welche der drei Aufgaben sie übernehmen und in GA bearbeiten wollen.	Packpapier / große Bögen Papier
3b	KL teilt den Kurs in zwei oder drei gleich große Gruppen ein, die gegeneinander antreten. Die TN nennen innerhalb von drei Minuten so viele Nomen aus der Liste mit Artikel und Pluralform, wie sie können. In jeder Gruppe sind zwei TN aus einer der anderen Gruppen, deren Aufgabe es ist, die mit Artikel und Pluralform genannten Nomen zu zählen. Im Plenum wird dann verglichen, welche Gruppe die meisten Nomen genannt hat.		
3c	TN markieren alle Verben in der Liste und schreiben zehn Verben mit der Partizip-II-Form ins Heft (auf eine Folie oder an die Tafel). Gemeinsam werden die Verben im Plenum angeschaut. Fehler werden berichtigt.		ggf. Folie

Video: einen Arzttermin vereinbaren, Gespräch mit dem Arzt; eine Gruppenreise buchen
Was kann ich schon: Selbsteinschätzung des Lernerfolgs
Ich über mich: Über Berufserfahrungen schreiben

	TN-/KL-Aktivitäten	Hinweise	Materialien
Video Teil 1a	**Verständnissicherung:** TN beantworten die Fragen und markieren den Rückenbereich, in dem es Florian wehtut.	▶ **Video:** In dieser Szene hat Florian Rückenschmerzen. **Lösung Video Teil 1a**	DVD: Szene 23
Video Teil 1b	TN kreuzen an, wie die Geschichte weitergeht, und vergleichen mit dem Partner / der Partnerin.	**Lösung Video Teil 1b** Er ruft an und braucht einen Termin.	
Video Teil 2	TN entscheiden in PA, welches Angebot die Schauspieler aussuchen, und vergleichen im Plenum.	▶ **Video:** Die Schauspielergruppe möchte eine Gruppenreise machen. Diese Übung bezieht sich auf das Gespräch im Reisebüro. **Lösung Video Teil 2** „Wellness-Weekend mitten in Europa"	DVD: Szene 27
	Erzählen im Unterricht: KL regt TN an, sich über eigene Eindrücke und Erlebnisse auszutauschen.	▶ **Sprechen:** TN freuen sich in der Regel, wenn sie die Gelegenheit bekommen, von eigenen Erlebnissen zu berichten (▶ **Lernerorientierung**). KL kann an dieser oder an anderen Stellen dazu anregen; wichtig ist allerdings, dass das persönliche Erzählen (in GA, PA oder auch im Plenum) einen festen Platz im Unterricht hat. Das zuvor Erzählte kann dann in EA aufgeschrieben und ggf. wieder im Kurs korrigiert werden. TN können ihre Geschichte an den Langenscheidt-Verlag senden und auf der Seite www.klett-sprachen.de/ich-ueber-mich veröffentlichen.	

Was kann ich schon?	**Selbsteinschätzung:** Gemeinsam werden die Aufgaben besprochen. TN bearbeiten die Fragen 1–12 für sich alleine und vergleichen dann in kleinen Gruppen. TN machen dann für sich jeweils eine Beurteilung ihrer eigenen Leistungen. KL hilft bei Fragen bzw. in Zweifelsfällen. Im Plenum werden die Fehler besprochen und Fehlerquellen ausgemacht: Was ist das Problem? Was muss ich wiederholen? Wo finde ich das?	Es gibt mehrere bzw. individuelle Lösungsmöglichkeiten. **Lösung** (in Klammern jeweils das relevante Kapitel) 1. (4), 2. (3), 3. (4), 4. (5), 5. (6), 6. (7), 7. (10), 8. (11), 9. (8), 10. (9), 11. (9), 12. (12)	
Ich über mich	**Freie Anwendung:** TN lesen die Texte und schreiben in EA einen Text nach den vorgegebenen Mustern.	▶ **Schreiben: Ich über mich:** Herrscht im Kurs ein vertrauensvolles Klima, kann KL die Texte einsammeln und einige auf Folie kopieren. Gemeinsam werden am OHP die Texte besprochen und korrigiert (▶ **Fehlerkorrektur**).	Texte auf Folien kopiert, OHP

Testtraining 4

	TN-/KL-Aktivitäten	Hinweise	Materialien
HV 1–3	**Hören:** TN machen in EA alle drei Aufgaben zum Hörverständnis und übertragen ihre Lösungen auf den Antwortbogen. Sie erhalten dafür insgesamt 20 Minuten Zeit. Die Ergebnisse werden im Plenum besprochen.	Hier wird auf alle drei Teile „Hören" im Zusammenhang vorbereitet. Falls die TN eine telc-Prüfung ablegen, kann KL statt des Ausschnitts aus dem Antwortbogen im Buch ggf. den aus dem telc-Modelltest A1 kopierten Antwortbogen austeilen (dieser ist etwas anders gestaltet). **Lösung HV 1–3** HV 1: 1b, 2a, 3c, 4b, 5c, 6a HV 2: 7r, 8f, 9f, 10f HV 3: 11b, 12a, 13c, 14b, 15a	CD: Track 4.35–4.41 CD: Track 4.42–4.46 CD: Track 4.47–4.49 Kopien des telc-Antwortbogens
LV 1–3	**Lesen:** Für die drei Teile „Lesen" erhalten die TN 25 Minuten Zeit. Sie erledigen alle Aufgaben hintereinander und übertragen die Ergebnisse in den Antwortbogen. Vergleich der Ergebnisse mit dem Nachbarn / der Nachbarin.	In entsprechender Weise wird auf alle drei Teile „Lesen" vorbereitet. **Lösung LV 1–3** LV 1: 1f, 2r, 3f, 4r, 5r LV 2: 6b, 7b, 8a, 9a, 10a LV 3: 11r, 12r, 13f, 14r, 15f	
S 1–2	**Schreiben:** Die TN erhalten 20 Minuten Zeit für die beiden Schreibaufgaben. Sie schreiben ihre Texte in die Antwortkästen im Buch oder nutzen ausgeteilte Antwortbögen. Im Plenum werden die in „Schreiben 1" gesuchten fünf Informationen gesammelt. Der Text zu „Schreiben 2" wird noch einmal gemeinsam an der Tafel oder am OHP erstellt und durchgesprochen.	KL hat ggf. den Antwortbogen zum Schreiben aus dem Modelltest 1 kopiert. KL kann die TN dazu anregen, ihre Texte zu „Schreiben 2" mit anderen TN auszutauschen und so die Texte zur gegenseitigen Fehlerkorrektur bzw. Weiterarbeit im Kurs zu nutzen. **Lösung Schreiben 1** 1. München, 2. Verkäuferin, 3. 33 Jahre, 4. Rückenkurs, 5. Überweisung	Kopien des Antwortbogens

Testtraining 4

M Abschließend übt KL gemeinsam mit den TN Teil 2 und Teil 3 der mündlichen Prüfung und verfährt dabei so, wie in den Modelltests vorgegeben.

In Teil 2 der mündlichen Prüfung müssen die TN anhand von zwei sog. Handlungskarten zu zwei Alltagsthemen Informationen erfragen und geben (Kopiervorlage TT 4a).

In Teil 3 der mündlichen Prüfung formulieren sie Bitten und reagieren auf Bitten des Gesprächspartners / der Gesprächspartnerin (Kopiervorlage TT 4b).

Lösungsbeispiel Schreiben 2

Liebe Frau Donschkowski,
ich kann leider morgen und am Donnerstag nicht zum Kurs kommen. Ich habe Fieber. Am Montag komme ich wieder zum Deutschkurs. Gibt es Hausaufgaben?
Viele Grüße
Emanuelle Anglade (Der Nachname ist hier ganz wichtig!)

Kopiervorlagen TT 4a: „Um Informationen bitten und Informationen geben" und TT 4b: „Bitten formulieren und darauf reagieren" zu Teil 2 und 3 der mündl. Prüfung

Glossar

Von A–Z – didaktisches Glossar

In diesem Teil werden die didaktischen Aspekte und Komponenten des Lehrwerks, auf die im Teil B „Unterrichtsvorschläge" in der Spalte „Hinweise" verwiesen wird, in alphabetischer Reihenfolge aufgelistet. Neben einer allgemeinen Erläuterung werden hierbei ggf. Beispiele für die Unterrichtspraxis aufgeführt und relevante Internetseiten genannt.

Alltagsorientierung

Im heutigen kommunikativen, handlungsorientierten Fremd- und Zweitsprachenunterricht ist der Bezug zum Alltag des Zielsprachenlands von großer Bedeutung. Für Deutschlernende in Deutschland ist er geradezu überlebensnotwendig und für die Integrationskurse sogar gesetzlich festgelegt: Der Deutschunterricht, so steht es im Zuwanderungsgesetz, soll es Zugewanderten ermöglichen, ohne die Hilfe oder Vermittlung Dritter in allen Angelegenheiten des täglichen Lebens selbstständig zu handeln. Aber auch Lernende im Ausland lernen eine Sprache nicht losgelöst von der Kultur des Zielsprachenlandes; für sie ist mit dem Lernen der Sprache eine Vielzahl von Aspekten landeskundlichen Lernens verknüpft (▶ **Handlungsorientierung**).

Berliner Platz NEU ist aus diesen Gründen ein ausgesprochen alltagsorientiertes Lehrwerk. Der Alltagsbezug war leitend bei der Auswahl der Themen und ausschlaggebend für zusätzliche Angebote. So finden die Lernenden auf der 5. Doppelseite jedes Kapitels unter der Überschrift *Im Alltag* eine Zusammenstellung der im Kapitel eingeführten Redemittel, oft noch durch weitere, im Alltag wichtige Redemittel und Tipps zu einzelnen Aspekten des Lebens in Deutschland ergänzt. Im Kapitel **Im Alltag Extra** (nur in der Inlandsausgabe von *Berliner Platz NEU* enthalten) werden darüber hinaus Alltagsdialoge und das für den Alltag in Deutschland wichtige Ausfüllen von Formularen geübt sowie wichtige Informationen zum Leben in Deutschland gegeben (▶ **Im Alltag EXTRA**).

Arbeitsbuch

Das Arbeitsbuch zu *Berliner Platz 1 NEU* (siehe „Das Lehr- und Arbeitsbuch" auf S. 7) ist in das Lehrbuch integriert. Zu jedem Kapitel des Lehrbuchs gibt es ein Arbeitsbuch-Kapitel mit jeweils sechs Seiten. Sie erkennen die Arbeitsbuchseiten an der bräunlich-orangen Farbgebung.

Zu jeder Übung oder Aufgabe im Lehrbuchteil gibt es, leicht aufzufinden, eine entsprechende Übung im Arbeitsbuchteil; z. B. finden Sie zur Aufgabe 2b im Lehrbuchteil von Kapitel 5 eine Übung 2b im Arbeitsbuchteil zu Kapitel 5. Das soll nun aber nicht bedeuten, dass Sie im Anschluss an jede Aufgabe im Lehrbuch nach hinten blättern und die passende Übung im Arbeitsbuch bearbeiten lassen müssten. Das Übungsangebot im Arbeitsbuch ist vielmehr für die selbstständige Nacharbeit und Vertiefung gedacht (▶ **Hausaufgaben**). Wenn Sie Gruppen unterrichten, die sich mit dem Lernen noch etwas schwertun und deshalb hier und da einen zusätzlichen Übungsschritt, mehr Wiederholung oder Festigung brauchen, werden Sie möglicherweise an der einen oder anderen Stelle eine Übung aus dem Arbeitsbuchteil auch im Unterricht bearbeiten lassen. Dies sollte aber eher die Ausnahme sein.

Im Arbeitsbuchteil finden Sie statt der Raststätte im Lehrbuchteil ein Testtraining zur Vorbereitung auf den Test „Start Deutsch 1" (▶ **Prüfungsvorbereitung**).

Aussprache

Berliner Platz 1 NEU bietet, auf zwölf Kapitel verteilt, eine systematische Ausspracheschulung an, in der die zentralen Ausprachethemen von Intonation und Artikulation behandelt werden. Es gibt:

- Ausspracheübungen auf der 2. oder 3. Doppelseite jedes Kapitels,
- Ausspracheregeln auf der 5. Doppelseite jedes Kapitels,
- Übungsdialoge im Lehrbuch auf der 2. und 3. Doppelseite; hier ist die Intonation (Satzakzent und Satzmelodie) markiert – eine Erinnerungshilfe sowohl für TN und KL, auf die Aussprache zu achten,
- einen Aussprache-Überblick im Anhang sowie
- vertiefende Übungen im Arbeitsbuchteil; zusätzliches Übungsmaterial unter der Rubrik *Aussprache üben* in den ersten drei Kapiteln und alle zwei Kapitel noch die Rubrik *Schwierige Wörter*, die noch einmal wichtige Redemittel der Lektion aufgreift.

W-Fragen und Satzmelodie

Bei W-Fragen findet man häufig den steigenden Melodieverlauf, der auf eine freundliche, zugewandte, kontaktbetonte Sprecherintention hindeutet oder auch Erstaunen ausdrücken kann. Fallender Melodieverlauf hingegen signalisiert bei W-Fragen eher eine distanzierte, sachliche, auf die Information gerichtete Sprecherintention. Korrekturhilfen Satzmelodie:

- Bei steigender Melodie den Akzent etwas tiefer sprechen, die Melodie steigt – bei fallender Melodie den Akzent etwas höher sprechen, dann fällt die Melodie.
- Melodieverlauf gestisch unterstützen.
- Melodieverläufe summen oder den Satz in Nonsenssilben „sprechen". Beispiel: *Woher kommen Sie? na-na-$_{na}$-na-^{na}?*

Dialoge sprechen üben

Bevor die TN die Dialoge selbstständig sprechen, sollten Sie die Aussprache gemeinsam erarbeiten.

Vorgehen:

1. Sprechen Sie dazu die einzelnen Parts langsam vor und lenken Sie die Aufmerksamkeit auf den Akzent, indem Sie z. B. unterstützend mit dem Fuß stampfen, und auf die Satzmelodie, indem Sie diese gestisch mit der Hand unterstreichen. Lassen Sie die einzelnen Rollen dann von verschiedenen TN nachsprechen und ermuntern Sie sie, Gestik, Mimik einzusetzen und Blickkontakt aufzunehmen. Dies sind wichtige nonverbale Elemente, die das Sprechen begleiten und die Verständigung erleichtern.
2. Sie sprechen eine Rolle, die TN übernehmen die andere Rolle.
3. Die TN üben die Dialoge zu zweit oder in der Gruppe.
4. Die TN stellen die Dialoge im Plenum vor (sprechen „vor Publikum").

Glossar

Darauf sollen Sie achten:
- Stimmen Akzent und Satzmelodie?
- Was kann auf der Lautebene durch Imitation verbessert werden?
- Üben Sie schwierige Wörter mit den TN ggf. einzeln, erweitern Sie dann auf Wortgruppen und Sätze.
- Achten Sie auf Blickkontakt.

Ausspracheübungen selbst sprechen

Die Ausspracheübungen in *Berliner Platz NEU* sind so konzipiert, dass Sie sie selbst sprechen und so flexibel auf die Kurssituation und auf Ihre TN reagieren können. Sie können die Übungen wiederholen, ggf. deutlich präzisieren und variieren und/oder die Übungen mimisch/gestisch begleiten. Sie können die TN direkt ansprechen (Blickkontakt), schnell auf individuelle Probleme eingehen und/oder Kurzdialoge initiieren (Frage – Antwort). Die Unterrichtssituation gewinnt so an Lebendigkeit und Authentizität.

Vokale

Ein Vokal kann – je nach Position im Wort – lang oder kurz ausgesprochen werden. Die Vokale spielen im Wort/Satz eine herausragende Rolle, weil sie zugleich auch Akzentträger sind und eine korrekte Aussprache somit besonders wichtig ist. Gleichzeitig ist dieses für das Deutsche so zentrale Ausspracheophänomen für fast alle Deutschlerner problematisch, da sie es so nicht aus ihrer Muttersprache kennen. Um falsche Einschleifungen zu verhindern, sollten Sie gerade am Anfang sehr auf die korrekte Aussprache der Vokale achten und konsequent korrigieren.

Ausspracheregeln: Allgemeine Ausspracheregeln, an denen sich die Lernenden bei der Aussprache der Vokale im Zweifelsfall schnell orientieren können, finden sich in der Rubrik *Auf einen Blick* und im Anhang, z. B. die Regel: „Vokal + mehrere Konsonanten werden kurz gesprochen."

Korrekturhilfen Vokale: Die langen Vokale werden lang und gespannt, mit viel Energie und Muskelspannung gesprochen.

- Unterstützen Sie die Lautbildung der langen Vokale mit anderen Spannungselementen wie Lautstärke, emotionalem Sprechen (Freude, Überraschung) und/oder steigendem Melodieverlauf.
- Begleiten Sie die Aussprache der Vokale möglichst häufig mit Gesten: z. B. lang (_) – Arme wie einen Expander auseinanderziehen, kurz (.) – Hand zur Faust formen / mit den Fingern schnipsen.
- Beim Anschreiben neuer Wörter an die Tafel die Vokallänge markieren und laut sprechen (lassen).
- Bei neuen Wörtern den Akzentvokal – (_) oder (.) – gleich mitlernen lassen.

Akzent und Rhythmus

Da die Wortakzentregeln im Deutschen vielfältig und differenziert sind, haben wir uns auf einige allgemeine Regeln beschränkt. Für den Wortakzent gilt das Gleiche wie für Genus- und Pluralformen: Bei jedem neuen Wort sollte der Wortakzent mitgelernt werden.

Der Sprechrhythmus bezeichnet das Verhältnis von betonten und unbetonten Silben in einem Wort, einer Wortgruppe, einem Satz. Da die genaue Akzentuierung einzelner Wörter im Deutschen stark von ihrer (Wort-)Umgebung abhängt, ist es besonders wichtig, Flexibilität im Rhythmus zu trainieren.

Wortakzent: *kaufen / einkaufen / verkaufen*

Wortgruppenakzent: *Butter kaufen / eine Schere verkaufen*

Satzakzent: *Er trinkt Kaffee. / Wann ist Mittagspause?*

Korrekturhilfen Akzent: Akzente werden mit erhöhter Sprechspannung/Energie gesprochen.

- Unterstützen Sie die Sprechspannung durch „Körperspannung" (Körperbewegung): mit den Händen klatschen/klopfen, rhythmisch (energisch) laufen, mit dem Fuß aufstampfen, übertrieben laut und präzise sprechen etc.

ü- und ö-Laute

Korrekturhilfen ü- und ö-Laute: Die langen Vokale werden mit viel Spannung/Energie gesprochen.

- Leiten Sie ü-Laute vom *i* ab: *i* sprechen und dann die Lippen runden.
- Entwickeln Sie den ü-Laut durch Pfeifen. Versuchen Sie zu pfeifen, nehmen Sie dann den Pfeifton weg und sprechen Sie *üüüü*.
- Leiten Sie ö-Laute vom *e* ab: Sprechen Sie *e* und runden Sie dann die Lippen (zum Kuss).
- Die korrekte Aussprache der ü- und ö-Laute erfordert v. a. den Muttersprachen Englisch, Spanisch, Russisch, Polnisch und den asiatischen Sprachen sehr viel Übung und Fingerspitzengefühl. In einigen Kulturkreisen (z. B. Indonesien) wird die Lippenrundung als obszön interpretiert; da ist es verständlich, dass bei der Aussprache der gerundeten Vokale die Barriere groß ist.

Einfühlsamkeit bei der Korrektur

In der Ausspracheschulung, speziell in der Korrektur der Laute, spielen der Mund und die Lippenbewegungen eine herausragende Rolle. Der direkte Blick auf den Mund kann von den Gesprächspartnern als unangenehm, peinlich oder entblößend empfunden werden. Um diese Peinlichkeiten möglichst zu vermeiden, wahren Sie Distanz. Ermutigen Sie zu Rollenspielen und benutzen Sie Abbildungen. Auch kann es hilfreich sein, die Laute (Lautbildung) sehr übertrieben oder karikierend darzustellen, um einerseits die charakteristischen Merkmale hervorzuheben und andererseits u. U. heiklen Situation in der Ausspracheschulung die Spitze zu nehmen.

Eine neue Aussprache zu lernen, heißt immer auch, sich neue Bewegungen anzueignen, neue Muskeln aufzubauen. Ermutigen Sie Ihre Teilnehmer, vor dem Spiegel zu sprechen und sich so an neue Gesichtszüge – an ein neues Gesicht – zu gewöhnen.

Konsonanten *p, t, k*

Korrekturhilfen *p, t* und *k*:

- Visualisieren Sie die starke Aspiration bei *p, t* und *k*: Halten Sie ein Blatt Papier vor den Mund und sprechen Sie „Pah" oder „Pause"; das Blatt muss flattern, dann stimmt die Artikulation.
- Blasen Sie bei *p* die Lippen auf und lassen Sie sie „explodieren".

- Machen Sie die Regel zur Auslautverhärtung bewusst (*b*, *d* und *g* werden am Wort- bzw. Silbenende als *p*, *t* und *k* gesprochen) und korrigieren Sie – vor allem am Anfang – konsequent.
- Für viele Lernende ist die Bewusstmachung der Laut-Buchstaben-Beziehung von *b* und *p* im Gegensatz zu *v*, *w* und *f* besonders wichtig.

Ich-Laut, Ach-Laut, *sch*
Korrekturhilfen Ich-Laut
- Der Ich-Laut wird an der gleichen Stelle gebildet wie *j*. Sprechen Sie zunächst übertrieben lange *jjj* und flüstern Sie dann den Laut. Es entsteht automatisch der Ich-Laut. Wiederholen Sie mehrfach und lassen Sie an einfachen Wortbeispielen (*ich*, *mich*, *Licht* …) üben.
- Erhorchen Sie den Spannungsgrad, bringen Sie die Wörter in steigende Sprechmelodie und sprechen Sie überrascht, erstaunt (*ich??*).
- Lassen Sie die TN *k* statt des Ich-Lauts sprechen: Der Zungenrücken muss weiter nach vorne, vom *j* ableiten. Lassen Sie Wortbeispiele mit Lauten suchen, die vorne gebildet werden (*ich*, *mich*, *nicht*, *Licht*, *wichtig* …).
- TN sprechen *sch*: Dabei werden die Lippen nicht vorgestülpt, sondern eher gespreizt. Lassen Sie Wortbeispiele suchen, die eher „hinten" gebildet werden (*Kirche*, *richtig*, *riechen*, *der Grieche* …).

Korrekturhilfen Ach-Laut
- Der Ach-Laut wird hinten im Hals gebildet, er ist ein Reibelaut. Ahmen Sie Schnarchen nach und/oder legen Sie die Hand auf den Hals, um die Vibration zu fühlen.

Korrekturhilfen *sch*
- Bei der Bildung von *sch* werden die Zähne eher geschlossen gehalten. Stülpen Sie die Lippen vor, biegen Sie die Zungenspitze zurück und lassen Sie mit viel Energie die Luft ausströmen.

Konsonant *r*
Korrekturhilfen *r*
- Das *r* wird an der gleichen Stelle artikuliert wie der Ach-Laut. Sprechen Sie den Ach-Laut und halten Sie den Laut. Geben Sie dann einen Ton dazu und Sie erhalten das *r*.
- Gurgeln Sie mit einem Glas Wasser und singen (!) Sie dabei, um die Artikulationsstelle zu verdeutlichen.
- Sprechen Sie *r* und legen Sie die Fingerspitzen an den Kehlkopf, um die Vibration zu spüren.
- Benutzen Sie Beispiele in Verbindung mit *k* und *g* (*krank*, *grau*, *Kreis*, *Creme*, *groß*, *Gramm* …).
- Machen Sie TN, die häufig das *r* im Suffix *-er* sprechen, darauf aufmerksam und korrigieren Sie sie mit Hinweis auf die Regeln.

Konsonant *h*
Korrekturhilfen *h* und *e* unbetont
- Machen Sie die Unterscheidung von *h* im Anlaut und *h* nach Vokal bewusst.
- Lassen Sie einzelne Wörter im Flüsterton üben.
- Üben Sie *h* vor verschiedenen Vokalen: *haha*, *hihihi*, *hoho*.
- Visualisieren Sie die Aspiration: Halten Sie ein Blatt Papier vor den Mund, blasen Sie eine Kerze aus, hauchen Sie (wie bei Kälte) in die Hände.

Binnendifferenzierung

Heterogenität ist in Zusammenhängen, in denen Menschen gemeinsam lernen, unvermeidlich. Auch wenn die TN in Ihrem Kurs alle „Anfänger" sind, so werden sich doch bald Unterschiede zeigen. Dabei gibt es eine große Brandbreite von Faktoren, nach denen Heterogenität beschrieben werden kann. Dazu zählen Lerntempo, Interesse, Lerngewohnheiten, Sozialverhalten, Lernziele, Ausgangssprachen u. v. m. Stark gemischte Lernergruppen (wie sie im Allgemeinen in Integrationskursen in Deutschland zu finden sind) stellen Sie, die Kursleitung, vor ganz bestimmte Herausforderungen, bereichern aber auch Ihren Unterricht.

Wie erkennen Sie, ob Binnendifferenzierung nötig ist? Achten Sie auf Zeichen der Unter- oder Überforderung. Bei der Unterforderung hat entweder die Situation oder das Thema für den Lernenden subjektiv keine Bedeutung oder der Schwierigkeitsgrad der Aufgabe ist zu gering. Auswirkungen können Desinteresse, störendes Verhalten oder Widerstand gegenüber dem Stil der Lehrkraft sein. Bei der Überforderung wird das eigene Vermögen, auf Deutsch zu kommunizieren oder Aufgaben zu lösen, als zu gering erachtet. Auswirkungen können Gefühle der Hilflosigkeit, Resignation, Widerstand und ein Sichzurückziehen sein.

Binnendifferenziertes Vorgehen ist ein Aspekt der Lernerorientierung, die den TN eine ihren Lernvoraussetzungen und Lernstrategien gemäße Förderung geben will, und hängt somit von Ihrer Gruppe und den Individuen darin ab (▶ **Lernerorientierung**). Binnendifferenzierung kann nicht nach einem Einheitsschema erfolgen, zu vielfältig sind die Möglichkeiten und zu unterschiedlich die Bedürfnisse der Lernenden. Deshalb finden Sie in *Berliner Platz NEU* bewusst keine Vorschläge nach dem Motto „A für die Langsamen, B für die Schnellen", sondern vielmehr Hinweise für einzelne Phasen Ihres Unterrichts in den „Unterrichtsvorschlägen". Binnendifferenzierung wird dabei nicht nur gemäß dem Kriterium „Lernniveau/Lerntempo" vorgenommen, obwohl hier zunächst einmal die größte Herausforderung zu liegen scheint, sondern entsprechend den verschiedenen oben genannten Faktoren für Heterogenität unterschiedlich interpretiert.

Im Folgenden einige Möglichkeiten:

A Faktor Lernniveau ▶ unterschiedlich schwierige Aufgaben
- Hier geben Sie den Lernenden, abhängig von ihrem jeweiligen Lernziel, von der jeweils trainierten Fertigkeit oder der Unterrichtsphase, unterschiedlich anspruchsvolle Aufgabenstellungen und/oder mehr oder weniger Hilfestellung beim Lösen der Aufgaben.

B Faktor Lerntempo ▶ zusätzliche Übungen und Aufgaben
- Hier geht es um die Quantität dessen, was Lernende in einer bestimmten Zeit erarbeiten können. TN, die schnell mit ihren Aufgaben fertig sind, brauchen noch mehr Herausforderungen und können vielleicht sogar selbst Übungen nach dem gegebenen Muster erstellen, brauchen ggf. aber auch eine Anregung dazu, das bereits Erledigte noch einmal mit mehr Aufmerksamkeit für die sprachliche Form durchzugehen. Bei langsamer Lernenden reduzieren Sie die Anzahl der zu bearbeitenden Aufgaben.

C Faktor Interesse ▶ Differenzierung nach Themen/Textsorten
- Sie können Lernenden gleichzeitig verschiedene Texte oder Textsorten anbieten und sie je nach Interesse wählen lassen. Gerade bei offenen Aufgabenstellungen wie den Projekten bietet es sich an, nach Interessen der TN zu differenzieren.

Glossar

D Faktor Sozialverhalten ▶ Wechsel der Sozialformen
- Partner- und Gruppenarbeit eignen sich zur Binnendifferenzierung, nicht nur weil Paare und Gruppen nach den unterschiedlichsten Kriterien gebildet werden können (nach Sympathie, eingeschätztem Schwierigkeitsgrad der Aufgabe, eingeschätztem Arbeitsverhalten der anderen TN, nach Interesse am Thema, nach kulturellen Gemeinsamkeiten etc.), sondern auch weil hier die TN auf unterschiedlichste Weise mit dem im Lehrwerk Angebotenen umgehen können. Sie können auch in verschiedenen Sozialformen gleichzeitig arbeiten lassen; je nach Interesse bearbeiten die TN dann die Aufgabe in Einzel,- Partner- oder Gruppenarbeit.

E Faktor Muttersprache ▶ Nutzung der Sprachen im Unterricht
- Sie können z. B. die ganze Gruppe in (ausgangs)sprachlich homogene Kleingruppen teilen. Dies bietet sich an, wenn Sie den Lernenden bewusst erlauben wollen, ihre Muttersprache(n) bei der Erarbeitung einer Aufgabe zu Hilfe zu nehmen.

F Faktor unterschiedliche Vertrautheit mit Lerntechniken
▶ kooperative Binnendifferenzierung
- Bei der Vermittlung von Lernformen und Lerntechniken ist es für Sie wichtig, den unterschiedlichen Vertrautheitsgrad der Lernenden damit im Blick zu behalten. Während manche TN bestimmte Lerntechniken erst kennenlernen müssen, haben andere bereits ihre eigenen bewährten Strategien. Arbeiten Sie hier nach dem Prinzip der kooperativen Binnendifferenzierung: Im Lernen fortgeschrittenere TN helfen den anderen, die im Lehrbuch vorgestellten Prinzipien zu verstehen, zeigen Beispiele und stellen ggf. ihre eigenen Strategien vor.

G Faktor unterschiedliche Lerntypen ▶ unterschiedliche Aufgaben
- Die Tatsache, dass es unterschiedliche Lerntypen gibt, sollten Sie unbedingt durchgängig beachten, indem Sie gerade bei offenen Aufgaben Wahlmöglichkeiten geben. Von einer Recherche in der Stadt z. B. könnten die TN etwas zum Anschauen, zum Anhören, zum Anfassen oder zum Riechen/Schmecken mitbringen.

H Faktor Alter und körperliche Beweglichkeit ▶ unterschiedliche Angebote
- Sie kennen das sicherlich von Ihren TN: Die einen können nicht mehr still sitzen, die anderen finden das Aufstehen beschwerlich. Differenzieren Sie hier, indem Sie zunächst einmal beiden Bedürfnissen gerecht werden, also in den herkömmlich eher bewegungsarmen Unterricht Bewegungselemente aufnehmen, es dann aber der Entscheidung der TN überlassen, wie weit das Angebot angenommen wird. Bei einem Laufdiktat z. B. können die Partner aussuchen, wer von ihnen läuft und wer sitzen bleibt.

Diktat

Am Ende jedes Kapitels können Sie jeweils ein Diktat schreiben lassen, um den TN Gelegenheit zu geben, ihr Hörverständnis und ihre Schreibfertigkeit zu trainieren. Diktate müssen nicht altmodisch und langweilig sein, wenn es nicht immer nur die Lehrkraft ist, die sie diktiert, und unterschiedliche methodische Herangehensweisen gewählt werden. Wichtig ist, dass der gewählte Text nicht zu lang ist, dem Niveau der Gruppe entspricht und den Wortschatz bzw. die Struktur enthält, an der gerade gearbeitet wird. Denken Sie ggf. daran, vor dem Diktat die Satzzeichen – Punkt, Doppelpunkt, Komma und Fragezeichen – im Plenum zu wiederholen.

Bananendiktat

Material:	ein vorbereiteter Diktattext mit Lücken
Vorgehen:	1. KL diktiert den Text und sagt bei jeder Lücke *Banane* (oder ein anderes Ersatzwort): *Ich muss jeden – Banane – um sechs Uhr aufstehen. Ich fahre mit dem Bus zur – Banane. Ich – Banane – sechs Kollegen …* Usw.
	2. TN vergleichen ihre Texte mit einem Kontrolltext oder in PA.
Kommentar:	Bei diesem Diktat müssen die TN die fehlenden Wörter aus dem Kontext erschließen.

Bildbeschriftungsdiktat

Material:	Kopien einer Abbildung, die beschriftet werden soll, ggf. schon mit eingezeichneten Linien
Vorgehen:	KL diktiert Begriffe; die TN schreiben sie, als Beschriftung der Abbildung, an die passende Stelle.
Erweiterung:	Das Diktat bietet eine weitere Wiederholungs- bzw. Übungsmöglichkeit, wenn KL Nomen ohne Artikel diktiert, sodass die TN diese selbstständig ergänzen müssen.

Laufdiktat

Material:	Mehrere Exemplare des Diktattexts auf einem Blatt Papier (entweder in sehr großer Schrift geschrieben oder stark vergrößert kopiert) werden einzeln im Kursraum (an die Tür, an die Tafel, neben das Fenster etc.) aufgehängt.
Vorgehen:	1. TN arbeiten in kleinen Gruppen. Jede Gruppe ordnet sich einem Exemplar des Diktattests zu (z. B. eine Gruppe dem Text an der Tür, eine dem Text an der Tafel usw.).
	2. Jede Gruppe erarbeitet sich den Diktattext nun nach dem folgenden Prinzip: TN 1 läuft zu einem der aufgehängten Diktattexte, liest und merkt sich den 1. Satz (oder schreibt ihn ab), läuft zurück zu den anderen TN und diktiert diesen den Satz. TN 2 läuft, „holt" den nächsten Satz, diktiert diesen usw., bis alle TN einmal gelaufen sind und alle Sätze diktiert wurden.
	3. TN vergleichen ihren Text mit dem Text an der Wand und korrigieren ihn.

Partnerdiktat

Material:	zwei unterschiedliche Diktattexte
Vorgehen:	Jede/r TN erhält einen Text, den er/sie einem Partner / einer Partnerin diktiert. Sind die Diktate geschrieben, tauschen die TN die Texte aus. Jede/r TN kontrolliert und korrigiert anhand der Vorgabe den eigenen Text.

Kommentar: In Kursen, in denen es sehr unterschiedliche Niveaus gibt (z. B. viele TN mit Schreibschwierigkeiten), kann KL auch zwei vom sprachlichen Niveau deutlich unterschiedliche Texte bereitstellen. Die langsamer schreibenden TN erhalten (oder wählen selbst) das Arbeitsblatt mit dem längeren / sprachlich schwierigeren Text, um es dem Partner zu diktieren, die schneller schreibenden TN hingegen das Arbeitsblatt mit dem kürzeren/leichteren Text.

Rätseldiktat
Material: ein Diktattext, der eine Rätselaufgabe stellt
Vorgehen: KL diktiert den Text. TN schreiben das Diktat und lösen die Rätselaufgabe.
Kommentar: Im Anschluss können die TN aufgefordert werden, sich selbst – evtl. in PA – einen Rätseldiktattext für die Gruppe zu überlegen. Die Texte werden in den nächsten Stunden diktiert.

Effektiv lernen

Einmal Gelerntes verliert zunehmend schneller an Aktualität; der Einzelne ist folglich ständig gefordert, Neues dazuzulernen. Ein modernes Fremd- und Zweitsprachen-Lehrwerk wird daher den Lernenden Hilfen dafür anbieten, sowohl parallel zum Unterricht als auch im Anschluss an den Kurs selbstständig weiterzulernen.

TIPP Sprechen lernt man nur durch Sprechen. Fehler machen gehört zum Lernen.

Berliner Platz NEU fördert die Selbstständigkeit der Lernenden auf verschiedene Weise: Lerntipps sowohl im Lehrbuch- als auch im Arbeitsbuchteil fordern die Lernenden auf, strategisch an den Lernprozess heranzugehen. So wird ihnen bewusst, dass Lernen nicht etwas ist, was auf wundersame Weise geschieht (oder auch nicht), sondern dass es zielgerichtet gesteuert werden kann.
Sowohl in den Raststätten als auch im Arbeitsbuchteil finden die Lernenden in der Rubrik *Effektiv lernen* weitere Angebote zur Reflexion über ihr Lernen und Aufgaben zum Training von Lern- und Arbeitstechniken. In diesem Zusammenhang kann auch die Rubrik *Was kann ich schon?*, anhand deren die Lernenden den eigenen Lernfortschritt reflektieren (▶ Selbsteinschätzung), zur eigenständigen Planung und Zielsetzung genutzt werden.

Nutzung des Wörterbuchs
Das Wörterbuch ist eine grundlegende Hilfe beim Lernen einer Sprache. Nicht alle Lernenden haben jedoch ein Wörterbuch für den persönlichen Gebrauch zur Verfügung. Sie sollten daher unbedingt die Anschaffung eines Wörterbuchs anregen. Die Lernenden sollten beim Kauf auf folgende Kriterien achten:
- Anfänger/innen sollten mit einem zweisprachigen Wörterbuch arbeiten.
- Das Wörterbuch sollte Aussprache-/Betonungshilfen, grammatische Hinweise zum Gebrauch (z. B. Genus des Nomen), nach Möglichkeit auch Anwendungsbeispiele sowie grammatische Erläuterungen (z. B. eine Tabelle zur Deklination) beinhalten.

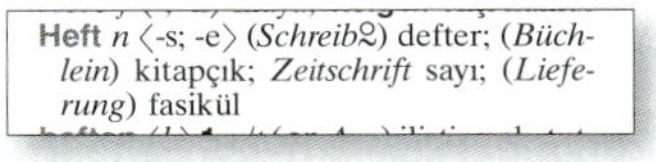

Üben Sie mit den TN den Umgang mit dem Wörterbuch. Lassen Sie die Wörterbücher nach ihren regelmäßigen Angaben und sonstigen Bestandteilen durchsuchen. Was bedeuten die Abkürzungen und Symbole? Gibt es Listen (z. B. für Maße und Gewichte)? Trainieren Sie das Auffinden von Wörtern im Wörterbuch. Lassen Sie einzelne Wörterbucheinträge analysieren: Wo finde ich die Bedeutung(en), wo grammatische Hinweise (z. B. die Pluralform beim Nomen, die Stammformen beim Verb)?

Wortschatzkarten
Wortschatzkarten sind hilfreich, um neuen Wortschatz zu festigen. Hierfür schreibt man das zu lernende Wort mit allen wichtigen Zusatzangaben (Wortakzent, bei Nomen Artikel und Pluralform, bei Verben zunächst Präsensendungen, später dann Stammformen, obligatorische Ergänzungen und Präpositionen) und einem Beispielsatz auf die eine Seite einer Karteikarte. Die Übersetzung in der Muttersprache wird auf die Rückseite geschrieben.
Die TN können die Karten praktisch überall zum selbstständigen Lernen benutzen: während sie beim Arzt warten, im Bus zum Kurs fahren und natürlich wenn sie zu Hause das Gelernte wiederholen.
Im Unterricht sind die Karten noch vielseitiger einsetzbar:
- zum gegenseitigen Abfragen in PA als Wiederholungsübung,
- als „Pausenfüller" für TN, die schneller als die anderen mit der Kursarbeit fertig sind,
- als Wettspiel in Gruppen (welche Gruppe gewinnt mehr Karten durch richtige Antworten beim gegenseitigen Abfragen?)

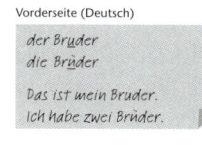

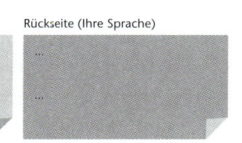

usw.
Sie sollten die Arbeit mit den Karteikarten am besten vorstellen, indem Sie gemeinsam mit den TN eine Kurskartei anlegen. Diese wird dann ständig erweitert und immer wieder eingesetzt.

Wörter und Bilder
Die im Arbeitsbuch (Kapitel 3) vorgestellte Lernhilfe ist an die Mnemotechnik des Lyrikers Simonides von Keos (556–467 v. Chr.) angelehnt, der sich bestimmte Sachverhalte und Wörter merkte, indem er sie verschiedenen Orten oder Plätzen zuordnete, diese dann später im Geiste abschritt und sich so an die Wörter erinnern konnte.

die Kaffeekanne
die CD
die Schere
die Uhr

Bei der visuellen Eselsbrücke „Artikel-Bilder" denkt sich der Lerner je ein Bild von etwas aus, das für ihn typisch männlich, weiblich oder sächlich ist, und verknüpft alle neu gelernten Wörter dem Genus entsprechend mit dem jeweiligen Bild: Also legt er, wie im AB vorgeschlagen, im Geiste alle Dinge, die auf Deutsch maskulin sind, auf den Tisch, alle neutralen ordnet er dem Bild zu und die femininen legt er zu der Lampe. Die Artikel-Bilder hier können natürlich nur ein Vorschlag sein. Jeder Lerner muss die für sich geeigneten Bilder finden bzw. herausfinden, ob er/sie überhaupt mit dieser Merktechnik zurechtkommt.

Glossar

Einstiegsaktivitäten

Die ersten Minuten im Unterricht bedeuten für Lernende eine Umstellung; sie müssen ankommen, sich aufwärmen und sammeln. Auch im Inland haben sie vielleicht den ganzen Tag über noch kein Deutsch gesprochen, wenn z. B. in ihrem Zuhause oder an ihrer Arbeitsstelle eine andere Sprache gesprochen wird, sie sind müde von der Arbeit, ihre Gedanken haften noch an den Ereignissen des Tages – kurz: Eine Aufwärmaktivität, die es den TN ermöglicht anzukommen und die die Aufmerksamkeit auf das Deutschlernen lenkt, sollte in Ihrer Kursplanung ein fester Bestandteil sein.

Eine Einstiegsaktivität ist aber auch zu jedem Kapitel – genauso wie zu jedem neuen Thema – erforderlich, um die Aufmerksamkeit auf das neue Thema zu lenken, das Vorwissen zu aktivieren und Motivation aufzubauen. Lassen Sie ggf. Musik spielen und geben Sie den TN Zeit und Gelegenheit, sich in der Gruppe zu finden, ihre Meinung „ins Blaue" zu äußern, und nutzen Sie – evtl. bei noch geschlossenem Buch – reale Gegenstände (▶ **Hilfsmittel: Realien**) oder spielen Sie ein Spiel.

Einstiegsbild

In *Berliner Platz 1 NEU* beginnen die Kapitel mit einer Doppelseite, die in das Thema einführt und einen wesentlichen Teil des Kapitelwortschatzes und wichtige Redemittel präsentiert. Die Lernenden finden in den Fotos bzw. Illustrationen eine Fülle von Anknüpfungspunkten, um Erfahrungen, Gedanken, Vermutungen zu äußern.

Sie erzeugen Spannung, wenn Sie die TN bitten, die Bücher erst einmal geschlossen zu halten, und das Einstiegsbild (evtl. mithilfe des OHP) isoliert betrachten lassen. Zeigen Sie erst einmal nur einen Ausschnitt und decken Sie den Rest des Bildes bzw. die anderen Bilder ab. Lassen Sie Vermutungen äußern. (Zeigen Sie z. B. in Kapitel 7 nur das Gesicht der Frau. Was betrachtet sie so erfreut? Nehmen Sie dann den Kopf des Mannes hinzu; jetzt ist die Aufmerksamkeit der TN bestimmt geweckt.)

Fehlerkorrektur

Viele Lernende haben eine große Scheu zu sprechen, weil sie fürchten, Fehler zu machen. Sie sagen lieber gar nichts und warten auf einen Zeitpunkt, an dem es ihnen gelingt, die neue Sprache fehlerlos zu gebrauchen. Andere kommunizieren fröhlich drauflos, ohne der sprachlichen Form viel Aufmerksamkeit zu schenken.

Fehler zeigen, dass der/die TN sich intensiv mit der neuen Sprache beschäftigt, sie ausprobiert, mit ihr experimentiert, kommuniziert, Fortschritte macht. Ihre Aufgabe ist es, vor allem die Fähigkeit der Lernenden, sich selbst zu korrigieren, zu fördern. Sie werden dabei möglicherweise

- den Lernenden das Gefühl vermitteln wollen, dass es völlig in Ordnung ist, Fehler zu machen,
- immer wieder die Aufmerksamkeit auf die sprachliche Form lenken,
- den Lernenden helfen, immer korrekteres Deutsch zu produzieren, und
- Wertschätzung für Verbesserungen und Fortschritte zeigen.

Auch für die Fehlerkorrektur gilt: Immer gleiches Verhalten ermüdet TN und KL. Die Fehlerkorrektur einmal nicht durch den/die KL, sondern durch andere TN bringt einen motivierenden Wechsel und spricht die TN als Erwachsene an.

Grammatik

Auf einer rudimentären Ebene der Sprachverwendung reichen Wörter aus, um miteinander zu kommunizieren: Auf die Frage „Kaffee? Milch, Zucker?" werden die meisten von uns eine adäquate, vermutlich ebenso knappe Antwort geben können: „Gerne, schwarz." Sobald allerdings komplexere Sachverhalte ausgedrückt werden sollen – und solche, für die weniger Weltwissen zur Verfügung steht –, reicht Lexik allein nicht mehr aus; wir benötigen Grammatik, um uns präzise auszudrücken und effektiv zu kommunizieren. Grammatik unterstützt also Kommunikation – und dafür ist sie äußerst wichtig –, sie wird allerdings nicht um ihrer selbst willen gelernt und unterrichtet (▶ **Handlungsorientierung**).

Wie lernen Menschen grammatische Regeln?

- Sie müssen die Regel erst einmal bemerken: Deshalb werden in *Berliner Platz NEU* grammatische Phänomene meist nicht nur einmal, sondern mehrfach aufgegriffen. Auf der Doppelseite **Deutsch verstehen** findet meist die erste Begegnung mit dem grammatischen Phänomen statt; hier sollen die TN die Struktur erst einmal verstehen, bevor sie dann später bewusst gemacht wird. (Das Präteritum von *haben* und *sein* z. B. wird erst einmal in Kapitel 4 angesprochen; als Struktur eingeführt wird es dann aber erst in Kapitel 6.)
- Sie müssen die Regeln anhand des sprachlichen Inputs selbst entdecken können: Das Lehrbuch regt zur Suche an („Markieren Sie ...") und fordert z. B. zur selbstständigen Formulierung der Regel in einem vorgegebenen Gerüst auf („Ergänzen Sie die Regel ...") (▶ **selbst entdeckendes Lernen**).
- Sie müssen sich die Regeln bewusst machen: Welche Funktion bzw. Bedeutung hat die Struktur? Welche Form? Hilfreich ist hier jeweils der Grammatikhinweis.
- Sie müssen die Strukturen ausprobieren und in unterschiedlichen Zusammenhängen benutzen können. Denn auch für lerngewohnte TN gilt, dass ihnen die Kognitivierung durch Regeln zwar bei der ersten Erfassung der Struktur hilft, der fehlerarme Gebrauch aber nur durch häufige Anwendung erreicht werden kann.

Geben Sie Ihren TN dazu so viel Gelegenheit, wie sie brauchen; schieben Sie ggf. eine Sequenz aus dem Arbeitsbuch oder dem Intensivtrainer ein, lassen Sie mit der Sprache spielen und vergessen Sie letztendlich nicht den Transfer auf reale Sprechsituationen.

Der Akkusativ

Nach bestimmten Verben muss der Akkusativ stehen; *Ich mache* z. B. ist keine vollständige Aussage, weil *machen* eine Akkusativergänzung fordert.

In vielen Sprachen wird die Akkusativergänzung anders gehandhabt als im Deutschen; im Italienischen oder Spanischen z. B. hat sie die gleiche Form wie die Nominativergänzung; im Türkischen wiederum erfordern Verben, deren deutsche Entsprechungen eine

Akkusativergänzung haben, manchmal eine Dativkonstruktion: *Sana soruyorum. = Ich frage dir.* Aus diesen Gründen kann der Akkusativ zunächst einmal Schwierigkeiten bereiten. Orientieren Sie sich daher bei der Einführung an der Verbvalenz: Die Akkusativergänzung hängt vom Verb ab und muss mit dem Verb gelernt werden. Weisen Sie die TN auf die Liste „Verben mit Akkusativ" im Anhang hin. (Die Deklination hingegen ist vergleichsweise einfach, da sich im Akkusativ ja meist nur der maskuline Artikel *den/einen* ändert.)

Das Perfekt
Bei der Verwendung des Perfekts müssen Deutschlernende gleichzeitig verschiedene Punkte beachten. Sie müssen daran denken, dass
- das Perfekt aus Hilfsverb und Partizip II besteht,
- dass das Hilfsverb konjugiert wird, nicht jedoch das Partizip II
- und dass beide eine Satzklammer bilden.

Sie müssen sich gleichzeitig fragen,
- welches der beiden Hilfsverben erforderlich ist
- und wie das Partizip des Verbs gebildet wird: regelmäßig mit oder ohne Stammvokalwechsel oder unregelmäßig, mit oder ohne Präfix *ge-*, mit trennbarem oder nicht trennbarem Präfix.

Berliner Platz 1 NEU führt das Perfekt wegen dieser Komplexität in mehreren Schritten ein. In Kapitel 4 wird den Lernenden unter der Rubrik *Deutsch verstehen* das Perfekt zunächst nur vorgestellt. In Kapitel 8 wird das Perfekt mit *haben* eingeführt und der Schwerpunkt auf die unterschiedliche Bildung des Partizips gelegt. In Kapitel 9 folgt das Perfekt mit dem Hilfsverb *sein*. Trotz dieser sanften Einführung können die mit dem Perfekt verbundenen Regeln eine Überforderung für manche Lernenden darstellen. Deshalb sollten Sie den TN auf jeden Fall raten, Verben grundsätzlich mit der kompletten Perfektform zu lernen.

Vergangenheit mit *sein*
Es ist sehr schwierig für Lernende, zu verstehen, wann ein Verb das Perfekt mit dem Hilfsverb *sein* bildet. Die Regel, dass Verben der Bewegung und Zustandsveränderung das Hilfsverb *sein* benötigen, mag vielen Lehrenden zu ungenau erscheinen, weil sich schnell Gegenbeispiele finden lassen: *Sie hat auf der Party nur getanzt.*
Für Anfänger sind solche verkürzten Regeln jedoch eine wesentliche Hilfe, um im Chaos der Verben eine einfache Richtlinie zu finden. Die Regel sollte später oder bei Nachfragen der TN selbstverständlich erweitert werden: *sein* bei Verben der Bewegung **mit**, *haben* bei einigen Verben **ohne** Ortsveränderung (*Sie ist durch den ganzen Raum getanzt. – Sie hat die ganze Nacht getanzt.*)

Metasprache
Braucht man Begriffe wie „Verb", „Imperativ", „Nomen" usw., die grammatische Metasprache? Insofern, als man beim Lernen einer Sprache auch **über** Sprache kommunizieren muss, ist die Metasprache unerlässlich. Sie werden in Ihren Kursen viele Lernende haben, die die grammatische Metasprache aus anderen Lernzusammenhängen gewohnt sind, sollten deren Kenntnis und Verständnis aber auf keinen Fall bei allen voraussetzen. Führen Sie abstrakte Zusammenhänge situativ, d. h. über die vorgegebenen Texte und Beispiele, und visuell mit Zeichnungen, Karten etc. ein. Sie müssen von Situation zu Situation entscheiden, ob die Kenntnis der Metasprache für den einzelnen / die einzelne TN wirklich eine Lernhilfe darstellt – in manchen Fällen werden die Lernenden mehr von imitatorischem Lernen, Auswendiglernen oder vom Vergleich mit der Muttersprache haben als davon, dass sie sich zusätzliche metasprachliche Begriffe aneignen.

Handlungsorientierung
Sprache existiert nicht „an sich", sondern man benötigt und benutzt sie, um zu kommunizieren: man fragt, beschreibt, stimmt zu, drückt Interesse aus, reagiert auf etwas, macht einen Vorschlag, dankt, entschuldigt sich – kurz: Man tut etwas mit Sprache, man handelt. Das mag besonders einleuchten, wenn man an Lernende im Inland denkt, die die deutsche Sprache brauchen, um wichtige alltägliche Handlungen auszuführen, gilt aber für Sprachlernende im Inland oder Ausland gleichermaßen.
Berliner Platz NEU fördert die sprachliche Handlungsfähigkeit der TN, indem es
- lebensnahe Themen mit hohem Alltagsbezug anbietet,
- der kommunikativen Wirksamkeit eine große Bedeutung beimisst,
- die für die jeweiligen sprachlichen Handlungen nötigen sprachlichen Mittel (Wortschatz, Redemittel, Strukturen etc.) bereitstellt und trainiert,
- Möglichkeiten zum kreativen Umgang mit der Sprache anbietet,
- die TN durch Projekte anregt, alleine, in Paaren oder Gruppen den deutschsprachigen Alltag zu erkunden,
- durch ein aufgabenorientiertes Lernen den TN Raum gibt, im Rahmen authentischer Situationen miteinander zu interagieren,
- die TN durch Angebote zum effektiven Lernen in ihrer Selbstständigkeit stärkt.

(Siehe auch: http://www.goethe.de/Z/50/commeuro/i7.htm)

Hausaufgaben
Hausaufgaben sind ein wesentlicher Bestandteil des Übungsgeschehens. Das Arbeitsbuch von *Berliner Platz NEU* enthält viele Übungen zur Konsolidierung, Wiederholung und spielerischen Festigung des Gelernten. Dabei wurde auf ein kompliziertes Verweissystem verzichtet, denn jeder Übung im Lehrbuchteil ist eine Übung im Arbeitsbuchteil zugeordnet.
Die TN können die Aufgaben selbstständig anhand des Lösungsschlüssels korrigieren. Die Aufgaben können jedoch auch zu Beginn der nächsten Unterrichtsstunde aufgegriffen und ggf. in PA korrigiert werden.

Hilfsmittel
Es gibt unendlich viele Hilfsmittel für den Unterricht. Sie dienen der Unterstützung des Lernprozesses (im Gegensatz zu den Medien, die der bloßen Übermittlung des Unterrichtsgegenstands an die Lernenden dienen).

Glossar

Folien
Folien können Sie in vielfältiger Weise verwenden, wenn Sie mit dem OHP arbeiten: Legen Sie die Folie, auf die Sie vielleicht ein Foto oder eine Zeichnung kopiert haben, nicht einfach auf, sondern lenken Sie die Aufmerksamkeit auf Ausschnitte. Lassen Sie raten, was noch fehlt (z. B. beim Wortschatzbild in Raststätte 1). Decken Sie dazu Teile des Bildes mithilfe eines Stücks Papier ab und decken Sie das Bild dann Stück für Stück auf, bis ganz am Ende das ganze Bild zu sehen ist. Haben Sie einen Stadtplan auf Folie kopiert, so lassen Sie eine/n TN mit einem wasserlöslichen Stift einer Wegbeschreibung folgen.

Folien sind aber auch sehr nützlich für die Präsentation von Gruppenergebnissen: Sie können z. B. den Grundriss in Kapitel 8 ohne Inneneinrichtung auf Folien kopieren und den TN die Aufgabe geben, in GA die leere Wohnung zu gestalten und nach eigenem Ermessen Räume und Gegenstände einzuzeichnen. Die verschiedenen Produkte werden anschließend am OHP gezeigt und besprochen.

Glöckchen
Ein Glöckchen oder eine kleine Klingel ist gerade in größeren Gruppen und bei lebhaften Gruppenaktivitäten nützlich, um die Aufmerksamkeit der TN zurückzugewinnen.

Klebepunkte
Klebepunkte sind geeignet, um Prioritäten bzw. Wichtigkeiten zu bestimmen. Zur Liste „Arbeitsplatz und Beruf – Was ist für Sie wichtig?" in Kapitel 10 z. B. können Sie eine Umfrage im Kurs machen. Dazu erhält jede/r TN drei Klebepunkte, die er/sie an die Kriterien klebt, die für ihn/sie wichtig sind.

Packpapier
Packpapier ist im Unterricht vielseitig einsetzbar. An der Wand befestigt, ersetzt es Flipchart oder Pinnwand. Wegen seiner Größe ist es ideal für die Präsentation von Gruppenarbeitsergebnissen.
Haben Sie einen Kurs, in dem eine offene und vertrauensvolle Atmosphäre herrscht? Lassen Sie Gruppen bilden. Ein/e TN in der Gruppe legt sich auf ein Stück Packpapier. Mit einem dicken Stift wird seine/ihre Körperform auf das Papier gemalt. Die Form kann jetzt beschriftet (z. B. mit den Bezeichnungen für die Körperteile) oder mit Text gefüllt werden (z. B. mit einem gemeinsam ausgedachten Lebenslauf).

Realien
Damit sind reale Gegenstände gemeint, anhand deren man Wortschatz und Strukturen veranschaulichen kann. Das Rollenspiel „Flohmarkt" in Kapitel 3 von Berliner Platz 1 NEU z. B. macht viel mehr Spaß, wenn die TN mit Realien, d. h. mit Gegenständen spielen, die sie selbst mitgebracht haben.
Bringen Sie, wenn es Ihnen möglich ist, Euromünzen und Geldscheine mit, wenn es um Preise geht, eine echte Uhr, um die Uhrzeiten zu üben, eine Musik-Geburtstagskarte zum Thema Geburtstag, einen lokalen Stadtplan für Wegbeschreibungen vor Ort etc. Ihrer Fantasie sind keine Grenzen gesetzt; im Gegenteil: Ihre TN werden sich über den anschaulichen, lebendigen Unterricht freuen – und das nicht nur im Ausland, wo deutsche Gegenstände einen besonderen Wert als landeskundliches Anschauungsmaterial haben.

Spielsteine
Spielsteine brauchen Sie für Brettspiele (z. B. für das Wiederholungsspiel in Raststätte 2). Als Spielsteine können Sie Münzen, Knöpfe, Hülsenfrüchte etc. verwenden.

Wollknäuel (oder weicher Ball)
Ein weicher Gegenstand, der gut geworfen werden kann, ist bei Frage-Antwort-Übungen nützlich. Wenn Sie wirklich einen Wollknäuel zur Verfügung haben, bitten Sie die TN, sich in einem Kreis aufzustellen, einander den Knäuel zuzuwerfen, dabei aber den Faden festzuhalten. Es entsteht ein Netz, auf dem man spielerisch auch aufgeblasene Luftballons tanzen lassen kann.

Würfel
Würfel unterschiedlichster Größen und aus unterschiedlichem Material gibt es im Handel. Den Augen auf den Würfeln können ganz verschiedene Dinge zugeordnet werden (und wenn es sich um abwaschbare Blankowürfel handelt, können sie unterschiedlich beschriftet werden), z. B. grammatische Formen, Emoticons, die unterschiedliche Stimmungen abbilden, Verben, Tageszeiten etc.

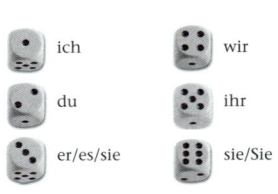

Hörverstehen
Dem Hören wird eine Schlüsselfunktion bei der Begegnung mit einer neuen Sprache zugeschrieben. Das Üben des Hörverstehens hat in Berliner Platz NEU daher einen wichtigen Platz.

Als Muttersprachler/innen hören wir Texte mit ganz bestimmten Hörerwartungen bzw. Verstehensabsichten, die in der Fremdsprachendidaktik als Hörstile bezeichnet werden.

- **globales (orientierendes) Hören:** Wir wollen verstehen, um was es sich handelt, was allgemein gemeint ist. Wir hören z. B. rasch den Wetterbericht, weil wir wissen wollen, ob wir einen Regenschirm mitnehmen müssen.
- **selektives Hören:** Hier interessieren uns nur ganz bestimmte Einzelinformationen. Bei der Durchsage auf dem Bahnsteig interessieren nur „ICE aus München", „Verspätung", „15 Minuten"; die Information, dass der Regionalzug nach Saarbrücken nicht wie gewohnt auf Gleis 5 einfährt, hören wir dann schon nicht mehr, weil sie uns nicht betrifft.
- **detailliertes Hören:** Wir wollen das Gesprochene in allen Einzelheiten verstehen, denn alle Informationen können wichtig sein. Hat auf den Anrufbeantworter ein uns wichtiger Mensch gesprochen, so werden wir ganz genau hinhören, um alles zu verstehen und jede Nuance des Gesagten mitzubekommen.

Natürlich sind diese Hörstrategien nicht statisch, denn die Verstehensabsicht kann sich während des Hörens ändern: Wenn in der Verkehrsmeldung, der ich wenig Aufmerksamkeit schenke, weil ich auf die Nachrichten warte, gemeldet wird, dass sich auf der Autobahn, auf der ich unterwegs bin, ein Unfall ereignet hat, werde ich genau hinhören.

In einem Deutschlehrwerk wird die Hörerwartung der Lernenden durch die Aufgabenstellung gelenkt und so jeweils der Hörstrategie entsprechend das Hörverstehen trainiert.

Die spezifische Schwierigkeit beim Hörverstehen liegt darin, dass die Verarbeitung von Hörtexten im Regelfall nicht durch die TN selbst gesteuert werden kann. Sie können nicht wie bei Lesetexten das Tempo der Darbietung selbst bestimmen oder einzelne Passagen beliebig oft wiederholen. (Das ist dann nur bei der selbstständigen Arbeit mit den Arbeitsbuch-Hörtexten zu Hause möglich.) Im Unterricht sollten deshalb die Hörtexte mehrmals vorgespielt werden, um ein Verstehen zu gewährleisten. Wie oft der Hörtext wiederholt werden sollte, hängt einerseits von der Komplexität der Texte, vom Schwierigkeitsgrad der Aufgabenstellung und andererseits von der Hörkompetenz der TN ab. Diese hängt wiederum von verschiedenen Faktoren ab: von der Ausgangssprache und den schon vorher erlernten Fremdsprachen sowie der Zeit, die die TN schon vor Beginn des Deutschkurses in deutschsprachiger Umgebung verbracht haben. So können die Angaben in den Unterrichtsvorschlägen nur Richtwerte geben. Als KL werden Sie schnell herausfinden, wie oft ein Hörtext wiederholt werden muss/darf, um eine Über- oder Unterforderung der TN zu vermeiden.

Im Alltag EXTRA

Im Alltag EXTRA ist ein Zusatzkapitel, das in die Inlandsausgabe von *Berliner Platz NEU* eingebunden ist. Dadurch sollen die alltagsorientierten Lernziele des „Rahmencurriculums für Integrationskurse Deutsch als Zweitsprache" noch besser berücksichtigt werden. Zu jedem Lehrbuchkapitel gibt es zwei Seiten mit folgenden regelmäßigen Rubriken:

- *Sprechen, sprechen …*: Hier werden Dialoge, die für den Alltag wichtig sind, geübt (z. B. die Nachfrage, wenn etwas nicht richtig verstanden wurde). Redemittelkästen stellen die entsprechenden sprachlichen Mittel bereit.
- *Papiere, Papiere …*: Hier wird der Umgang mit für den deutschen Alltag wichtigen Formularen sowie das Verständnis von Formulierungen, die für die Behördensprache typisch sind, geübt.
- Angebote zum interkulturellen Vergleich unter der Rubrik „… – *international*", zum Sprachvergleich unter der Rubrik *Meine – deine Sprache*, Informationen zur Orientierung in Deutschland sowie Projekte ergänzen das Angebot.

Interkulturelle Perspektive

Moderne Gesellschaften sind durch Differenzierungen und dynamische Prozesse gekennzeichnet. Sie sind zusammengesetzt aus Menschen, die Mitglieder unterschiedlichster Gruppen sind, verschiedene Identitäten haben und die im Kontakt miteinander Unbekanntes und Unvertrautes erleben. Fremd- und Zweitsprachenunterricht hat in diesem Zusammenhang eine große Bedeutung, denn er fördert nicht nur die sprachliche Handlungsfähigkeit der Lernenden in der Zielsprache, sondern gleichermaßen die Entwicklung zu Offenheit, Toleranz und Kommunikationsbereitschaft gegenüber der Zielkultur.

So verstanden, wird der interkulturell ausgerichtete Deutschunterricht den Lernenden Verständnis dafür vermitteln, dass andere Kulturen – genauso wie die eigene – alles andere als homogen sind und dass es in ihnen Ungleichheiten, Meinungsverschiedenheiten genauso gibt wie Verständigung und Elemente von Stabilität. Konkret wird er u. a.

- den Hintergrund der Lernenden als Teil ihrer Identität mit einbeziehen,
- sie ermutigen, von Erfahrungen aus den Herkunftsländern zu berichten,
- Vergleiche zwischen den Kulturen anregen,
- Möglichkeiten geben, über eigene Gefühle und Eindrücke in der Begegnung mit dem Fremden zu sprechen,
- dabei das Gespräch über Klischees und Vorurteile anregen,
- im Austausch unterschiedliche Perspektiven begrüßen,
- die Lernenden in Rollenspielen Probe handeln lassen,
- den vorhandenen Sprachreichtum in den Unterricht mit einbeziehen.

Kopiervorlagen

Sie finden alle Kopiervorlagen zu *Berliner Platz 1 NEU*, die in den „Unterrichtsvorschlägen" angesprochen wurden, im Online-Angebot für Lehrende unter www.klett-sprachen.de.

Kursbeginn

Der Beginn eines Kurses ist eine intensive Erfahrung: Für Ihre TN ist in der Regel alles neu: die anderen TN, der/die KL, der Unterrichtsraum, die Sprache und vielleicht sogar das Schriftsystem. Sich in einer fremden Umgebung vor fremden Leuten in einer fremden Sprache zu äußern, ist für viele nicht leicht. Aber auch Sie sind vielleicht unsicher: Wie wird die Gruppe sein – eher zurückhaltend oder leicht zu begeistern oder auch geprägt von unterschiedlichen Interessen?

Mit dem ersten Kapitel verfolgen Sie in der Hauptsache das Ziel, eine angenehme und motivierende Atmosphäre zu schaffen und zu ermöglichen, dass die TN

- die Namen anderer TN lernen,
- Kontakte untereinander herstellen und dabei erste Erfolgserlebnisse in der deutschen Sprache haben,
- erste Informationen über sich geben und etwas über die anderen erfahren,
- buchstabieren lernen.

Namensspiele

1. Namenszettel

Material: kleine Zettel

Vorgehen: KL teilt kleine Zettel aus, sagt *Ich heiße* (Namen), schreibt den Namen auf einen Zettel, faltet ihn zusammen und wirft ihn in eine Schuhschachtel o. Ä. TN folgen seinem/ihrem Beispiel. Die TN ziehen jeweils einen Zettel, laufen herum und fragen die anderen TN: *Wie heißen Sie?* Ist der Träger des Namens gefunden, erhält dieser den Zettel, auf dem sein Name steht. Das Spiel ist fertig, wenn jede/r TN den Zettel mit seinem Namen bekommen hat.

Glossar

2. Luftballonspiel

Material: je ein Luftballon pro TN, Boardmarker

Vorgehen:
1. KL teilt Luftballons aus, jede/r TN bläst einen Luftballon auf und schreibt (mit einem nicht wasserlöslichen Stift, z. B. Boardmarker) seinen/ihren Namen darauf. KL lässt Musik spielen; alle spielen ein paar Minuten mit den bunten Luftballons, wenn die Musik aufhört, fängt jeder einen Luftballon. Nacheinander lesen sie die Namen vor – z. B. *Nino Sadri*: Der/Die TN, dessen Namen genannt wird, sagt: *Ich heiße Nino Sadri*, und erhält seinen Luftballon zurück.
2. KL bittet die TN, ihre Namen auf Karten zu schreiben und diese vor sich hinzustellen.

Begrüßungsspiel

Vorgehen:
1. KL bedeutet gestisch, dass alle TN aufstehen und im Kursraum herumgehen sollen. KL beginnt – wortlos und förmlich – reihum Hände zu schütteln und bedeutet den TN, dasselbe zu tun. KL bedeutet den TN, dass es sich um eine wortlose Aktivität handelt.
2. Nach einer Minute sagt KL laut *Guten Tag!*, wenn er/sie einer Person die Hand schüttelt. KL bedeutet den TN, dasselbe zu tun. Alle gehen wiederum eine Minute herum, schütteln Hände und sagen *Guten Tag!*.
3. In der nächsten Runde sagt jede/r ihren/seinen Namen, z. B.: *Ich heiße Olga Sultanova*.
4. Die letzte Runde ist informell und fröhlich. Alle laufen herum, winken anderen TN zu und rufen deren Namen, z. B.: *Hallo, Olga!*

Landeskunde

Im heutigen Fremd- und Zweitsprachenunterricht, der dem kommunikativen, handlungsorientierten Ansatz verpflichtet ist, geht es nicht mehr nur um die Vermittlung der Vokabeln, der Strukturen, der Aussprache, sondern um Themen, Inhalte und kommunikative Lernziele. Diese sind von landeskundlichen Inhalten – Geografie, Kultur, Politik – nicht zu trennen. Während aber Grammatik oder Lexik der Sprache feststehen, denn es existiert ein Korpus, eine Sammlung sprachlicher Daten, die man sich im Verlauf des Sprachenlernens aneignet, gibt es in der Landeskunde eine unendliche Vielzahl von Aspekten, die zu thematisieren sich lohnen würde. Deren Zahl ist zudem nicht konstant, denn mit jeder gesellschaftlichen Veränderung kommen neue Themen oder Perspektiven hinzu.

In *Berliner Platz NEU* ist zwar insofern eine Auswahl getroffen worden, als Themen mit hohem Alltagsbezug ausgewählt wurden, darüber hinaus empfiehlt es sich aber, teilnehmer- bzw. lernerorientiert vorzugehen und die Interessen der Lernenden aufzugreifen (▶ **Lernerorientierung**). Im Deutschunterricht im Inland wird hier eher die Orientierung im Alltag von Interesse sein, die Vermittlung von „Faktenwissen in Bezug auf Vorgänge, Abläufe, Regelungen, Strukturen und Anlaufstellen" („Rahmencurriculum", S. 15) und die Möglichkeit, sich über das eigene Erleben auszutauschen. Im Ausland werden evtl. zusätzliche kulturelle oder touristische Aspekte nachgefragt werden.

Speziell für Lernende im Ausland, die sich auch für die deutschsprachigen Länder Österreich und die Schweiz interessieren, gibt es ein zusätzliches Landeskundeangebot (▶ **Landeskundeheft „Treffpunkt D-A-CH"**).

Uhrzeit

Je nachdem, wo die TN Deutsch lernen, können sie unterschiedlichen Uhrzeitangaben begegnen. So sind in einigen Regionen der deutschsprachigen Länder (vor allem im süddeutschen und ostdeutschen Raum) die Zeitangaben *viertel* und *drei viertel* verbreitet, z. B.: *viertel zwölf* = *11.15 Uhr* und *drei viertel zwölf* = *11.45 Uhr*. Die TN sollten diese Form der Zeitangabe nur dann aktiv anwenden können, wenn sie an ihrem Wohnort gebräuchlich ist.

Arbeitssuche

Viele Unternehmen suchen Arbeitskräfte über die Stellenseiten der Tageszeitung (meistens in der Samstagsausgabe). Dabei werden Stellen für Fach- und Führungskräfte im Allgemeinen überregional in den großen Tageszeitungen (wie in der „Süddeutschen Zeitung", „Frankfurter Allgemeinen Zeitung" u. a.) sowie in Wochenzeitungen (der „Zeit" u. a.) und in den Zeitschriften der Fachpresse aufgegeben. Stellen für Arbeitskräfte unterhalb der mittleren Führungsebene werden dagegen lokal oder regional in Tageszeitungen ausgeschrieben. Mehr und mehr werden aber auch die Möglichkeiten des Internets für Stellenangebote bzw. -gesuche genutzt (z. B. www.joubscout24.de).

Leider befinden sich unter den Unternehmen, die Arbeitskräfte per Stellenanzeige suchen, auch schwarze Schafe, sog. Scheinfirmen, die es auf das Geld von Arbeitssuchenden abgesehen haben. Sie werben mit äußerst hohen Einkommen und Provisionen, geben oft nur eine Telefonnummer als Kontakt an und bieten selten mehr Informationen. Wenn gar von Eigenkapital, das der/die Arbeitssuchende „anlegen" muss, die Rede ist (in der Anzeige selbst oder beim ersten telefonischen „Bewerbungsgespräch"), ist der Verdacht begründet, dass man es mit einem „Abzocker" zu tun hat. Denn bei vielen dieser Firmen sieht der Bewerber / die Bewerberin weder das eigene Geld wieder noch irgendeine Bezahlung. Im Unterricht sollten ggf. auch solche Anzeigen zur Sprache gebracht und im Anzeigenteil gesucht werden.

Mieten

Die Mieten setzen sich in Deutschland meist aus drei Komponenten zusammen:
- aus der Grund- oder Kaltmiete, die der Mieter an den Vermieter für das Nutzen der Wohnung bezahlt und die sich nach Größe, Lage, Baujahr und Ausstattung der Wohnung richtet,
- aus den sogenannten „kalten" Nebenkosten für Grundsteuer, Versicherung, Hausmeister, Wasser, Abwasser usw.

WICHTIG Krankmeldung – Sind Sie krank? Können Sie nicht zur Arbeit gehen? Informieren Sie die Arbeitsstelle bis 11.00 Uhr telefonisch, per Fax oder per E-Mail. Spätestens nach drei Krankheitstagen müssen Sie eine Krankmeldung vom Arzt bringen.

- und aus den sogenannten „warmen" Nebenkosten für Heizung und Warmwasser.

Wie hoch die ortsübliche Miete ist, kann man im sog. „Mietspiegel" erfahren, der bei vielen, v. a. größeren Gemeinden erhältlich ist. Über sonstige Rechte und Pflichten von Mietern informieren die rund 350 Mietervereine in Deutschland (siehe die Liste auf der Seite www.mieterschutzbund.de).

Landeskundeheft „Treffpunkt D-A-CH"

Das Landeskundeheft „Treffpunkt D-A-CH" ergänzt *Berliner Platz 1 NEU* mit einer Fülle an bunten Informationen über die deutschsprachigen Länder.

In vier Abschnitten werden unterschiedliche Textsorten und Übungsformen genutzt: Eine Vielzahl von Bildern gibt einen Eindruck von den unterschiedlichen Regionen. Sprachliche Varianten aus Deutschland, Österreich und der Schweiz finden sich in den „D-A-CH-Fenstern". Hinweise auf Internetadressen regen zur selbstständigen Recherche und zu interkulturellem Vergleich an. Und im Quiz oder Rätselspiel zum jeweiligen Abschnitt kann man spielerisch seine Kenntnisse überprüfen.

Lernerorientierung

Erwachsene bringen zumeist einen Reichtum an Informationen und Erfahrungen in die Lernsituation ein, wollen ernst genommen werden und über den eigenen Bildungsprozess mitentscheiden können. Das Konzept der Lernerorientierung ist daher im Unterricht mit Erwachsenen eine Selbstverständlichkeit. Sie zielt auf die absichtsvolle Beteiligung der Lernenden im Unterrichtsgeschehen. Für KL bedeutet das u. a.:

- Sie sind sich bewusst, dass sie 15 Individuen, nicht nur eine Gruppe unterrichten.
- Sie sind daran interessiert, so viel wie möglich über die Lebenswelt, die Biografie, die Probleme und Lernziele der TN zu erfahren.
- Sie erlauben, dass die TN ihre eigenen Erfahrungen einbringen, z. B. auch über mit dem Lernen verbundene Hoffnungen und Ängste sprechen, und interessieren sich dafür.
- Sie bemühen sich, aufmerksam zu beobachten und zuzuhören.
- Sie gehen von ihrer Unterrichtsplanung ab, wenn nicht vorgesehene, aber für die TN relevante Themen zur Sprache kommen.
- Sie versuchen, selbst weniger zu sprechen, dafür aber den TN viel Redezeit zu geben.
- Sie lassen den TN den Raum, sprachliche Regeln selbst zu entdecken.
- Sie ermuntern die TN, Verantwortung für den eigenen Lernprozess zu übernehmen, z. B. mal die Lehrerrolle zu übernehmen.
- Sie lassen die TN Entscheidungen über den Lernprozess treffen.
- Sie geben Raum für selbstständiges Arbeiten.
- Sie ermutigen TN, Fehler selbst oder zusammen mit anderen TN zu korrigieren.

Lernziele und Lerninhalte

Die für den Unterricht formulierten Lernziele beschreiben, was die TN als Ergebnis des Unterrichts, also z. B. nach einer Unterrichtseinheit, können sollen. *Berliner Platz NEU* orientiert sich am „Gemeinsamen Europäischen Referenzrahmen für Sprachen" und am „Rahmencurriculum für Integrationskurse Deutsch als Zweitsprache", in denen Sprachenlernende vor allem als sozial Handelnde gesehen werden, d. h. als Mitglieder einer Gesellschaft, die „unter bestimmten Umständen und in spezifischen Umgebungen und Handlungsfeldern kommunikative Aufgaben bewältigen müssen, und zwar nicht nur sprachliche" (GER, 2001, S. 21). Daher haben auch die Lernziele (siehe Kapitel B: Der rote Faden – Unterrichtsvorschläge, S. 12 ff.) jeweils eine große Nähe zur kommunikativen Wirklichkeit der Lernenden und zu ihren Wünschen nach sprachlicher Handlungsfähigkeit. Wie im Lernzielkatalog des GER sind die Lernziele in Form von Kann-Beschreibungen („can-do-statements") formuliert (▶ **Handlungsorientierung**).

Als Lerninhalt wird bezeichnet, was die TN lernen müssen, um einzelne Lernziele zu erreichen bzw. bestimmte Sprachhandlungen auszuführen (Wortschatz und Redemittel, grammatische Strukturen, Aussprache, landeskundliches Wissen, Sensibilität für kulturelle Besonderheiten etc.).

Leseverstehen

Die Art und Weise, wie in der Muttersprache Texte gelesen werden, hängt vom Text und vom Leseinteresse ab. In der Fremdsprachendidaktik spricht man von unterschiedlichen Lesestilen.

- **Globales Lesen:** Oft möchte man sich nur einen Eindruck, einen Überblick verschaffen und so reicht es aus, einen Lesetext schnell zu überfliegen. Um zu erkennen, wovon ein Buch handelt (und entscheiden zu können, ob man es kaufen soll), orientiert man sich z. B. im Buchladen an den Buchrückseiten.
- **Selektives Lesen:** In anderen Situationen liest man einen Text, um spezifische Informationen zu erhalten. Möchte man z. B. im Restaurant ein vegetarisches Gericht essen, so wird man die Speisekarte selektiv auf das Gemüse- und Salatangebot lesen und der Sektion „Fleischgerichte" wohl kaum Aufmerksamkeit schenken.
- **Detailliertes Lesen:** Seltener ist es erforderlich, dass man einen Text langsam und gründlich, Wort für Wort liest. Das empfiehlt sich z. B. bei einem Kochrezept, das man nachkochen will.

Glossar

Dass man beim Erlernen einer Fremdsprache dazu neigt, jedes Wort verstehen zu wollen, ist verständlich: Gerade im Anfangsstadium fühlt man sich noch sehr unsicher darin, wichtige von unwichtigen Informationen zu unterscheiden. Aber gerade für Lernende im Zielsprachenland, die im Alltag schon von Anfang an mit komplexen Texten konfrontiert werden, ist die Adaption ihrer muttersprachlichen Lesegewohnheiten auf die Fremdsprache entscheidend. Im Unterricht werden sie darin unterstützt, wenn durch eine genau umrissene Aufgabenstellung das Leseinteresse gelenkt wird. (Siehe auch die Hörstile ▶ Hörverstehen.)

Mehrsprachigkeit

Deutschlernende sprechen häufig neben ihrer Muttersprache eine oder mehrere andere Sprachen. Fragen wir unsere TN, so stoßen wir nicht selten auf Sprachbiografien, die nicht nur durch Migration geprägt sind, sondern vielleicht auch durch ein mehrsprachiges Elternhaus, schulischen Fremdsprachenunterricht, Auslandsaufenthalte, die Medien und das Leben in einem multikulturellen Umfeld. Der einsprachige Mensch wird – zumindest in vielen Deutschkursen – zur Seltenheit.

Ein Deutschunterricht, in dem nur Deutsch gesprochen werden darf, erscheint angesichts dieser Situation nicht mehr sinnvoll. Heute wird vielmehr der Rolle der Muttersprache beim Lernen einer neuen Sprache eine große Bedeutung beigemessen – „sie ist wirklich die Mutter der zweiten, dritten und vierten Sprachen" (Deller/Rinvolucri, 2002, S. 10). Das Ziel, dass die Lernenden möglichst schnell Fortschritte im Deutschen machen sollen, wird nicht aufgegeben, wenn weitere Sprachen einbezogen werden. Ganz im Gegenteil: Die kreative Nutzung der Muttersprachen bzw. der im Kurs gesprochenen Sprachen – und damit gleichermaßen der Einbezug der Herkunftskulturen – zeigt Wertschätzung für die Menschen, ihre Kompetenzen und Gefühle und motiviert.

Gefragt ist also eine absichtsvolle Nutzung der vorhandenen Sprachkenntnisse im Kurs. Diese kann schon auf Anfängerniveau stattfinden, wenn z. B. der KL die TN auffordert, einander in ihrer Muttersprache zu begrüßen – das macht Spaß und stellt eine lockere Atmosphäre her.

Sprachvergleich

Sprachvergleiche sind eine Möglichkeit, Sprachenvielfalt im Unterricht zu nutzen und so das Bewusstsein für die neue Sprache zu fördern. Im Anfängerunterricht ist das kontrastive Arbeiten u. a. sinnvoll bei der Wortschatzarbeit: Welch eine Überraschung, wenn TN merken, dass ein Wort aus ihrer Sprache im Deutschen ganz ähnlich ist! Das kann ein ausgewandertes deutsches Wort sein wie *putar* = *Butter* (bosnisch/kroatisch/serbisch) oder *otoban* = *Autobahn* (türkisch) (siehe dazu „Liste deutscher Wörter in anderen Sprachen" im Internet). Das kann ein Wort sein, das aufgrund der Verwandtschaft der Sprachen Ähnlichkeiten mit dem entsprechenden deutschen aufweist, wie *famiglia* (italienisch) = *Familie* oder ein international geläufiges Wort wie *Kaffee* (▶ Wortschatz: Internationalismen). Überraschend ist es dann aber auch, wenn manche scheinbar ähnlichen Wörter doch Unterschiedliches bezeichnen. Das sind die sog. „falschen Freunde" wie z. B. *highschool* (am. Englisch), das nicht mit *Hochschule*, sondern mit *Sekundarschule* übersetzt werden muss, oder *bellen* (niederländisch), das nicht den Hundelaut, sondern *anrufen* bedeutet.

Aber auch wenn es darum geht, sich Strukturen (z. B. die unterschiedliche Wortstellung im Satz) bewusst zu machen oder in der Aussprache typisch deutsche Intonationsmuster zu erkennen, sind Sprachvergleiche äußerst hilfreich.

Methoden

Methoden in der Erwachsenenbildung sollen helfen, das Lehren und Lernen möglichst wirksam und handlungsorientiert zu gestalten, die TN zu motivieren, ihr Durchhaltevermögen zu stärken, ihre Kompetenzen mit einzubeziehen und ein angenehmes Lernklima herzustellen. Es gibt eine Vielzahl von Methoden für die Erwachsenenbildung (siehe z. B. www.learnline.de/angebote/methodensammlung).

Karussell (Kugellager)

Das Karussell dient dem freien Sprechen mit zufälligen Partnern. Dabei wird die Gesamtgruppe in zwei gleich große Gruppen geteilt. Die TN stellen sich in zwei Kreisen – einem Innenkreis und einem Außenkreis – auf. Innenkreis und Außenkreis gehen in entgegengesetzter Richtung, bis der/die KL ein Zeichen gibt. Nun tauschen sich jeweils die TN, die einander gegenüberstehen, aus – zuerst berichtet die Person im Innenkreis, während der Partner / die Partnerin im Außenkreis zuhört. Auf ein Signal des/der KL werden die Rollen getauscht.

Das Karussell kann sich weiterdrehen – dann gehen die Kreise wiederum in unterschiedliche Richtungen; die TN treffen erneut auf einen neuen Partner und erzählen.

Lebendige Sätze

Mit lebendigen Sätzen können Sie hervorragend die Wortstellung im Satz visualisieren und trainieren und dabei auch noch etwas Bewegung in Ihren Unterricht bringen. Schreiben Sie dazu die Wörter eines Satzes (z. B. eines Satzes mit Modalverb) groß auf einzelne Karten. Bitten Sie so viele TN, wie es Karten gibt, nach vorne an die Tafel zu kommen. Teilen Sie die gemischten Karten aus. Die TN stellen sich in der Reihenfolge auf, wie die Wörter im Satz vorkommen – sie stellen den Satz nach.

Pinnwand-Moderation

Diese Moderationsmethode setzt auf die Beteiligung, Mitentscheidung und Kreativität der TN. Die TN schreiben dabei Wörter, Satzteile, Sätze auf einzelne (evtl. unterschiedlich farbige) Karten und heften sie an eine Pinnwand oder einen an der Wand aufgehängten Packpapierbogen. Man kann die Methode nutzen z. B. um:
- Wortschatz zu sammeln und zu ordnen,
- Wörter zu kombinieren,
- Sätze zuordnen zu lassen,
- Satzbaumuster zu veranschaulichen,
- Wörter nach grammatischen Kriterien zu sortieren,
- Ideen zu einem Thema zu sammeln,
- Ergebnisse darzustellen etc.

Bürgeramt   Kindergarten   Reisezentrum

Schnipseltext

Bei dieser Methode wird ein zuvor erarbeiteter und in Textschnipsel geschnittener Text ausgeteilt und von den Lernenden in PA oder GA wieder zusammengesetzt. Ähnlich wie bei einem Puzzle gilt: Je größer die Schrift und die Textschnipsel, desto einfacher ist das Zusammensetzen, je kleiner hingegen die Textteile sind, desto größer ist die Herausforderung. Wenn Sie binnendifferenziert arbeiten wollen, geben Sie unterschiedliche Aufgaben: Langsamere Paare oder Gruppen erhalten einen nach Absätzen zerschnittenen Text, die schnelleren einen nach Sätzen oder willkürlich zerschnittenen Text.

Wortigel

Der Wortigel ist eine Form des Assoziogramms. Dabei wird ein Begriff auf die Tafel geschrieben; um den Begriff wird eine kreisförmige Linie gemalt. Wegen der Striche, die von dieser Linie wie Stacheln ausgehen, spricht man von einem Wortigel. An die Enden der „Stacheln" werden Wörter geschrieben, die mit dem Begriff im Zentrum assoziiert werden (▶ **Wortschatzarbeit**).

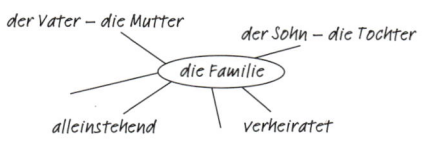

Projekte

Die Projektvorschläge in *Berliner Platz NEU* bieten Anknüpfungspunkte an den zielsprachlichen Alltag der TN. Im Rahmen eines Projektes werden die zuvor erworbenen Redemittel und Strukturen in kommunikativen Zusammenhängen und mit einer ganz praktischen Zielsetzung angewendet: Hier geht es um den konkreten Alltag der Lernenden in ihrer persönlichen Umgebung (▶ **Alltags- und Handlungsorientierung**).

Unterrichtsprojekte sind gekennzeichnet durch:

- ein Recherche- oder Handlungsziel: Es erlaubt, Sprache handelnd zu gebrauchen, und bezieht dabei mehrere Fertigkeiten (Hören, Sprechen, Lesen, Schreiben) ein.
- die gemeinsame Planung: Die TN sollten im Idealfall ihre Projektziele und die Projektdurchführung selbst bestimmen und planen (*Was wollen wir in Erfahrung bringen? Wie gehen wir vor? Wer arbeitet mit wem zusammen? Welche Gruppe macht was? Welche Materialien brauchen wir? Wo bekommen wir welche Informationen?* etc.). Aus diesem Grund sind die Anregungen im Kursbuch bewusst knapp gehalten. Selbstständiges und kollektives Arbeiten setzen allerdings Lernerfahrungen voraus, die nicht alle TN mitbringen. So kann es vor allem am Anfang nötig sein, dass Sie als KL die Projektplanung stärker steuern, also die Sammlung von Ideen leiten, die Gruppeneinteilung und Aufgabenverteilung vornehmen und auch die Aktivitäten außerhalb des Unterrichts genau mit den TN besprechen. Jedoch sollten Sie das Heft aus der Hand geben, sobald das möglich ist, und dann eher die Rolle des/der Unterstützenden einnehmen.
- die gemeinsame und selbstständige Durchführung der mit dem Projekt verbundenen Recherchen und Aktivitäten: Einer der Vorteile von Projekten ist, dass hier sehr gut innerhalb des Kurses differenziert werden kann (▶ **Binnendifferenzierung**). Es können Gruppen mit mehr und weniger Erfahrung im selbstständigen Arbeiten gebildet werden, die ihren Möglichkeiten entsprechend mehr oder weniger anspruchsvolle Aufgaben bekommen und denen Sie mehr oder weniger Hilfestellung geben.
- eine Spracharbeit „unter der Hand": Die Spracharbeit, die während des gesamten Projektes geleistet wird (gegenseitige Fehlerkorrektur, Grammatikarbeit, Schreiben und vor allem das Sprechen), wird den Lernenden – wenn überhaupt – viel weniger bewusst als im sonstigen Unterricht. Wenn Sie im Projektverlauf Fehler der Teilnehmer beim Sprechen bemerken, sollten Sie nicht unbedingt direkt eingreifen, sondern die Fehler notieren. Sie können diese im Regelunterricht später wieder aufgreifen (▶ **Fehlerkorrektur**).
- ein präsentables Ergebnis: Poster, Collagen, Zeitungen etc. sind das sichtbare Produkt der Bemühungen aller am Projekt Beteiligten, das oft auch über den Unterrichtsraum hinaus von Interesse ist.
- interessante Ergebnisse für die Weiterarbeit: Gerade für TN, die noch wenig oder gar keine Projekterfahrung haben, kann es sinnvoll sein, an das Projekt eine kurze Reflexionsphase anzuschließen. Auch wenn das Projekt vielleicht nicht so „rund" lief, macht eine solche Phase Sinn, da daraus positive Ideen für die weitere Arbeit erwachsen können.

Das bin ich

Das Projekt „Steckbrief" (in Kap. 1) lässt sich noch erweitern: Die TN (und vielleicht auch Sie, der/die KL) bringen Fotos von sich / von ihrem Heimatland sowie kleinere Gegenstände aus ihrer Heimat mit und gestalten damit im Kurs ein ganz persönliches Plakat. (Sie sorgen für Klebstoff und Pack-/Tonpapier.) Es wird im Kursraum aufgehängt. Die TN können sich schon mit den bereits erworbenen Sprachkenntnissen persönlich in den Kurs einbringen, schon im Anfangsstadium des Kurses mit wenigen sprachlichen Mitteln mehr über die anderen erfahren. Außerdem entstehen so persönliche Poster, die den Kursraum ansprechend gestalten.

Gemeinsam essen

Gerade in Kursen, deren Teilnehmer aus verschiedenen Ländern kommen, ist es für alle Beteiligten immer wieder interessant, etwas über die Kultur der anderen zu erfahren. Das Thema „Essen und Kochen" bietet sich für einen solchen Erfahrungsaustausch gerade deshalb an, weil jede/r etwas dazu beitragen kann. Über das Kursgespräch dazu, was die Teilnehmer gerne essen, hinaus, kann bei einem Kurstreffen ein internationales Essen veranstaltet werden. Wer mag, trägt mit einem typischen Gericht aus dem Heimatland dazu bei. Erfahrungsgemäß kommt dabei ein schönes Buffet zustande. Die Zutaten zum jeweiligen Gericht werden auf einer Karte notiert, die dann zum Gericht auf das Buffet gestellt wird.

Glossar

Übersicht über die Projekte in *Berliner Platz 1 NEU*
- Kapitel 3: Flohmärkte in Ihrer Region
- Kapitel 5: Öffnungszeiten in Ihrer Region
- Kapitel 5: Machen Sie ein Rezeptheft im Kurs
- Kapitel 6: Geburtstag bei Ihnen
- Kapitel 7: Unsere Stadt
- Kapitel 10: Stellenanzeigen
- Kapitel 11: Ärzte und Krankenhäuser in Ihrer Nähe
- Kapitel 12: Tourist in Ihrer Stadt

Übersicht über die Projekte in „Im Alltag EXTRA" (nur Inlandsausgabe von *Berliner Platz 1 NEU*)
- Kapitel 4: Öffnungszeiten
- Kapitel 5: Internationale Lebensmittel in Ihrer Stadt
- Kapitel 6: Wer hilft in Ihrem Ort beim Ausfüllen von Formularen?
- Kapitel 7: Behörden in Ihrer Stadt
- Kapitel 8: einen Nachsendeantrag von der Post holen und ausfüllen
- Kapitel 11: Beipackzettel mit Dosierungsanleitung
- Kapitel 12: Mit der Bahn unterwegs

Prüfungsvorbereitung

Berliner Platz NEU orientiert sich am „Gemeinsamen Europäischen Referenzrahmen für Sprachen" und bereitet entsprechend auf die Prüfungen der Niveaustufen A1–B1 vor (siehe die Modellprüfungssätze unter www.telc.net und www.goethe.de).

Berliner Platz NEU	Band 1	Band 2	Band 3
Bereitet vor auf	A1-Prüfung: Die Prüfung kann bei zwei verschiedenen Institutionen abgelegt werden: beim Goethe-Institut als *Goethe-Zertifikat A1: Start Deutsch 1* oder bei der telc als *telc Deutsch A1*. Beide Prüfungen sind aber, bis auf Details in den Antwortbögen, identisch.	A2-Prüfung: *Goethe-Zertifikat A2: Start Deutsch 2* oder *telc Deutsch A2*	B1-Prüfung: *Zertifikat Deutsch*
		skalierte A2–B1-Prüfung: *Deutschtest für Zuwanderer* (Abschlussprüfung Integrationskurse)	skalierte A2–B1-Prüfung: *Deutschtest für Zuwanderer* (Abschlussprüfung Integrationskurse)
Globale Kann-Beschreibungen nach dem GER (2001, S. 35)	Kann vertraute, alltägliche Ausdrücke und ganz einfache Sätze verstehen und verwenden, die auf die Befriedigung konkreter Bedürfnisse zielen. Kann sich und andere vorstellen und anderen Leuten Fragen zu ihrer Person stellen – z. B. wo sie wohnen, was für Leute sie kennen oder was für Dinge sie haben – und kann auf Fragen dieser Art Antwort geben. Kann sich auf einfache Art verständigen, wenn die Gesprächspartnerinnen oder Gesprächspartner langsam und deutlich sprechen und bereit sind zu helfen.	Kann Sätze und häufig gebrauchte Ausdrücke verstehen, die mit Bereichen von ganz unmittelbarer Bedeutung zusammenhängen (z. B. Informationen zur Person und zur Familie, Einkaufen, Arbeit, nähere Umgebung). Kann sich in einfachen, routinemäßigen Situationen verständigen, in denen es um einen einfachen und direkten Austausch von Informationen über vertraute und geläufige Dinge geht. Kann mit einfachen Mitteln die eigene Herkunft und Ausbildung, die direkte Umgebung und Dinge im Zusammenhang mit unmittelbaren Bedürfnissen beschreiben.	Kann die Hauptpunkte verstehen, wenn klare Standardsprache verwendet wird und wenn es um vertraute Dinge aus Arbeit, Schule, Freizeit usw. geht. Kann die meisten Situationen bewältigen, denen man auf Reisen im Sprachgebiet begegnet. Kann sich einfach und zusammenhängend über vertraute Themen und persönliche Interessengebiete äußern. Kann über Erfahrungen und Ereignisse berichten, Träume, Hoffnungen und Ziele beschreiben und zu Plänen und Ansichten kurze Begründungen oder Erklärungen geben.
Übungsmaterial	Testtraining 1–4 in *Berliner Platz 1 NEU*	Testtraining 5–8 in *Berliner Platz 2 NEU*	Testtraining 9–12 in *Berliner Platz 3 NEU* Testheft zur DTZ-Prüfungsvorbereitung

A1-Prüfung

Die A1-Prüfung entspricht der ersten Stufe (A1) auf der sechsstufigen Kompetenzskala des „Gemeinsamen Europäischen Referenzrahmens für Sprachen". Wichtig ist diese Prüfung für Sie und Ihre TN, wenn Sie – wie es das Bundesamt für Migration und Flüchtlinge (BAMF) für den Integrationskurs vorschlägt – einen Zwischentest nach ca. 150 Unterrichtseinheiten durchführen wollen. Wichtig ist diese Prüfung auch insofern, als sie als Sprachnachweis im Rahmen der Regelungen für den Ehegattennachzug anerkannt wird.

Sollten in Ihrer Institution ganz andere Prüfungsformen eingesetzt werden, dann sollten Sie entsprechende Trainingsmaterialien für die Lernenden erstellen bzw. die in *Berliner Platz 1 NEU* vorgeschlagenen für Ihre Zwecke abwandeln.

Schreiben

Das **Schreiben** im Fremdsprachenunterricht ist nicht nur eine der Zielfertigkeiten, es dient in ganz besonderem Maße auch als Mittel zum Zweck: Durch den langsameren Verlauf der Schreibtätigkeit prägen sich sprachliche Strukturen besser ein als beim Hören, Sprechen oder auch beim Lesen.

Das rein reproduktive Schreiben (Abschreiben, Aufschreiben von Paralleltexten, ordnendes Aufschreiben) sollte gerade im Anfangsunterricht seinen festen Platz haben. Dies gilt im besonderen Maße für TN, die vorher schon im außerunterrichtlichen Sprachkontakt „ungesteuert" gelernt haben: Hier können häufige Schreibübungen helfen, eingeschliffene Fehler im Sprachgebrauch abzubauen.

Dialoge

In *Berliner Platz 1 NEU* werden Sie hin und wieder auf eine Arbeitsanweisung wie die folgende stoßen: *Schreiben und spielen Sie Dialoge.* Hier geht es um die Vorbereitung von Rollenspielen. Die TN werden aufgefordert, vorab ein kleines „Drehbuch" zu schreiben. Während des Schreibprozesses haben die TN Zeit, sich die Rolle genau zu überlegen, vor allem aber auch auf die sprachliche Korrektheit zu achten (▶ **Rollenspiel**).

Formulare

Behördenformulare gehören in Inlandskursen zu den Textsorten, mit denen die Lernenden im Alltag häufig Schwierigkeiten haben. Im Anhang zur Inlandsausgabe **Im Alltag EXTRA** wird der Umgang mit dieser Textsorte trainiert (▶ **Im Alltag EXTRA**).

Ich über mich

In der Rubrik *Ich über mich* in den Raststätten erhalten die Lernenden ein Angebot, über sich, ihre persönlichen Erfahrungen und ihre Gefühle zu schreiben. Dabei können sie sich an einem vorgegebenen Modelltext orientieren, der sprachliches und strukturelles Material für die eigene Formulierungsarbeit bereitstellt. Für manche Lernende ist die äußere Form wichtig, für andere die Nutzung moderner Medien. Sie sollten es daher den TN freistellen, welche Form und Hilfsmittel sie für das Schreiben ihres Textes wählen, ob sie diesen also handschriftlich oder auf dem PC erstellen und mit Zeichnungen oder Abbildungen versehen. Da hier auch Persönliches zur Sprache kommen kann, sollte vorab besprochen werden, ob die Texte z. B. an der Wand des Unterrichtsraums veröffentlicht werden.

Notizen machen

Das Anfertigen von Notizen ist einerseits eine wichtige Zielfertigkeit, weil die Lernenden im deutschsprachigen Alltag immer wieder in die Situation kommen, für sie wichtige Informationen von Gesprochenem schriftlich festhalten zu müssen. Andererseits erfüllt es im Unterricht eine wichtige Kontrollfunktion: Hat der/die Lernende die wesentlichen Informationen richtig verstanden? Darüber hinaus erhöht es mehr als Zuordnungs- oder Ankreuzübungen die Konzentration auf den Hörtext.

Sowohl im Alltag als auch im Unterricht muss der/die Lernende vorher genau wissen, was für ihn/sie wichtige Informationen sind, um entscheiden zu können, was notiert wird. Für den Unterricht bedeutet dies, dass die Aufgabe sehr konkret gestellt werden muss.

Selbst entdeckendes Lernen

Beim selbst entdeckenden Lernen wird die Funktion der sprachlichen Phänomene, die gelernt werden sollen, nicht präsentiert, sondern die Lernenden entdecken sie selbst bzw. filtern sie aus den vorgegebenen Sprachbeispielen heraus. Die Strukturen werden verallgemeinert und bilden den Inhalt neuer Regeln. Dies ist ein wichtiges Prinzip, wenn man davon ausgeht, dass sich Erwachsene Lernstoffe bewusst aneignen wollen. Von Ihnen als KL erfordert dies das methodische Geschick, den Entdeckungsprozess zu moderieren, und auch die Bereitschaft, an den entsprechenden Stellen in *Berliner Platz 1 NEU* die benötigte Zeit zu geben.

Folge eines solchen Herangehens wird sein, dass die Strukturen und Regeln für die Lernenden – da sie von ihnen selbst entdeckt wurden – transparenter und klarer sind. Und dies ist wiederum eine Voraussetzung dafür, dass sie eigene Fehler wahrnehmen und korrigieren können (▶ **Fehlerkorrektur**).

Selbsteinschätzung

In den Raststätten finden die Lernenden in der Rubrik *Das kann ich schon* ein Angebot zur Selbsteinschätzung, mithilfe dessen jede/r TN für sich herausfindet, ob er/sie gelernt hat, was in den zurückliegenden Kapiteln angeboten wurde, und ob er/sie mit dem Lernergebnis zufrieden ist. Vielleicht fragen Sie: Ist es denn sinnvoll, hier die TN selbst zu fragen? Reichen nicht die offiziellen Zwischen- und Abschlussprüfungen aus und sind diese nicht wesentlich objektiver?

Mein Ergebnis finde ich:

☺ ☺ ☹

Üblicherweise finden standardisierte Lernerfolgstests am Ende des Kurses statt; auch in *Berliner Platz NEU* ist das so (▶ **Prüfungsvorbereitung**). Dabei handelt es sich um summative, ergebnisorientierte Evaluationen, nicht um Evaluationen, die den individuellen Lernprozess begleiten und optimieren. Eine der Grundannahmen über das Lernen Erwachsener ist, dass sie Gründe haben müssen zu lernen und mit dem Lernen in der Regel nicht nur Prüfungsziele, sondern (viel wichtiger vielleicht) persönliche Ziele verbinden. Sie wollen das Gelernte für ihr Leben nutzen können. Der teilnehmerorientierte, erwachsenengerechte Unterricht gibt den TN daher die Gelegenheit, persönliche Ziele zu formulieren, den Lernerfolg an diesen Zielen zu messen, sie zu reflektieren und ggf. zu revidieren.

Glossar

Die Selbsteinschätzung steht somit im Zusammenhang einerseits mit den persönlichen Lernzielen und andererseits mit den Überlegungen zum Weiterlernen und – wenn es nötig erscheint – zur Wiederholung.

Sozialformen

Als Sozialformen werden die Interaktionsformen der am Unterricht Beteiligten (der Lernenden untereinander, der Lernenden mit der Lehrperson) bezeichnet.

Sie werden im Lehrbuch nur selten explizite Angaben zur Sozialform finden, d. h. dazu, ob die jeweilige Übung oder Aufgabe am besten im Plenum, in Gruppenarbeit, Partnerarbeit oder Einzelarbeit erledigt werden sollte. Das hat damit zu tun, dass Sie dies abhängig von Ihrer Lerngruppe und der Situation vor Ort, am besten selbst entscheiden. Vielleicht unterrichten Sie Lernende, die gern und viel im Austausch miteinander arbeiten, vielleicht haben Sie auch große Räume zur Verfügung, die sich für Spiele im Plenum eignen, vielleicht bevorzugen Ihre Lernenden jedoch auch aufgrund eigener Sprachlernerfahrungen Einzelarbeit und eine starke Lehrerpräsenz.

Das ist Jana ... Sie ist 26 Jahre alt. Sie wohnt in ... Die Telefonnummer tagsüber ist ...

Wir meinen aber auch, dass ein fantasievoller Wechsel der Sozialformen für den kommunikativen Unterricht sehr zu empfehlen ist, und so werden Sie auch einige visuelle Anregungen für Sozialformen und viele Vorschläge in den „Unterrichtsvorschlägen" bekommen. Alle Sozialformen haben ihre Vorteile, auf die im Folgenden kurz eingegangen werden soll:

- **Plenum (PL):** Plenumsarbeit wird oft mit Frontalunterricht assoziiert, in dem der Lehrer die meiste Redezeit für sich beansprucht. Die Arbeit im Plenum muss aber keineswegs so kommunikationsfeindlich sein, sondern bietet eine Reihe von Möglichkeiten: für Diskussion in der Großgruppe, Marktplatz-Aktivitäten, bei denen die TN mit unterschiedlichen Personen kommunizieren, gemeinsame Spiele, Aussprachübungen, Präsentationen und Ergebnisbesprechungen – oder auch dafür, dass einzelne TN selbst einmal die Lehrerrolle übernehmen.
- **Gruppenarbeit (GA):** Bei der Gruppenarbeit haben die Lernenden viel mehr Zeit für eigene Sprachproduktion zur Verfügung als im Plenum – wichtige Zeit im kommunikativ und handlungsorientierten Deutschunterricht. GA bietet eher schüchternen TN den geschützten Raum, die Sprache im kleinen Rahmen auszuprobieren. Hinzu kommt, dass die Lernenden nicht mehr so stark auf den/die KL fixiert sind, sondern voneinander lernen und einander helfen können. GA ist zudem ein gutes Rezept gegen Langeweile, da die Lernenden meist sehr am Kontakt und am Austausch mit den anderen interessiert sind. Wichtig ist, dass während der Gruppenarbeitsphasen der/die KL aufmerksam und ansprechbar ist.
- **Partnerarbeit (PA):** Für die Partnerarbeit gelten ähnliche Prinzipien wie für die Gruppenarbeit. Partner können sich gegenseitig im Lernprozess unterstützen und helfen, aber auch motivieren und korrigieren. Bei vielen Aufgaben in *Berliner Platz 1 NEU* geht es um das Einüben von Alltagsdialogen, was natürlich am besten in PA geschieht.
- **Einzelarbeit (EA):** Eine andere Bezeichnung für die Einzelarbeit ist „Stillarbeit". Sie sollte besonders nach einer lauten, lebendigen Phase in PA oder GA ihren Platz haben und dient primär dem individuellen Üben, dem selbstständigen Transfer auf neue Zusammenhänge usw. Viele Lernende sind diese Sozialform neben dem Frontalunterricht gewohnt und schätzen sie; Sie sollten jedoch mit der Einzelarbeit – wie mit allen Sozialformen – sehr bewusst umgehen. Verschenken Sie keine kostbare Unterrichtszeit an Einzelaufgaben, wenn Sie diese genauso gut als Hausaufgaben aufgeben könnten.

Spiele

Alphabetspiele

1. Buchstabenkärtchen

Material: leere Kärtchen im DIN-A7-Format, Stifte
Vorgehen:
1. Die TN bilden Gruppen von 3–4 TN. Sie wählen drei Wörter (z. B. die Ländernamen aus Kapitel 1) und schreiben die Buchstaben jedes Wortes jeweils einzeln auf Kärtchen; dabei achten sie auf Groß- und Kleinschreibung. Sie merken sich die gewählten Wörter, mischen die Buchstabenkärtchen und geben den kleinen Stapel an eine andere Gruppe weiter.
2. TN setzen in den Gruppen die Wörter aus den Buchstabenkärtchen, die sie von einer anderen Gruppe erhalten haben, wieder richtig zusammen.
3. Im Plenum werden die Wörter vorgelesen und noch einmal buchstabiert.

2. Buchstabenbingo

Material: für jede/n TN Papier und Stift, für KL oder den/die Spielleiter/in ein Ansageblatt
Vorgehen:
1. KL zeichnet ein Quadrat mit neun Feldern an die Tafel und bittet die TN, ebenfalls ein solches Quadrat zu zeichnen und in jedes Kästchen einen beliebigen Buchstaben einzutragen.
2. KL (beim nächsten Durchgang ein/e TN) sagt nun die Buchstaben auf seinem Ansageblatt bunt gemischt durcheinander. Wenn ein TN einen dieser Buchstaben auf seinem/ihrem Blatt hat, kreuzt er/sie diesen an. Wer zuerst alle Buchstaben in seinem Quadrat angekreuzt hat, hat gewonnen.

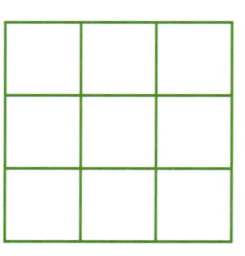

Alternative: Das Bingo wird mit Zahlen gespielt. Jede/r TN erhält ein Bingo-Blatt und trägt in das erste Quadrat neun Zahlen seiner Wahl aus einem vorher festgelegten Zahlenbereich ein (1–20, 20–40 ...; 1–50; 1–100). TN markieren ihre Zahlen auf dem Bingo-Blatt, sobald sie genannt werden. Wer zuerst alle neun Zahlen angekreuzt hat, ruft *Bingo!* und hat, wenn alles richtig ist, gewonnen.

3. Buchstabensalat
Material: Papier und Stift für jede/n TN
Vorgehen:
1. KL sagt – durcheinander, d. h. nicht in der richtigen Reihenfolge – die Buchstaben eines Wortes, das die TN bereits kennen. Die TN notieren die Buchstaben mit. Wer als Erster das Wort errät, schreibt es an die Tafel.
2. TN bilden Gruppen. Ein TN fängt in jeder Gruppe an und sagt die Buchstaben eines bekannten Wortes in beliebiger Reihenfolge. Die anderen TN notieren sie mit. Wer als Erster das Wort errät, darf dann die Buchstaben des nächsten Wortes ansagen usw.

4. Galgenmännchen
Vorgehen:
1. KL oder ein/e TN wählt ein bekanntes Wort (z. B. eine Sprachenbezeichnung aus Kapitel 1). Er/Sie schreibt den ersten Buchstaben an die Tafel, für die weiteren Buchstaben stehen nur Unterstriche. S (p) (a) (n) (i) (s) (c) (h)
2. Reihum raten die TN die Buchstaben des gesuchten Wortes. Für jeden falschen Buchstaben malt KL oder ein/e TN einen Strich, Kreis oder Punkt des Galgenmännchens. Jeder richtige Buchstaben wird auf seinem vorgesehenen Platz eingetragen.
3. Wer den letzten Buchstaben genannt hat, gibt an der Tafel ein neues Wort vor, trägt nun die richtigen Buchstaben ein und zeichnet für die falschen das Galgenmännchen.

Kommentar: KL kann statt des etwas makabren Galgenmännchens auch einen anderen Gegenstand wählen oder ein Haus an die Tafel zeichnen, von dem bei jedem falschen Buchstaben eine Linie ausgewischt wird.

Ballspiel
Material: weicher Ball (statt eines Balls kann im Grunde alles verwendet werden, was handlich ist und gefahrlos geworfen werden kann: Wollknäuel, kleines Stofftier etc.)
Vorgehen: KL (ein/e TN) wirft den Ball einem/einer TN zu und stellt eine Frage. Der/Die Angesprochene antwortet und wirft den Ball mit einer neuen Frage weiter an den nächsten / die nächste TN usw.

Kommentar: Das Ballspiel eignet sich hervorragend zum Einüben sprachlicher Muster, z. B. kurzer Frage-Antwort-Dialoge (*Wie fährst du nach Hause? – Ich fahre mit der U-Bahn und dann mit dem Fahrrad.*), kann aber in großen Gruppen auch langatmig werden. Lassen Sie rasch und spontan antworten oder teilen Sie die Gruppe in zwei/drei Untergruppen auf.

Pantomime
Pantomimespiele können den TN viel Spaß machen; das hängt – wie bei allen Spielen – zum einen von Ihrer eigenen Spielbegeisterung, zum anderen auch vom Klima in der Gruppe ab. Gespielt werden kann im Plenum, in Gruppen- oder Partnerarbeit. Machen Sie aber am besten selbst einmal die Pantomime vor.

- Wörter-Pantomime, z. B. zur Wiederholung von bereits gelerntem Wortschatz: Ein/e TN macht ein Wort pantomimisch vor und die anderen TN raten, welches Wort gemeint ist.
- Verben-Pantomime: KL hat bereits bekannte Verben, die pantomimisch dargestellt werden können (*essen, rauchen* etc.) auf Kärtchen geschrieben. Jeder Mitspieler / Jede Mitspielerin zieht ein Kärtchen und macht das Verb vor; die anderen TN raten.
- Pantomimen-Erzählung: KL oder ein/e TN erzählt eine Geschichte und die anderen stellen diese pantomimisch nach. Genauso gut kann umgekehrt ein/e TN eine Begebenheit pantomimisch darstellen und die anderen TN erzählen die entsprechende Geschichte.

Rollenspiel
In *Berliner Platz 1 NEU* werden zur Vorbereitung auf das Sprachhandeln außerhalb des Kurses regelmäßig kurze Alltagsdialoge angeboten, die am besten in Rollenspielen (in PA oder GA) eingeübt werden können.

Sie sollten während des Spielens nicht korrigierend eingreifen, sondern wiederkehrende oder typische Fehler notieren und im Anschluss besprechen. Vielleicht steht nach dieser Phase noch Zeit zur Verfügung, in der die Dialoge noch einmal mit mehr Aufmerksamkeit für die sprachliche Form im Rollenspiel wiederholt werden können. Binnendifferenzierend können Sie schnellere TN ermuntern, sich schon von den Vorlagen zu lösen bzw. eigene Dialoge nach dem vorliegenden Muster zu erstellen.

Sind die Rollenspiele einmal in Gang gekommen, kann es durchaus sein, dass die TN karikieren und übertreiben und dass alles laut und lustig wird. Wenn Ihre Lerngruppe dazu neigt, planen Sie danach eine Phase der Einzelarbeit ein, in der die TN sich wieder konzentrieren können.

Sprechen
Das Sprechen dient ganz unterschiedlichen Zwecken, der sozialen Interaktion, dem Informationsaustausch, der Meinungsäußerung, der Bewertung, dem Gefühlsausdruck sowie der Redeorganisation und Verständnissicherung. Innerhalb dieser Kategorien können die

Glossar

unterschiedlichsten Sprachhandlungen ausgeführt werden (siehe dazu die Liste „Sprachhandlungen" in *Profile Deutsch*).
Was sollen die Lernenden auf dem Weg zur Stufe A1 denn nun lernen? Hier lohnt es, einen Blick auf die Kann-Beschreibungen zur Selbstbeurteilung des „Gemeinsamen Europäischen Referenzrahmens für Sprachen" zu werfen, an dem sich die modernen Lehrwerke, so auch *Berliner Platz NEU*, orientieren. Der Referenzrahmen unterteilt die Fertigkeit „Sprechen" in zwei Teilbereiche und definiert diese im „Raster zur Selbstbeurteilung" so:

- **An Gesprächen teilnehmen:** *Ich kann mich auf einfache Art verständigen, wenn mein Gesprächspartner bereit ist, etwas langsamer zu wiederholen oder anders zu sagen, und mir dabei hilft, zu formulieren, was ich zu sagen versuche. Ich kann einfache Fragen stellen und beantworten, sofern es sich um unmittelbar notwendige Dinge und um sehr vertraute Themen handelt.*
- **Zusammenhängendes Sprechen:** *Ich kann einfache Wendungen und Sätze gebrauchen, um Leute, die ich kenne, zu beschreiben und um zu beschreiben, wo ich wohne.*

Sie sehen, die Anforderungen sind im Anfängerunterricht noch gar nicht so hoch. Wichtig ist in *Berliner Platz 1 NEU* vor allem, dass sich die TN auf die unterschiedlichen Sprechangebote (in PA, GA und PL) einlassen, Spaß mit ihnen haben und Selbstvertrauen beim Gebrauch der Zielsprache entwickeln.

Sketche

Das Einüben und Vorspielen von Dialogen und kleinen Sketchen ist bei den meisten (auch erwachsenen) Lernenden sehr beliebt, weil es den Unterricht sehr lebendig macht. Gerade bei selbst geschriebenen Dialogen (▶ **Schreiben: Dialog**) ist erstaunlich, wie kreativ viele Lernende schon mit geringen sprachlichen Mitteln umgehen und wie viel Spaß es allen Beteiligten macht, im geschützten Raum des Unterrichts authentische Situationen zu simulieren.
Auch unsicheren Lernenden fällt es mithilfe der schriftlichen Vorlage leichter zu sprechen, weil die Angst vor Fehlern begrenzt ist. Um jedoch zu vermeiden, dass die „Schauspieler" ihre Texte Wort für Wort ablesen, können Sie folgende Übung vorschalten:
Jede/r TN unterstreicht im eigenen Part eine von Ihnen vorgegebene Anzahl von Schlüsselwörtern (die sich je nach dem Umfang des Parts richtet) und übt die Rolle so ein, dass er/sie beim halblauten Lesen nach jedem Schlüsselwort von der Textvorlage aufschaut. Nach einigen „Trockendurchgängen" sind die Lernenden dann meist so sicher, dass sie nicht mehr jedes Wort ihres Parts lesen müssen, sondern sich an den Schlüsselwörtern orientieren und sich so mehr auf das Spiel konzentrieren können.

Erzählen im Unterricht

TN freuen sich in der Regel, wenn sie im Deutschunterricht die Gelegenheit haben, von sich und eigenen Erfahrungen zu berichten. Lernende im Inland sind meist voll von Erlebnissen im Zusammenhang mit ihrer Ankunft in Deutschland und tauschen sich gern über Dinge aus, die aus der Perspektive ihrer Herkunftskultur verwunderlich oder interessant sind. Ein solcher Austausch kann dem Einleben in das neue Land nur förderlich sein. Aber auch Lernende im Ausland freuen sich über Möglichkeiten, über sich selbst zu berichten. Extrovertierte TN werden sowieso über persönlich Erlebtes berichten wollen, zurückhaltendere TN brauchen aber evtl. die Anregung des KL und einen vorgesehenen Raum (wie in Raststätte 4), um sich auf die Aufgabe einlassen zu können. TN können ihre Geschichten an den Langenscheidt-Verlag senden und sie auf der Seite www.klett-sprachen.de/ich-ueber-mich veröffentlichen.

Unterrichtsphasen

Der Unterrichtsprozess lässt sich in Abschnitte bzw. Schritte, in die sogenannten Unterrichtsphasen, unterteilen. Unter den unterschiedlichen Phasierungsmodellen im Fremdsprachenunterricht orientiert sich *Berliner Platz NEU* an dem in der Lehrkräftequalifizierung derzeit gebräuchlichen. (Sie sehen die einzelnen Phasen in den Unterrichtsvorschlägen in der grün gerasterten Spalte jeweils in grüner Schrift aufgeführt.)

- **Einstieg:** In der Einstiegs-, Vorbereitungs- oder Motivierungsphase geht es darum, das Interesse der Lernenden zu wecken (▶ **Einstiegsaktivitäten**), sie für das Folgende zu motivieren und ihr Vorwissen zum Thema zu sammeln. Der anschließend präsentierte Stoff wird in dieser Phase „vorentlastet", d. h. jetzt schon z. B. anhand von Schlüsselwörtern so vorbereitet, dass es für die Lernenden leichter ist, das neu Präsentierte zu verstehen.
- **Präsentation:** In der Präsentationsphase (die deshalb auch als Erarbeitungsphase bezeichnet wird) erarbeiten sich die TN das noch unbekannte Sprachmaterial. Hier wird meist ein Lese- oder Hörtext zu alltäglichen Situationen präsentiert, der auch neue Lerninhalte, d. h. neuen Wortschatz, Redemittel und/oder Strukturen, enthält.
- **Verständnissicherung:** In dieser Phase wird, z. B. mithilfe von Fragen zum Text, sichergestellt, dass alle TN das zuvor Präsentierte verstanden haben. Der/Die KL räumt Unklarheiten und eventuelle Missverständnisse aus. Diese Phase wird auch als Semantisierungsphase bezeichnet, was den Fokus noch stärker auf die Bedeutungsklärung der unbekannten Wörter, Redemittel und Sätze legt.
- **Bewusstmachung:** In der Phase der Bewusstmachung werden die neuen Strukturen herausgearbeitet. Hier sollten die TN nach Möglichkeit die Regeln selbst finden und erklären (▶ **selbst entdeckendes Lernen**).
- **Systematisierung:** In der Systematisierungsphase werden sprachliche Phänomene strukturiert dargestellt, z. B. in einer Tabelle gesammelt.
- **Üben:** In den Übungsphasen werden die neuen Inhalte zunächst in stark gesteuerten, einfachen, dann mit immer freier und komplexer werdenden Übungen verinnerlicht und gefestigt.
- **Transfer:** In der anschließenden Transferphase werden die erworbenen Kenntnisse in einem neuen Kontext bzw. anderen Kommunikationssituationen angewandt.
- **Freie Anwendung:** Diese Phase bereitet auf die selbstständige Anwendung des Gelernten in realen Kommunikationssituationen vor. Hier werden deshalb offene, handlungsorientierte sowie spielerische Aufgaben eingesetzt (z. B. Rollenspiele, Diskussionen).

Video

Das **Video** zu *Berliner Platz NEU* ergänzt und erweitert die zentralen Themen des Lehrbuchs und bringt alltagsrelevante Situationen auf unterhaltsame Weise in das Unterrichtsgeschehen ein. Der Film zeigt die Produktion eines Sprachlehrfilms; die Lernenden erleben die Schauspieler am Set, vor und beim Dreh und in ihrem Alltag und erhalten so einen Einblick in deren Lebenswirklichkeit.

Fernsehen und Video sind im Allgemeinen mit Gedanken an Freizeit und Unterhaltung verknüpft. Auch in *Berliner Platz NEU* ist die Arbeit mit dem Video an die Raststätten gebunden, wo auch Wiederholungsspiele und Reflexionen ihren Platz haben. Das bedeutet jedoch nicht, dass die TN die Videovorführung lediglich passiv konsumieren sollen, als Belohnung quasi für den zurückliegenden, anstrengenden Lernprozess. Damit wären die Lernmöglichkeiten des Videos verschenkt.

Worauf sollten Sie also achten, wenn Sie Ihren Video-Unterricht planen? Hier einige Anregungen:

- Mit einem Video präsentieren Sie Sprachmaterial ganz ähnlich, wie Sie das mit einem Lese- oder Hörtext tun – mit dem Unterschied, dass hier die Sprache visuell und auditiv unterstützt wird. Schauen Sie sich die Sequenzen selbst an, bevor Sie sie im Unterricht zeigen. Testen Sie aus, wie wichtig die visuelle Unterstützung ist, indem Sie sich erst einmal das Video ohne Ton ansehen. Können Sie auch ohne Ton verstehen, um was es geht? Planen Sie Aktivitäten ganz ähnlich wie bei der Präsentation eines Hörtexts:
  - vor dem Sehen: Vorwissen erfragen, Einstimmen, Motivation aufbauen,
  - während des Sehens: Konzentration auf bestimmte Aspekte,
  - nach dem Sehen: Reflexion des Gesehenen ggf. anhand der Aufgaben in den Raststätten.
- Es ist wichtig, dass die TN das Medium Video auch als Medium verstehen, mit dem sie lernen können. Und das können sie nur, wenn Sie als KL die Aufmerksamkeit Ihrer TN lenken: auf das, was im Video gesagt wird, was passiert, auf Gesten, Intonation, Landeskundliches.
- Würden Sie mit einem authentischen Film arbeiten, müssten Sie vermutlich kurze Passagen immer wieder wiederholen. Im *Berliner Platz NEU*-Video sind Wiederholungen bereits im Film angelegt durch die verschiedenen Ebenen der Produktion eines Sprachlehrfilms und die Lebenswirklichkeit der Schauspieler. Trotzdem: Zeigen Sie kleine Abschnitte, die gut verstanden werden können, und gehen Sie ggf. immer wieder zurück.

Übungsmaterial zum Video finden Sie übrigens auf www.klett-sprachen.de.

Visualisierung

Visuelle Eindrücke sind für die meisten Lernenden von nicht zu unterschätzendem Wert für die Informationsaufnahme und -verarbeitung, da Sprach- und Bildverarbeitung im Gehirn so eng miteinander verknüpft sind. Sie sollten also visuelle Hilfsmittel benutzen, wo immer es ihnen möglich und machbar erscheint.

Tafelbild

Das Tafelbild sollte klar strukturiert sein, denn es stellt für die TN den ersten und wichtigsten Bezugspunkt bei der Einführung neuer Information dar und sollte von ihnen auch in ihre Hefte übertragen werden. In der Unterrichtspraxis haben sich folgende Anhaltspunkte bei der Erstellung eines Tafelbilds als hilfreich erwiesen:

- Bei der Darstellung von Satzstrukturen sollten Sie auf eindeutige Positionen achten, vor allem beim Untereinanderschreiben mehrerer Beispiele.
- Gegenüberstellungen helfen, Unterschiede zu erkennen: bekannt ↔ neu, Regel ↔ Ausnahme.
- Farben unterstützen die Behaltensleistung. Dabei sollte von Anfang an jeder Farbe eine ihr eigene Funktion zukommen. Da die wenigsten Lehrenden unbegrenzt farbige Kreiden/Folienstifte zur Verfügung haben, können die Farben im Laufe der Zeit auch „umbesetzt" bzw. „mehrfach besetzt" werden, jedoch nicht innerhalb eines grammatischen Bereichs. Wenn in einem Kurs mehrere KL unterrichten, sollte die Farbbesetzung unbedingt untereinander abgesprochen werden.
- Unterschiedliche Umrandungs- und Unterstreichungsformen – oval, eckig, gezackt u. a. – helfen, Satzstrukturen zu verdeutlichen.
- Weniger ist mehr: Sie sollten ein Tafelbild niemals überfrachten.

Strukturen

Bei den Grammatikdarstellungen in *Berliner Platz 1 NEU* wurde großer Wert auf Klarheit und Übersichtlichkeit gelegt. Markierungen helfen beim schnellen Erkennen der wichtigen Informationen. Dabei wird mit farbigen Hervorhebungen, geometrischen Formen, Fettdruck, Pfeilen, farbigen Unterlegungen u. a. gearbeitet (Signalgrammatik). Häufig wiederkehrende Darstellungsweisen sind z. B. das Oval als Symbol für ein Verb, ein halbes Oval mit gezackter Trennlinie für trennbare Verben oder die farbige Hervorhebung der Verbendungen auf der 5. Doppelseite.

Aussprache

Auch beim Aussprachetraining sind visuelle Mittel wichtig und hilfreich: Sie können z. B. die Satzmelodie gestisch unterstreichen, die Vokallänge an der Tafel markieren, vormachen, wie der Mund beim *ö* oder *ü* gerundet ist, oder beim *h* mit einer Kerze den Luftstrom verdeutlichen (▶ Aussprache).

Lernplakat

Komplexe Strukturen, schwierige Wörter oder systematische Darstellungen können durch die TN selbst mit dicken Filzstiften auf große Plakate (die Rückseite von alten Plakaten, auf Tapetenrolle, Packpapier etc.) geschrieben werden. Dabei sollten Sie darauf achten, dass die Lernplakate nicht zu viele Informationen enthalten und dass die Strukturen klar und übersichtlich dargestellt sind.

Glossar

Die Plakate werden so im Kursraum aufgehängt, dass die TN jederzeit einen Blick darauf werfen können und nicht nachschlagen oder -fragen müssen.

Wiederholung

Regelmäßige Wiederholungen sind ausgesprochen wichtig, damit das Gelernte den Weg vom Kurzzeit- ins Langzeitgedächtnis findet. Sie sollten Wortschatz und Strukturen zumindest in der ersten Zeit nach ihrer Einführung öfters wiederholen. – Wann? Da gibt es verschiedene Möglichkeiten:

- zu Beginn einer Unterrichtseinheit, wo gewissermaßen zum Aufwärmen das schon Bekannte noch einmal aufgefrischt wird, z. B. durch Wortfeldassoziationen: Sie nennen ein Wort und sammeln die Wörter, die den TN dazu einfallen.
- im Unterrichtsablauf dann, wenn neuer Stoff an schon bekannten anknüpft. Dann sollte eine Wiederholung vorgeschaltet werden.
- wenn sich die TN bestimmte Textpassagen einprägen sollen, z. B. Dialoge, die im Alltag wichtig sind. Lassen Sie die betreffenden Texte einmal normal vorlesen. Sie werden dann einmal flüsternd, einmal hustend, einmal fröhlich laut, einmal gähnend, verliebt etc. wiederholt. Machen Sie es jeweils mit einem Satz vor, die TN ahmen es im selben Stil nach und übertragen das Prinzip auf den übrigen Text (bei Dialogen wechseln sie die Rollen).
- zwischendurch als Pausenfüller oder als Abschluss der Unterrichtseinheit in spielerischer Form, z. B. indem Sie aus einer Anzahl von Wörtern, die zuvor eingeführt wurden, „Wortwolken" an die Tafel malen, aus denen die TN Sätze bilden sollen. (Die Wortwolke rechts ergibt drei Sätze von Beate zum Mietvertrag mit Frau Feldmann aus Kapitel 8.) Sie können die TN auffordern, selbst solche Wortwolken als Übungen für die anderen TN zu erstellen.

Wortschatz

Die Kenntnis von Wortschatz ist eine Kernkomponente der Sprachbeherrschung und so ist auch die Wortschatzarbeit ein wichtiger Teilbereich beim Lernen einer neuen Sprache, der viel Aufmerksamkeit im Unterricht verdient. Dabei geht es nicht nur um das Lernen von Wörtern, sondern auch um Gesprächsroutinen, Floskeln, Redemittel – also kommunikativ wichtige Phrasen und Sätze. In *Berliner Platz 1 NEU* finden Sie viele Redemittelkästen, die Bausteine für den Transfer und die freie Anwendung anbieten und so auf das alltagssprachliche Handeln vorbereiten.

Für die Wortschatzvermittlung und -einübung sind visuelle Mittel besonders hilfreich, da die Visualisierung bei der Informationsverarbeitung im Gehirn eine wichtige unterstützende Rolle spielt (▶ Visualisierung). Zu nennen sind hier z. B. Assoziogramme, Bilder und Realien (▶ Hilfsmittel: Realien) sowie Gestik/Mimik oder Pantomime.

Aber auch auditive Hilfen können zur Bedeutungsklärung eingesetzt werden, wenn sich das anbietet (z. B. beim Wort *rufen*). Bei abstrakteren Begriffen (wie z. B. *täglich*) allerdings muss man andere Methoden der Semantisierung einbeziehen, z. B. Übersetzungen (▶ effektiv lernen: Nutzung des Wörterbuchs), Umschreibungen, Beispiele etc.

Internationalismen

Internationalismen (international bekannte Begriffe, z. B. *Hotel*, *Kaffee*, *Radio*, *Polizei*, *Taxi*) sind im DaF- und DaZ-Unterricht besonders für Lernanfänger wichtige Stützpunkte, die ihnen zeigen, dass nicht alles an der neu zu erlernenden Sprache unbekannt sein muss.

Nicht alle TN verstehen allerdings so ohne Weiteres die deutsche Version international bekannter Wörter, weil z. B. Aussprache und/oder Orthografie im Deutschen von dem gewohnten Gebrauch des Worts abweichen können. Oft erkennen TN einen gehörten Internationalismus erst dann, wenn sie das Schriftbild vor Augen haben, und verstehen umgekehrt ein gelesenes international gebräuchliches Wort erst, wenn sie es auch hören. Hinzu kommt, dass Internationalismen in der deutschen Sprache meist lateinischen, griechischen, romanischen oder englischen Ursprungs sind und in manchen anderen (z. B. asiatischen) Sprachen gar nicht existieren. Sie als Lehrende/r sollten also v. a. in heterogenen Kursen bei Internationalismen ggf. weitere Hilfestellungen geben.

> **9 Einkaufsdialoge**
> Spielen Sie im Kurs.
>
> Verkäufer/Verkäuferin
>
> Sie wünschen?
> Ja, bitte?
> Wer kommt dran?
>
> Wie viel?
> In Scheiben oder am Stück?
>
> Noch etwas?
> Ist das alles?
>
> … Euro zusammen.
> Und … zurück.
>
> Danke schön.
> Auf Wiedersehen.

Literaturhinweise

Balme, Michaela; Peter Kiefer: *Start Deutsch – Handbuch Prüfungsziele*. A1 und A2. Prüfungsziele, Testbeschreibung. München: Goethe-Institut 2003.

Bimmel, Peter; Bernd Kast, Gerd Neuner: *Deutschunterricht planen. Arbeit mit Lehrwerkslektionen* (Fernstudieneinheit 18 des Fernstudienangebots Deutsch als Fremdsprache und Germanistik). München: Goethe-Institut, Langenscheidt 2003.

Brandi, Marie-Luise: *Video im Deutschunterricht. Eine Übungstypologie zur Arbeit mit fiktionalen und dokumentarischen Filmsequenzen* (Fernstudieneinheit 13 des Fernstudienangebots Deutsch als Fremdsprache und Germanistik). München: Goethe-Institut, Langenscheidt 1996.

Braun, Angelika: Hören im DaZ-Unterricht. In: Susan Kaufmann u. a. (Hrsg.): *Fortbildung für Kursleitende Deutsch als Zweitsprache*, Band 2. Ismaning: Hueber 2008, S. 69–109.

Buhlmann, Rosemarie, Karin Ende, Susan Kaufmann, Angela Kilimann und Helen Schmitz: *Rahmencurriculum für Integrationskurse Deutsch als Zweitsprache*. Erstellt im Auftrag des Bundesministeriums des Innern. Nürnberg: BAMF und München: Goethe-Institut 2008.

Deller, Sheelagh; Mario Rinvolucri: *Using the Mother Tongue. Making the most of the learner's language* (Professional Perspektives). London: English Teaching Professional und Delta Publishing 2002.

Dieling, Helga; Ursula Hirschfeld: *Phonetik lehren und lernen* (Fernstudieneinheit 21 des Fernstudienangebots Deutsch als Fremdsprache und Germanistik). München: Goethe-Institut, Langenscheidt 2000.

Glaboniat, Manuela; Martin Müller, Paul Rusch, Helen Schmitz, Lukas Wertenschlag: *Profile Deutsch Gemeinsamer europäischer Referenzrahmen*. Lernzielbestimmungen, Kannbeschreibungen, Kommunikative Mittel. Berlin, München: Langenscheidt 2005.

Goethe-Institut, Ständige Konferenz der Kultusminister der Länder in der Bundesrepublik Deutschland, Schweizerische Konferenz der Kantonalen Erziehungsdirektoren, Österreichisches Bundesministerium für Bildung, Wissenschaft und Kultus (Hrsg.): *Gemeinsamer europäischer Referenzrahmen für Sprachen: lernen, lehren, beurteilen*. Berlin, München: Langenscheidt 2001.

Hadfield, Jill: *Classroom Dynamics* (Ressource Books for Teachers). Oxford: Oxford University Press 1992.

Häussermann, Ulrich; Hans-Eberhard Piepho: *Aufgaben-Handbuch Deutsch als Fremdsprache. Abriss einer Aufgaben- und Übungstypologie*. München: iudicium 1996.

Kaufmann, Susan: Heterogenität und Binnendifferenzierung im DaZ-Unterricht. In: Susan Kaufmann u. a. (Hrsg.): *Fortbildung für Kursleitende Deutsch als Zweitsprache*, Band 1. Ismaning: Hueber 2007. 186–214.

Krumm, Hans-Jürgen (1991): Unterrichtsprojekte – Praktisches Lernen im Deutschunterricht. In: *Fremdsprache Deutsch* 4/1991, S. 6–7.

Schneider, Günther: Selbstevaluation lernen lassen. In: *Fremdsprache Deutsch*. Sondernummer 1996: Autonomes Lernen. München: Ernst Klett, Edition Deutsch, S. 16–23.

Schwerdtfeger, Inge C.: *Gruppenarbeit und innere Differenzierung* (Fernstudieneinheit 29 des Fernstudienangebots Deutsch als Fremdsprache und Germanistik). München: Goethe-Institut, Langenscheidt 2001.